教師の自腹

福嶋尚子
柳澤靖明
古殿真大

東洋館
出版社

はじめに

「教師の自腹」の当事者にとっての切実さを初めて認識したのは、筆者らが学校にかかる保護者の経済的負担についての書籍『隠れ教育費』（柳澤、福嶋の共著／太郎次郎社エディタス）を２０１９年に出版したときに、大学時代の友人である中学校教員からかけられたメッセージがきっかけだった。彼はこう綴《つづ》っていた。――「保護者も大変だけど、教員のほうの自腹もしんどいよ」と。

長時間勤務、不安定雇用、休日出勤、教員不足、過労死、精神疾患による休職――教職員の過酷な労働状況が公立学校の機能不全を生み出していることが急速に社会問題として認識されてきているが、これらの問題と同根でありながら、その状況がほとんど語られることのなかったのが教職員の自腹だ。

なぜこの状況が表に出てこなかったか。それは、第１に、当事者のなかでも、残業をできる限りしたくない人と残業をしてでも職務を全うしたいと思う人がいるように、自腹をできる限りしたくない人もいれば自腹をしてでも職務を全うしたいと思う人がいること、そして、第２に、教職員の自腹という経済的負担の深刻さを対外的に明らかにすることは、行政や政治の不作為を告発するに近い感覚があるためであるように思われる。

しかし、自腹が語られなかったことは、結果的に保護者ら学校当事者以外の人びとと教職員の間にも溝をつくってしまったようにも思う。人びとは教職員が自腹をしていることを知らないし、教職員は保護者の経済的負担ばかりに光があたって、自身の負担や切実さが顧みられることがないためだ。

このことをきっかけに、保護者の経済的負担ばかりを取り上げ続けても、公立学校教育は適正なものになり得ず、むしろ保護者ら学校当事者以外の人びとと教職員の対立を深めてしまうのではないか――そんな危機感が生まれた。「自腹」という現象は、教職員の過酷な労働環境や、保護者の重い経済的負担の問題と同様に、いや、それ以上に語られてこなかったことであり、この現象を掘り起こし広く共有することは、保護者の経済的負担を取り上げたわたしたちの役割と認識した。

本書は、『教師の自腹』を冠する初めての書籍となる。この本が、当事者以外にもこの状況を広く認知していただき、そして「自腹」現象に向き合おうとする当事者を励ますきっかけになることを願う。

福嶋尚子

教師の自腹　目次

第2部　自腹のデータ

教師の自腹

序章　自腹という未踏の地

第1節　語られてこなかった、もう一つの私費

自治体が設置、管理し、運営する公立小・中学校——しかし、「公立」という名称とは裏腹に、教職員給与や施設建築費用、教科書等を除いた経常的運営にかかる費用については公財政教育支出が少なく、その分多くを私費に頼っている現状がある。この「私費」というときに念頭に置かれているのは、子どもを通わせる保護者の負担する費用だったのではないだろうか。

他方で、教職員自らによる経済的負担、すなわち「自腹」があることは、関係者の間では周知の事実だ。しかし、この「自腹」について、学術的にはもちろん、公の場で語られることはないに等しい。まさにみえにくい、もう一つの「私費」だ。

２０２３年８月、神奈川県川崎市において、プールの水を流出させ市に経済的損失を負わせてしまったことで、これを担当した教員と校長に対して、損害額の半額にあたる約95万円を市が請求したことが報じられた。こうしたプールの漏水に関わって学校設置者が教職員に請求を行う事例はこれまでも毎年のように存在した。[*1] しかし、川崎市の事例では、市の対応を批判し、担当教員を擁護する多くの声が市に寄せられた。報道直後に始まった

＊1―たとえば、神奈川県横須賀市では２０２２年に担当教員らに１７０万円余りを（朝日新聞デジタル「コロナ対策で2カ月プールに給水　３４９万円損害　教員らに半額請求」２０２２年4月22日 https://www.asahi.com/articles/ASQ4Q4WK0Q4QULOB003.html）、高知県高知市では２０２１年に担当教員らに１３０万円余りを市が請求している（ＦＮＮプライムオンライン「プール〝水出しっぱなし〟止め忘れた教師らに１３２万円請求『市民の財産に損害を与えた』と高知市」２０２１年12月27日 https://www.fnn.jp/articles/-/291524）。さらに、２０１５年に千葉県千葉市では担当教員ら自らが４３８万円全額弁済を申し出ている（千葉日報オンライン「ミスの教諭ら４３８万円弁済　千葉、学校プール水流失で」２０１６年2月23日 https://www.chibanippo.co.jp/news/national/306334）。
なお、本書に掲載しているウェブページのＵＲＬは、すべて２０２４年4月24日閲覧時点のもの。

市の対応を批判するオンライン署名では、約1か月後の9月21日までに1万7,000筆近くの署名が集まった。[*2] このようにして、川崎市の事例は、教員や校長個人に対してあまりに重すぎる弁償、すなわち自腹を迫る市の姿勢に対して、学校関係者のみならず一般の人びとの注目が集まり、しかもそれが問題視された、稀有《けう》な事例となった。

この事例は金額が大きく、関係者以外の耳目を集めたが、じつは教職員の「自腹」は、人により学校により差はあるものの、金額の大小や名目・場面を問わず、大いにあり得る。この自腹の有無は、教員側の意識や学校風土などが深く関わっており、**10人いれば10人それぞれ、10回あれば10回それぞれの自腹の経緯や背景が存在する。** おそらくは同僚同士であっても、だれがどの程度の自腹を切っているかは理解していない可能性が高い。また本人も、長年にわたり、少額から多額に及ぶ日常的・非日常的な自腹を繰り返していることで、何にどの程度自腹を行っているかを把握できていないこともある。こうして、自腹はおそらく「ある」が、その実態はほとんど語られることも明らかになることもないままとなってきた。

第2節　自腹を生み出す背景

なぜ、自腹を行うことになるのだろうか。ミクロな背景は先述した通り多様にあり得るが、マクロな背景を理解しておく必要がある。

まず、学校運営にあたり支出可能な費用が限られていることがある。学校運営には、大きくは2種類のお金が関係している。第1に、「公費」、すなわち学校設置者等の自治体が学校に対して令達する公的な予算である。この財源は税金だ。基本的に市町村立学校の場合、消耗品費や備品費、修繕費については設置者である市町村、旅費については給与負担を行う都道府県が負担している（ただし政令指定都市を除く）。第2に、「私費」、すなわち主として保護者が負担する「私」的な費用である。ある研究によれば、小学校では令達される公費の約5～6倍の額を保護者が負担し、中学校では約10～12倍の額を保護者が負担し

＊2―読売新聞オンライン「学校プールの水流しっぱなし、教諭に弁済求めた川崎市の対応を批判：署名1万7000人近くに」(https://www.yomiuri.co.jp/national/20230921-OYT1T50420/) 2023年9月22日。

ている。[*3] このことからもわかる通り、令達される公費の金額は少なく、多くの部分を保護者負担の私費に頼っている。しかし、公費によっても保護者負担の私費によっても足りない場合に、教職員は自腹を行うのだ。

さらに、公費としての執行が財務規則上で制約されているために発生する自腹もある。本来は公費によって執行されるべき費目であっても、学校に支出を決定する権限（支出負担行為の専決権）[*4]がなく、財務規則上の手続きに則って執行を進めると時間がかかり、必要な場面に執行が間に合わないとなると、自腹を行わざるを得なくなる。また、その自治体における公費私費負担区分基準[*5]において私費に分類されているなど、そもそも公費によって支出することができない費目である場合にも、自腹が発生する。このように、その自治体の財務規則や法令に準じると公費では支出できないが、当事者である教職員にとっては必要だ、とみなされる場合にも自腹が行われる。

加えて、保護者負担の私費でも支出できないために発生する自腹もある。それは、保護者に支払いを求めてもよい費目が、公費と同様に、前述の公費私費負担区分基準などの財務規則上、また法令上、慣習上、制限を受けていることがある。たとえば、地方財政法上で市町村立学校の施設に要する経費や教職員の給与に要する経費について税外負担を保護者などの地域住民に求めることは禁止されているし、[*6] 1世帯・一人あたりいくらと割り当てて寄附金を募ることは、ＰＴＡや後援会などを介したとしても禁じられている。[*7]

他方で、現実にある保護者の私費のなかには、学校への寄付にあたらず、慣習上認められてきたものもある。保護する子女が個人として所有・使用するものやそのものを用いた教育活動から生ずる直接的な利益が子女に還元するもの、すなわち「受益者負担」にあたるもの（ドリル、資料集などの副読本や、裁縫セットや栽培キットなど家でも使えるもの、リコーダーや水着など個人持ちに適しているもの、調理実習の材料など個人の口に入るものなど）については、慣習上認められてきたのだ。[*8] しかし、慣習上認められてきたものであるので法的根拠はそ

＊3―詳細は、永山・仲田（2017、108-111頁）を参照。

＊4―支出負担行為（地方自治法第232条の3）は「支出の原因となる契約が法令や予算に違反していないかを確認する決裁」である（柳澤、2022、112頁）。

＊5―法的性質はさまざまであるものの、自治体によっては公費負担とする範囲、私費負担とする範囲を「公費私費負担区分基準」として定めている。たとえば、授業で児童生徒が個人として用いる教材は私費負担とされ、学校に備え付けられ教職員・児童生徒が共用する大型教材は公費負担とされる（保護者負担金研究会編、2015）。

＊6―地方財政法第27条の4、及び地方財政法施行令第52条。

＊7―地方財政法第4条の5。

＊8―都道府県教育長協議会第4部会報告書「義務教育における公費・私費の負担区分について――義務教育にかかる公費負担に関する調査研究報告」1972年、及び同「学校教育にかかる公費負担の適正化について――公費、私費の負担区分に関する調査結果報告書」1974年。以上の報告書については、世取山（2012、75-76頁）が詳しい。

いわけではない。

業に用いる教材であったとしても抑制的であるべきとの文部科学省の方針がある。[*10] よって、

慣習的に保護者による私費負担となってきた費用についても、無尽蔵に保護者に頼ってよ

ともそもないものが多く、[*9] さらにいえば、そうした慣習的な保護者の私費負担は、たとえ授

そもそも、学校運営にかかる費用については、学校教育法第5条において「学校の設置者は、その設置する学校を管理し、法令に特別の定のある場合を除いては、その学校の経費を負担する」とされ、設置者負担の原則に立っている。保護者による私費負担も、教職員による自腹も、本来的にはこの設置者負担の原則に背く行為であって、設置者がその責務を十分に果たしていないことの表れといえる。

ここまで、自腹が発生する法制度上のマクロな背景について概要を述べてきたが、もう一つ、自腹が発生するマクロな背景としては、学校における子どもを対象とした教育活動が可塑《かそ》的な性質、すなわち変化しやすい性質をもっていることがある。「教育は生もの」とも形容されるが、子どもの発達や個性などにより、教育活動は、ときに計画にはないような形に大きく変化したり発展したりすることがある。また、その時々に発生したトラブルや出来事などによりもともとの予定が大きく変わることもよくある。そのために、予定していない費用負担が生じ、公費からも支出できない、保護者負担にも頼れない、ということが起こる。その際に教職員が自腹を切るしかない、という状況が生まれるのである。

このように、可塑性をもつ教育活動を展開する学校という場だからこそ、自腹はそもそも生じやすい。そして、公費としての支出ができず保護者負担にも頼れない場合に、その自腹は補填されることなく教職員が抱えたままとなる。こうした**「どうしようもない」「出所がない」状況を受けて、ある者は積極的に、またある者は消極的に、そしてある者は強迫的に受け止め、抱え込む。**それがずっと続いてきたのが、今である。

＊9―給食費は学校給食法第11条第2項、日本スポーツ振興センターの共済掛金は、独立行政法人日本スポーツ振興センター法第17条第4項にて保護者の費用負担区分が規定されているが、それ以外は法的根拠がなく慣習的に徴収されている。

＊10―文部科学省は、２０１５年に、補助教材内容及び取扱いに関する留意事項として、「保護者等に経済的負担が生じる場合は、その負担が過重なものとならないよう」と通知している（初等中等教育局長通知「学校における補助教材の適正な取扱いについて（通知）」26文科初第１２５７号、２０１５年３月４日 https://www.mext.go.jp/a_menu/shotou/kyozai/mext_02559.html）。

第3節　自腹を語る意義

このようになかなか語られることのなかった教職員の自腹を、この本はあえて語ろうとしている。それはなぜか。

それは、教職員の自腹が保護者の経済的負担と同様に公立学校を支えている状況を明らかにすることで、**本来無償であるべき公立学校を実現するための行政と政治の責任を指摘するため**である。また、無償性を展望する上で、そこでは教育活動の可塑性や教職員の専門性・裁量を公費で保障する**「学校財務マネジメント」が重要な方策であることを示すため**でもある。

この本でみていくように、教職員の自腹はときに本人自ら積極的に行われることもあるし、財務規則等に抵触する形で行われることもある。しかし、これを「自腹をなくせ」とただ禁止するだけでは、公立学校はよりよいものにはならない。自腹という教職員の重い負担によって何とか対応できていた教育活動の可塑性と、教職員の専門性・裁量の確保を、公費によって経済的に保障していく展望を示さなければ、この前のめりな「打倒自腹」はおそらく失敗に終わるだろう。

　そこで重要となるのが、公費と保護者負担の私費、そして教職員の自腹にわたる学校財務マネジメントの確立である。保護者負担の私費や教職員の自腹が財務規則や法令に抵触する形で行われないように適切に管理していくのはもちろん、予算の立案・執行や振り返り、改善を通じて公費を用いた、柔軟かつ、教職員の専門性・裁量を尊重した教育計画の実現が図られていく必要がある。こうした教育活動の特質を踏まえた学校財務マネジメントを通じてしか、財務的側面から子どもたちの教育を受ける権利を保障する公立学校を実現していくことはできない。

　このような学校財務マネジメントが確立されたとき、教職員の自腹の多くはその必要性を失うし、他方で教職員が本当に欲しいもの、投資したいことに労働によって得た賃金を投じることができるようになる。このようにして、教職員は自腹という献身から解放され、もっと専門性を存分に発揮できる公立学校教育を展望できるようになると考える。これが教職員の自腹を語る意義である。

　本書はこれまで存在してきた、そして今も存在している自腹を糾弾したり、教職員当事者を非難したりするために著わしたものではない。この現状をありのままに映し出し、それを教職員一人ひとりの責任に帰することなく共有したい。そのことこそが、教職員が働きやすい公立学校を展望する上で不可欠なものと信じているのだ。

第4節　本書の構成

教職員の自腹という未踏の地に踏み込む第一歩が本書だ。本書を執筆するにあたって、東洋館出版社に調査費用を負担していただき、「教職員の自己負担額に関する調査（2022年度間）」（以下、「本調査」という）を実施することができた。本調査の設問内容については、巻末資料として掲載した。本調査結果を踏まえながら、本書は3部で構成されている。

第1部は、教職員の自腹の概論である。学校関係者ではない読者もおられると思うので、まずは教職員の自腹とはどのようなものか、イメージしてもらいたいと思っている。ある架空の小学校教員が自腹をするストーリーを踏まえて、どのような自腹の類型があるのかを提示する。また、本調査の自由記述・記述回答を踏まえて、実際にどのような自腹が2022年度になされたのか、そうした自腹について教職員自身がどのような思いをもっているのかを明らかにする。第1部の第1章～第3章は、福嶋尚子（教育行政学）が執筆を担当している。

第2部は、本調査の結果分析である。実際にどのような自腹の傾向がみられたのか、量的分析を加えていく。この第2部で、教職員の自腹の状況と、それへの思い・考えが明らかとなる。こうした教職員の自腹に関する大規模な全国調査は、過去には全日本教職員組合青年部が行った調査が2回あるだけである。[*11]このことを踏まえると、まさに現代的な教職員の自腹の一端を明らかにする上でこの第2部は重要な意義を有するものになるだろう。第2部の第4章・第5章は、名古屋大学大学院博士課程の古殿真大（教育社会学）が執筆を担当している。[*12]教職員の自腹という学術的にはまさに未知の領域に初めて踏み込むにふさわしい、将来有望な研究者だ。

＊11―全日本教職員組合青年部「教職員の自己負担に関するアンケート」と「部活動（クラブ・少年団）指導にかかわる実態調査アンケート」がある。前者は、全国の小学校、中学校、高等学校、特別支援学校に勤める教職員を対象に、青年部が調査したものである。実施期間は２０１０年11月から２０１１年２月までの４か月間で、約６５７件の回答が集まったという（https://www.zenkyo.jp/speciality/8641/）。後者は、同じく全国の小・中・高・特別支援学校の部活動（クラブ・少年団）担当者に対して青年部が調査したものであり、２０１２年11月から２０１３年１月までに１，１１８件の回答が集まっている（なお、後者は未公開資料のため閲覧はできない。承諾を得て掲載）。

＊12―第６章のみ、著者３人による共同執筆。

第3部は、教職員の自腹にどのように向き合っていくかを具体的に検討する。第1部や第2部で明らかにした自腹がどのような構造で起きるのか、そして自腹に向き合い、そこからの解放をめざす上で、自治体や学校種による違いを踏まえながら学校財務上の構造を理解することが重要となる。この章の前半で述べたように、学校運営上は、教職員の自腹の他に学校設置者などによる公費、保護者による私費が存在し、この全体像を踏まえたなかでしか、自腹から根本的に解放される展望は存在しないのである。そのため、この第3部第7章・第8章については、学校財務に関するスペシャリストである柳澤靖明（学校事務職員）が担当した。

また、コラムは、本調査の性質上、深掘りして質問できなかった養護教諭や校長、事務職員たちの自腹に関して、個別にインタビューを実施したり、過去にヒアリングした事例を個人が特定されないよう再構成したりして福嶋と柳澤が執筆を行った。一般的な教員以外のそれぞれの視点を知っていただくことを目的としている。

本書は、教職員の自腹に支えられる公立学校の状況を明らかにし、子どもの教育を受ける権利をあまねく保障する真の「公」立学校にするための第一歩である。わたしたちの問題意識を、広く読者と共有する機会としたい。

〈参考引用文献〉

・永山美子、仲田康一「子どもの学びを守る学校予算と学校事務職員」柏木智子・仲田康一編著『子どもの貧困・不利・困難を越える学校——行政・地域と学校がつながって実現する子ども支援』学事出版、2017年、108-111頁。
・保護者負担金研究会編著『保護者負担金がよくわかる本——集金から未納対策まで』学事出版、2015年。
・栁澤靖明「学校財務を担当するために必要な知識」栁澤靖明編著、現代学校事務研究会監修『学校財務がよくわかる本——仕事の仕方から必要な知識、具体的な取り組み例』学事出版、2022年、112-113頁。
・世取山洋介「教育条件整備基準立法なき教育財政移転法制」世取山洋介、福祉国家構想研究会編『公教育の無償性を実現する——教育財政法の再構築』大月書店、2012年、75-76頁。

第1部

自腹の事例

福嶋尚子
千葉工業大学工学部教育センター准教授 執筆

第1章 小学校教員・ミカ先生の自腹フルな1日

小学校教員は、基本的に全教科等を受け持つことが多い。さらに出張や学校行事、子どもの対応や家庭との連絡・相談など、毎日多忙だ。

そんな小学校教員の自腹に関わる1日を紹介しよう。

小学校の正規教員、林ミカ先生（仮）だ。教員経験は非正規雇用期間や産休・育休を挟んではいるものの10年目、地方都市にあるこの勤務校に赴任して2年目にして今年初めての6年生担任、2組の担当だ。プライベートでは二人の子どもがいて、中学校で教員をしているパートナーと一緒にマイホームのローンを返済中である。クラスがようやく落ち着いてきた7月のある日のことだ（なお、ミカ先生をはじめとする、このストーリーの登場人物は本調査やインタビュー調査などを踏まえて描かれた架空の人物である）。

出勤したミカ先生は、昨日、終えることができなかった単元テストの採点を始めた。昨日は、下の子を保育園に迎えに行く時間が近づいていたため、途中で切り上げざるを得なかったのだった。ミカ先生は採点のとき、「採点ペン」と呼ばれる赤のサインペンを使う。別で0.5㎜や0.7㎜のボールペンも使うことがあるが、採点にはやはり「採点ペン」がいい。しかし、クラス30人分のプリントやテスト、ノートなどを採点したりコメントを書いたりしていると、すぐにインクがなくなる。しかし、どうしても「採点ペン」がいいので、ミカ先生の机の引き出しには、インクのカートリッジが買い置きしてある。前の学校では「採点ペン」派が多く、公費で買ったカートリッジを使ってよかった。今の学校はその点、不便だけれど、「採点ペン」にこだわりをもっているので、自腹でもこれを準備しておきたいと思っている。

そういえば、今日の放課後は入院して登校できない子どもの保護者が、給食を停止するための捺印が必要な書類を取りにくるのだった。書類を渡すために、クリアホルダーに入れておこう。こうした、ちょっとした書類やプリントを渡すためのクリアホルダーやステープラー、クリップなどは手元に置いておきたいため、こちらも自腹で用意してストックしている。子ども全員に渡すなら、まとめて教材販売店に頼み、保護者負担の教材費から支払うが、そうでもないものはこちらで用意してしまったほうが気楽だ。

採点が終わったタイミングで、隣の机から6年3組の岸川先生が声をかけてきた。

「先日はすみませんでした、勝手に『シールシステム』を始めてしまって」

——申し訳なさそうな顔をされると、こちらもつらい。

「構いませんよ、子どもたちも思いの外、喜んでいます。6年生でもシールを集める達成感があるんですね」

と応じた。岸川先生の3組で目標を達成したときややらなければいけないことをしたときにシールをもらえるシステムが始まったことを聞きつけ、ミカ先生のクラスでも「3組ずるい！　2組でもやりたい！」という声が上がったのだった。仕方ないので遅れてシールシステムを導入したが、もともと計画しておらず、手持ちのシールもほとんどなかったため、100円ショップで子どもの喜びそうなシールをそろえたところだった。隣のクラスと差がつくといけないし、子どもたちがここまで盛り上がってしまった以上、やらないわけにはいかない。岸川先生にも本当は相談してほしかったが、まだ若い先生にプレッシャーをかけるとよくないのでいわないでおく。いわなくても、気にしているみたいだし。

今日の図画工作では、工作活動を行う。粘土や絵の具セットは保護者に買ってもらっているが、それに家庭から持ち寄ったお菓子の箱や割り箸、ビーズ、梱包材やモールなどをふんだんに使って飾りつけをする。すでにどんなものを作るのか決めているので、子どもたちは指示をすると各々にぎやかに作業を始めたが、今日も作田くんと桐島さんがまごまごしている。二人に聞くと、「材料を家から持ってこられなかった」という。予想通り。

ミカ先生は用意していた材料を二人に手渡して、「これ、好きに使っていいからね」というと、二人は喜んで作業を始めた。

じつは、作田くんは、先日の修学旅行で積立金が納入されないままだったため、ミカ先生は仕方なく2万円を代わりに納入して、一緒に修学旅行に行った。修学旅行の積立金の督促業務は初めての経験だったため、事務職員の高井先生に相談したが、

「頻繁に連絡して保護者に督促するしかないです」

というアドバイスにならないアドバイスをされ、校長に相談したところ、

「督促しても払えないなら連れて行けないよね。ちゃんと督促して」と、むしろ叱られてしまった。もちろん督促はがんばったが、どうしても納付してもらえないので、家でパートナーに相談をしたところ、中学校ではもっと未納が多いらしく、ひとしきり督促業務についての愚痴めいた話を聞かされた後、

「それくらいで一緒に修学旅行に行けるなら、払ってあげてもいいんじゃない」

といわれてしまった。どうもパートナーとは金銭感覚にずれがある。でもやはり作田くんだけ行けないのは気の毒だ、という思いで、結局払ってしまった。保護者に督促を続けるのもつらくなってしまったというのもある。

桐島さんは、修学旅行の積立金は支払われたものの、お小遣いを渡してもらえず、お土産屋さんでポツンとしていたので1，000円をこっそり手渡した経緯がある。作田くんに支払った額よりもだいぶ少なかったので、つい気が大きくなってしまったような気もする。しかし、他の子と一緒に活動をする作田くんと桐島さんがうれしそうだから、ミカ先生も不満はあるものの、仕方ないなと思っている。でも、二人の保護者には正直なところ腹が立ったりする。

給食の前には、体育の授業がある。ミカ先生は休み時間にあわただしく教職員用のTシャツと、市販のジャージに着替えた。この教職員統一のTシャツは、毎年春の運動会前に注文用紙が職員室を回る。昨年は白組担当だったが、今年は赤組担当だったので、ミカ先生は白で文字が入った水色のTシャツと、黒い文字が入った赤いTシャツの2種類を持っている。正直このTシャツは割高で、なぜ毎年買わなければならないのか、なぜ担当の組に合わせて色違いを買わねばならないのかと思うが——もう買ってしまったので、体育の時間もフル活用している。

そういえば、今年の運動会は前日に大雨が降って、当日朝早くに出勤したがグラウンドにまだ大きな水たまりができていた。この水を吸い取るための大きい吸水スポンジが切れていたため、出勤していた教職員はホームセンターの開店を待って急いで買い出しをしてきたのだった。

表現活動の体育の授業を始めると、教室から持ってきたCDプレイヤーの調子がおかしい。普通教室で教卓の横に置いているCDプレイヤーは、チョークの粉を被りやすくじつはとても壊れやすい。なのでミカ先生は可愛い手ぬぐいを用意して普段はCDプレイヤーの上にかけてチョークの粉除けにしているが、それでもやはり壊れたか。週末に買い物の用事が増えてしまった。

給食費はもちろんミカ先生も支払っている。味はおいしいのでその点はいいのだが、健康が気になり始めたミカ先生からすると、もう少し野菜を増やしてほしいと思っている。だけれど文句はいえない。忙しいのでいつも3分くらいで飲み込むように食べる。

給食後の昼休み。子どもたちはそれぞれ好きに過ごすが、2組の子どもたちは「ミカ先生の学級文庫」が好きな子が多い。学校の図書室には入っていないようなおすすめの本をミカ先生が用意してくれているのだ。新しい本や話題の本もあるし、図書室の本よりきれいで競争率が低いので、本好きの子どもたちが群れを成す。珍しく、今日は、6年1組の子たちが2組の教室を廊下からのぞき込んでいる。「2組ばっかり本がたくさんあってずるい」と1組の子たちが騒ぎだしてしまった。すぐに駆けつけて、

「1組の子も借りていいんだよー。ここのノートに名前と借りる本の名前を書いてね」

と声をかけたが、結局1組の子たちは文句をいいながら出て行ってしまった。つまり本を読みたいというより、2組だけずるい、という気持ちが先行していたようだ。やれやれ、とため息をつきながら、ミカ先生は「1組の先生に謝らないといけないな」と思う。これでは、勝手に「シールシステム」を始めた岸川先生に文句はいえない。

　放課後、たまっている仕事を、今日こそは少しでも片づけたい。以前は放課後になると職員室でコーヒーを淹《い》れ、ちょっとしたお菓子をほおばりながら情報交換する余裕があった。どの学校にもいわゆる「コーヒー友の会」があり、幹事役の先生が会費を集め、コーヒー豆やお茶菓子を用意してくれているのだ。しかし数年前から、みんな時間の余裕がなくなったし、幹事役にとっても負担だろう、ということで、友の会は自然消滅した。今は、コーヒーを飲みたい人が勝手にコーヒーを淹れ、お菓子を持ってきた人が「どうぞ」と配っていたりするくらいで、みんな思い思いにしている。ミカ先生はお菓子を食べるよりも仕事を少しでも進めたいと思うので、それでいいと思う。

　しかし、今日は様子が違った。「親睦会」担当の先生たちが、何やらうれしそうに大きな白い箱を持って職員室に入ってきたのだ。

「今日は1学期の仮締めということで、ケーキ買ってきましたー。皆さんお好きなものをどうぞ！」

職員室にわっと声が上がる。ケーキはうれしい。だけれども、ミカ先生はじつは引っかかっている。このケーキは年度初めに教職員から集めた「親睦会費」から支出されていることを知っているからだ。

集めたといっても、登録口座から予《あらかじ》め引き落とされる形で徴収されており、財布を開いたわけではないのだが、この「親睦会費」を使って冠婚葬祭の慶弔費が支出されたり、全員参加の懇親会が開催されたりする。しかし、毎学期の終盤にケーキを買ってくることはみんなで合意した記憶はない。長期休暇中で給食がないときの昼食や有志による懇親会だって、個人の事情で食べない、参加しない自由があるのに、ケーキだけは人数分買ってきて、いつの間にか親睦会費が支出されているというのは腑に落ちない。釈然とはしないが、でも、モンブランはやっぱりおいしい。

そこに教頭の吉井先生が暗い顔でやってきた。

「ケーキを食べているところすみません。前に行ってもらった修学旅行の下見なんですけど、やっぱり学年の先生全員分は旅費が出せないんです」

自治体のルールではそこまで細かく決まっていないが、もともとの旅費の配当予算が少なく、学年の先生全員で下見に行く必要はないとの校長先生の考えで、旅費の支給が滞っていた案件だった。

「え、やっぱり一人分しか出せないんですか？」

ミカ先生の隣で岸川先生が不満そうに声を上げた。「そうなんです」と縮こまる教頭をこれ以上責めるわけにもいかないが、納得はいかない。

「トイレの場所とか、何かあったときの避難ルートとか、一人だけみてきても下見とはいえないでしょう。なるべく多くの人数で下見しないと、安心して修学旅行に行けませんよ」

と、ミカ先生は以前にも主張したことをもう一度繰り返した。吉井先生は「本当に、その通りです」と頭を下げるけれども、吉井先生は悪くない。

「後で、主任と相談してみんなで割り勘にします」

と応じるしかなかった。岸川先生はまだ不満げだったけれど。

放課後、学校にくる予定の保護者から電話があった。ミカ先生が電話に出ると、

「仕事が長引いて、行けそうにないんです。申し訳ないのですが、書類を郵

送していただけますか？　病院と職場の往復で、あまり家にいられないんです」

とのことだった。

メールで送ることもできると伝えたが、印刷ができないといわれた。そこまでいわれたら仕方ない。郵送を事務職員の高井先生に頼もうとしたが、今日は午後から出張で不在だったことを思い出した。栄養教諭の久原先生とは、給食停止については話がついているけれども、給食費の引き落としがされてしまうと面倒だ。ミカ先生は、そんなときのために、ある程度の切手を財布にきちんとストックしてある。後でポストに投函しよう。今日は夕方に、学校を休みがちの徳田くんの家を訪問する約束だから、そのときにポストに寄れるはず。

徳田くんの家は、おとなら徒歩で20分。徳田くん自身は、

「30分もかかるよ。登校自体がつらい」

と話していた。この学校は校区が広くて、なかには徒歩1時間かけて通学してくる子もいる。バスの便があまりよくないのでバス通学も難しい。そのため、家庭訪問用に、教職員で共有する自転車が1台ある。しかし、今日は夕イミングの悪いことに先約があったようで、共有している鍵置き場には鍵が

なくなっていた。ミカ先生は仕方なく、自家用車で徳田くんの家に向かった。駐車場代が自腹になるけど、遅刻しないためには仕方ない。久しぶりに会った徳田くんはいろいろ話したかったようで、1時間たっぷりと会話をしてくれた。徳田くんが学校にきたときに気をつけてみよう、と思うことを、いろいろと聞くことができた。ミカ先生は駐車場に戻って、600円の精算をした。校区内は近距離とみなされ、この駐車場代は請求できない。

定時を超えてすっかりゆるい雰囲気になった職員室に戻ったミカ先生は、気にかかっていたことを5年生の服部先生に聞くことにした。服部先牛は、いつも高学年担任を務めている、教員経験30年目のベテランの先生だ。

「服部先生、昨年の卒業式って、袴着ました？」

すると服部先生は、よく聞かれる質問なのか、情報を倍盛りにして返してくれた。

「着たわよー。この学校の先生はみんな着ているわね。レンタルはこの業者だと全部セットで2万5,000円。あ、訪問着を持ってるの？　なら、袴だけだから1万5,000円くらいかしら。学校の目の前の美容院なら、朝6時から着付けとヘアセットまでやってくれるわよ。1万円」

聞きたいことを一気に教えてくれた。お礼をして席に戻ると、ミカ先生は「やっぱり、誇着ないとだめか……」と、一つため息をついた。

ふと気づくと、もう下の子を保育園へ迎えに行く時間だ。慌てて下の子を拾い、スーパーに寄って帰宅する。ごはん、お風呂を経て、子どもの宿題の面倒、明日の保育園の準備をしてから子どもが布団に入るまでは、まったく休めない。時計の針が午後9時を回った後、ミカ先生はようやく自分の時間を取ることができる。最近はこの時間を教材研究に充てている。授業準備自体はなるべく学校にいる間に行うが、より授業改善を行っていくためには、いろいろな書籍を読んだり、文学や映画にふれたりすることも大事だ。特に、ミカ先生は小学校免許の他に中学・高等学校の英語免許も持っており、「外国語活動」に力を入れている。

教材研究のために月に5冊は本を読むが、こうした本は学校には所蔵がないためインターネットで取り寄せている。この自己研鑽《さん》の時間は、ミカ先生にとって教師としてのやりがいも感じられ、不可欠な時間だが、さすがに今日は瞼が重い。読み始めて数分もしないうちにミカ先生は灯りを消した。

自腹の分析枠組み――三つの自腹

ミカ先生の1日を追ってみた。そのなかでいろいろな種類の自腹が存在していたことに気づいただろう。一口に自腹といっても、授業に関わるものや教室環境を整えるためのもの、学校行事に関わるものといった種類別に分類することもできるし、だれが使うものなのかという視点でいえば、教職員本人が使うもの、教職員みんなで使うもの、学級みんなで使うもの、子ども個人が使うもの、といった分類をすることもできる。その他に、自腹に至る経緯やそのときの教職員自身の感情に着目して、**積極的自腹、消極的自腹、強迫的自腹**などの分類もあり得るだろう。

積極的自腹は、ミカ先生の「採点ペン」のインクカートリッジ、クリアホルダー、図画工作の材料、学級文庫、教材研究のための書籍などだろう。ミカ先生自身が、それを用意しておく、それを使うことに、**教育的意義や効率性など何らかの積極的な意義を感じて自ら自腹を切ることを望んでいるもの**を、「積極的自腹」と呼ぼう。特に、ミカ先生が寝る間を惜しんで月5冊読んでいる教材研究のための書籍代は、積極的自腹の典型だ。

消極的自腹は、隣のクラスに合わせて導入した「シール」、修学旅行費やお土産代の立替、給食費、切手、家庭訪問時の駐車場代などが挙げられるだろう。**その時々の事情や経緯でやむを得ず自腹を切ることに同意をしているもの**を、「消極的自腹」と呼ぶ。ただ、そのなかには、「シール」や保護者負担費用の立替、家庭訪問時の駐車場代のように、結果的に何らかの意義を感じることになることもあり得る。自腹を切る前は消極的でも、実際に自腹を切った後に「結果的によかった」と感じるのだ。その意味で、積極的自腹と消極的自腹との垣根は低い、といえるかもしれない。

しかし、なかには、自らの自腹に納得したいがために、「懐は痛んだけど、子どもが喜んでくれた」などと考えてその行為を正当化したくなるような思考の仕方もあり得る。そうでもしないと、どうにも納得ができないのだ。しかし、このように自腹の意義を見いだそうとする思考を採れば採るほど、「そもそもその自腹に納得できない」という思いがあることもわかる。この意味では、消極的自腹は、次にみる強迫的自腹とも垣根が低いともいえる。

強迫的自腹は、教職員統一Tシャツ、拒否する間もなく買ってこられたケーキ、修学旅行の下見旅費、卒業式の袴のレンタル代・着付け代などがある。どうしても逃れられないと感じる事情や背景の下で自腹を切ることを選択せざるを得ないものを、「強迫的自腹」と呼ぶ。ミカ先生の1日には登場しなかったが、なかには、他者から高圧的に自腹を迫られるようなものも含まれるだろう。自腹を切った後も、**納得がいかない、できることなら自腹を避けたかった、と思い続けるようなもの**がここに含まれる。消極的自腹のなかでも、後でその自腹を自分自身のなかで正当化するようにその意義を見いだしているものは、実質的には強迫的自腹と重なってくる。

いわば、積極的自腹、消極的自腹、強迫的自腹は、三つの領域が別々に存在しているのではなく、自腹の意義や負担感の有無という軸でグラデーションのものとして表現できる。

このように、ざっくりと、積極的自腹、消極的自腹、強迫的自腹の三つの名前をつけることが可能だろう。この名づけの意義は、その自腹が教職員自身にとって受け入れられるものかどうかを見定める指標となることである。

つまり、強迫的自腹は教職員自身が拒否感を強くもっており、その後にも納得できない、支払いたくなかった、という負担感を負わせる。おそらくは、強迫的自腹については、なくしていくべきではないか、というおおよその合意を取りつけられるのではないかと思う。消極的自腹についても、強迫的自腹よりも負担感は薄くなるものの、できることならなくしていきたい、という路線になっていくと思う。

しかし、積極的自腹については、それぞれの教職員がこだわりをもって、またそこに意義を感じて選択しているから、そのこだわりを貫けなくなるくらいならそのままがいい、という感覚をもつ人が多いだろう。教材研究用の書籍や研修（会）参加費などは、まさに意義を感じて、「この書籍／研修でなければ」というこだわりをもって支払うことを受け入れていることがある。このように、この三つの分類では、教職員にとって受け入れられる自腹かどうか、というところが異なってくる。

ただし、ここで重要なのは、積極的自腹、消極的自腹、強迫的自腹のどれにあたるかということが、教職員各々によって異なる、ということである。たとえば、先ほどの例では、岸川先生にとっては「シール」は積極的自腹だったが、ミカ先生にとってはそうではなかった。隣のクラスと足並みをそろえるため、仕方なく自腹で導入している、消極的自腹だったのだ。他方で、学級文庫は、ミカ先生にとっては積極的自腹のつもりだった。しかし、それが1組の先生に迷惑をかけているかも、という可能性を知って、「後で謝らなくては」という気持ちになっている。このように、その自腹に意義を見いだすかどうか、負担感をどれほど感じるかは、教職員によって異なる。

消極的自腹で大いに関わり得るのは、自治体の財務規則等会計ルールによる公費の制約と、学校に配賦《はいふ》されている公費の不足である。市区町村から配賦された公費で支払うこともできないし、保護者負担とすることもできない、というような場合に、仕方なく関わっていた教職員が負担せざるを得なくなる、という構造がある。それは、公費や私費（保護者負担費用）の支出可能項目[*13]の広狭だけの問題ではなく、公費での支出に関わる権限の有無、手続きに求められる時間の問題でもある。

また、強迫的自腹で大いに関わり得るのは、上述の会計上の制約の他に、管理職や同僚教職員、保護者や地域住民との人間関係や慣習である。ルールで決まっているわけではないけれども、「これまでそうだった」「周りも、みんな買っている」などといった慣習や雰囲気のようなものが、ルールに取って代わって支配的に存在するのである。そのなかでは、だれが命令しているわけでもないが、「嫌々財布を開く」ことがあり得る。

この人間関係や慣習は、強迫的自腹までいかないまでも、消極的自腹に追い込む上で大いに働き得る。ある意味、教職員文化の特性といえるかもしれないが、この足並みをそろえる視点が、担任を務める教員には実際に重要となっているのである。足並みをそろえるために自腹を切り、足並みをそろえるために自腹を切ってまではその活動をやらない。つまり、「足並みをそろえるため」という理由が、自腹を切る理由にも切らない理由にもなり得る。ここは非常に興味深いところである。

＊13—自治体によっては、公費私費負担区分基準が教育委員会などから示されていることがある。そこに記載があると、公費として支出ができない、あるいは私費として保護者に負担をお願いすることもできない、ということが生じ得る。

しかし、この自腹の出口論に関して、本書の内容を先取りして述べれば、自腹を切ることは、単に本人の問題だけではなく、周囲の教職員や学校財務制度に及ぼす影響が少なくない。そのため、到底、個人で勝手に判断すればよい、とはならないのである。その理由はいくつかある。

第1に、当人にとっては積極的自腹であっても、それは他の教職員の消極的自腹や強迫的自腹を生み出しかねない。これまで繰り返してきたように、「足並みをそろえる」ことが重視される教職員文化では、一人が自腹を切ると、他の教職員も「足並みをそろえて」自腹を切ることが求められやすいからだ。

第2に、自腹を切ることで、「公費が足りている」「未納はない」という錯覚が生まれる。「公費が足りないから」「なかなか保護者が払わないから」といって、その穴を自腹で補填していくことにより、会計帳簿上、支障がない状況とみなされてしまう可能性がある。その結果、根本的な問題状況を覆い隠すこととなり、教育行政の条件整備や制度改善を進める契機を失いかねないこととなる。

第3に、自腹を切り続けることにより、経済的負担に対しての抵抗感が薄れていく。教育活動を効果的にしたり、校務を効率的に進めたりするための「必要経費」や「金で時間を買う」という発想で自分にとっては少額の自腹を繰り返していると、その自腹に意義を感じるようになり、抵抗感が薄れていく。そして、それは自分が自腹を切るだけではなく、他の教職員にも「わたしも自分で払ってきたよ」と抵抗なく声をかけ、保護者が負担する費用についても「こちらがこれだけ支払っているのだから、自分の子の分くらいは払ってほしい」というように、経済的負担を他者に迫ることに抵抗感がなくなっていさかねない。

ここまでみてきたように、教職員の自腹行為は、教師の残業に構造がよく似ている。その人が好きでやっているのだからそれでいい、というようにみていると、いつの間にか自腹なしに公立学校の教育が成り立たない、という状況になってしまう危惧がある。いや、すでにそうした状況になっているのではないか。

ましてや、教師の残業は国レベルでの調査が曲がりなりにも数回あり、現在、大いに問題現象として取り上げられてきているが、教職員の自腹のほうはそれに対する意識も醸成されていなければ、実態さえも明らかにされてきていないのである。

教職員の自腹はどれほどなのか、教職員の自腹は問題なのか、それはなぜなのか、教職員の自腹はどのように対応していくべきなのか――今、議論を始めるときだ。

第2章 自腹をする理由

第1節 授業に関わる自腹

本章では、なぜ教職員が自腹という行為に至ることになるのか、その背景に迫る。全体的な傾向については第2部にて扱うため、ここでは本調査の自由記述欄を中心に典型的な事例を取り上げていく。

自腹発生率（2022年度に自腹があったと回答した人数/回答者数）が約6割と、今回調査したなかではもっとも高い割合で発生しているのが授業に関わる自腹である。そして、低額なものから高額なものまで負担の大きさには幅があり、その自腹に対する思いも、もっとも幅があるのが授業に関わる自腹といえる。

608人が「〔自腹を〕した」と回答のあった授業に関わる自腹だが、その具体例として挙げてもらった2022年度の事例でもっとも多いのは、消耗品である教材や備品、自作教材の材料などの購入費用（326件、53・6％）だった。続いて、授業研究・教材研究のための書籍や教材の購入、研修費用（203件、33・4％）、自らの持ち物となる文具や教材などの購入費用（49件、8・1％）、担当する教室の環境整備のための物品購入費用（38件、6・3％）などがあった。[*14]

もっとも多い、教材・備品や自作教材の材料の購入費用は、そのほとんどが金額としては多くないものの、半数を超える教職員が経験している。そして、公費での購入が煩雑であるという理由だけではなく、そもそも公費での購入ができず、やむを得ず自腹での購入に踏み切ったという事例も多かった。自治体の財務規則やその学校の慣習などにもよるが、

＊14―なお、具体的な使途がみえにくい回答は除外し、いくつかのカテゴリにあてはまるような回答は複数カウントとした。そのため、挙げた四つのカテゴリだけで「〔自腹を〕した」という608件の回答を超えている。

少額すぎるものや試験的に購入するもの、年度当初の公費予算執行計画に計上していなかったもの、より安いもので代替可能とみなされるものなどが、公費での購入が不可能とされがちであることがわかる。

●授業に使うワークシート、文房具、ごほうびシールなど――1,000円以上3,000円未満

個人で使うものは経費で落ちない。／学級費や教科の教材費は予算だてされていない。学校予算でお願いすることは可能だが、手続きが面倒くさい。／学校を通して買うと、業者を通さなければならない（100円ショップなどは使えない）。

（中学校・正規教員／女性／5,000円）[*15]

●カラーコピーによる教材作成――500円以上1,000円未満

学校の必要予算が毎年のように削減され、コピーも不要不急とみなされるものはモノクロで行うように指示が出ている。子どもへの教育効果を考えるとカラーのものを渡したいが予算の上限を考えると自腹にならざるを得ない。

（小学校・正規教員／男性／5,000円）

●教材の自費購入――3,000円以上1万円未満

授業での実際の指導の目的で、複数の教材を試験的に制作のため。つまり、そのための道具や材料などの検討、及び参考作品制作のための様々な出費、またはそれにかか

った時間や労力すべて無償で自費。（中学校・非正規教員／男性／2万円）

●授業で使う実験材料――300円以上500円未満

実験で使いたい材料があったが、勤務校にはなかった。事務に話をするも、数百円レベルの物は起案できないと言われ、仕方なく自腹で購入。／自腹を切りたくない。（中学校・正規教員／男性／1，000円）

●実験の教材（生物）――1，000円以上3，000円未満

生物実験をするのに申請等をしていると授業に間に合わないのとメダカや水草などは消耗品ではないので購入が認められないことがあるため。（中学校・正規教員／男性／6，000円）

●教材ソフト・問題集など――5万円以上

許可を申請したが許可されなかった。（小学校・正規教員／男性／5万円）

＊15―以下、自由記述の引用は以下のように表記する。なお、ここで提示された名目や説明、金額などは基本的に調査回答の通りとしている。ただ、複数の事例について回答していたり、複数カテゴリに妥当するような事例を回答しているようなケースなどについて、必要最小限の割愛や分割などの編集を行った。また、明らかな誤字などは修正を施している。
●自腹の名目／その自腹の金額／その自腹の経緯・説明／学校種・雇用形態と職／性別／2022年度の同カテゴリにおける支出総額

● **楽譜**――**1,000円以上3,000円未満**

最新曲を取り入れ、児童の興味を惹きたかったが、事務からの許可が下りなかった。

（小学校・正規教員／女性／3,000円）

● **発達を促すことを目的としたカードゲーム等**――**3,000円以上1万円未満**

特別支援学級の担任をしていますが、子どもの発達を促すために必要だと思われるい い教材（おもちゃ、カードゲーム）を見つけましたが、予算がないため自腹で購入しました。

（小学校・正規教員／女性／1万円）

● **水槽に入れる濾過器**――**1,000円以上3,000円未満**

理科でメダカを飼うために必要だった。専科教員なので、学級費などの使えるお金がないので自腹を切った。管理職には専科教員が使えるお金を出して欲しいと訴えているが改善なし、言い難い雰囲気である。

（小学校・正規教員／女性／5,000円）

● **講師謝金**――**1万円以上5万円未満**

授業で招聘した講師に対する謝金があまりにも低く、追加を要請したが対応してもらえなかったから。そのままの金額ではあまりにも失礼なため。

（小学校・管理職層／男性／6万円）

● **消耗品**――**5万円以上**

実習生も抱えていたので実習生の授業で使う教材や消耗品費を負担した。

●ケーブル、アプリ、ストレージ――1万円以上5万円未満

（中学校・正規教員／男性／100円）＊16

校内予算の執行は、一年後になるから。

（中学校・管理職層／男性／10万円）

教材等購入費用に関わって少数事例ながら目を引いたのは、特別支援教育や子どもの習熟度に対応した授業や、興味・関心に応じた教育活動のための教材については、公費で買うこともできず、また保護者に負担を求めることも難しいために、教職員が自己負担をしている、というような状況だ。「個別最適な学び」が謳《うた》われている時代にもかかわらず、そのための費用負担は教職員に課せられているということで、矛盾が感じられる。

●教科に関わるドリルやプリント類――500円以上1,000円未満

定期的なテストや学習に必要な最低限のドリルは児童費での購入をしているが、そのドリル以外にも問題に取り組ませたい時に使える（使おうと思う）ドリルは各先生で個人持ち（自腹で購入されている）なので、貸してほしいとも言いづらいし、自分自身

＊16――2022年度のそのカテゴリにおける支出総額が挙げられた自腹の事例の金額を下回っているが、そのまま掲載している。

も自腹で買う。

（小学校・正規教員／女性／2,500円）

● **学習プリント集CD-R付き――1,000円以上3,000円未満**

特別支援学級を担任しており、習熟度の異なる生徒達を同時に見ており、教材準備が多岐にわたるため。

（中学校・正規教員／女性／5万円）

● **文房具（メッセージが書き込めるサイズのシール、ひも）――1,000円以上3,000円未満**

年度の終わりに、学級で生徒がお互いにメッセージを書いて送りあう振り返りの授業のために購入。シールを貼る台紙を各自が首から下げるためのひもも購入。全クラスが同じ内容をするわけではないので、自費で購入した。

（中学校・正規教員／女性／2,000円）

また、明確に区分けすることは難しいものの、積極的自腹に属するような回答が他のカテゴリに比べて相対的に多かったのが、授業に関わる自腹の特徴でもある。教育効果や自らの授業力向上があるならば、経済的負担をいとわないような肯定的な回答がみられたのである。

● **算数に関心を持ってもらうための知的パズル――1,000円以上3,000円未満**

授業で直接使う物ではなく、休み時間などに使う物なので、校内予算で希望しにくかったし、高額ではないので、複数自分で購入した。

（小学校・非正規教員／男性／5，000円）

● **図書：図鑑、用例集**――**1，000円以上3，000円未満**

扱う教材の内容が面白く、自分でその本を持って利用したかった。子どもたちにも、ひとり1台タブレットが貸与されているが、本を手に取ってページを繰ったり、廻し読みをしたりしているうちに、タブレットにはない気付き方があって、本を用意して良かったと感じた。

（小学校・非正規教員／女性／10，000円）

● **胡椒、ジッパー付小袋**――**500円以上1，000円未満**

大航海時代の導入資料として使うため。年度当初の教材費の予算からは捻出できなかった。そもそも教材研究は半分趣味に近い上、明確に予算をつけられるものではないと思っているので、自腹を切るという感覚すらなく購入した。／教材・教具の開発でお金がかかるのは当たり前。

（中学校・正規教員／男性／3，000円）

● **ベネッセや学研などの先進教材**――**100円未満**[*17]

本校に導入するかどうかの足掛かりとするため。

（小学校・管理職層／男性／10万円）

● **授業力向上のための本**――**3，000円以上1万円未満**

＊17――先進教材が「100円未満」は現実的ではないが、そのまま掲載している。

授業力が上手くいかず、困っている若手教員がいたので、少しでも参考になればと購入し、本を見て学ぶように伝え、手渡した。（小学校・管理職層／男性／1万2,000円）

また、子どもたちが使う教材ではなく、授業などの教育活動に関わって自身が使うものについて、自腹をしているという回答も約8％だった。そのなかにも、やむを得ず自腹をしているようなものから、家庭でも使ったり、異動先に持参したりするためにあえて自腹で購入しているようなものまで幅広くあった。特に、例で挙げたようなスキーやパソコンなどのICT機器は金額も高額に上る。GIGAスクール構想により教員用パソコンが支給されたものの、機能性が低い、持って帰ることができないなどの事情から別にパソコンを購入しているとみられる。

●自作教材にかかる材料費――3,000円以上1万円未満

子どもに渡るものではなく、提示用の教材を作成し、現物を翌年以降も自身で使用するため。（小学校・正規教員／男性／2万円）

●採点用赤ペン――3,000円以上1万円未満

使いやすいものやすぐ必要なもの、試してみたいものを購入したいが、学校予算や学級会計から支出してよいものか悩むので手出しする。／嫌だが仕方ない。

・フラッシュカード（漢字）――1,000円以上3,000円未満（小学校・正規教員／男性／4万円）
漢字の部首の学習をゲーム方式で行おうとしたため。備品で購入すると異動の際持って行けないので、自費で購入した。（小学校・非正規教員／女性／2,000円）

・TVと端末をつなぐコード、DXの参考書など――3,000円以上1万円未満
立場上必要なので購入。自分の物として、自由に使いたい。／自分の物としていつでも使いたい。（小学校・正規教員／男性／3万円）

・スキー――5万円以上
体育の授業で使用するため。（小学校・正規教員／男性／10万円）

・授業教材――5万円以上
ICT機器の整備（中学校・正規教員／男性／10万円）

教材などの購入に次いで多かった授業研究・教材研究のための費用であるが、そのための費用は公費から出ることが多くないようだ。そもそも研修・研鑽のための費目がないところや、校内にある資料が古く使えないようなところもある。教育基本法上で教員の「養成と研修の充実」が規定されているにもかかわらず（第9条第2項）、それに対する財政的保障があるとはいい難い状況が広がっている。

●研修図書――3,000円以上1万円未満

教育委員会で研修費や研修図書予算がなくなったため。自分は研修部だったので、研修を円滑に推進させるために、自腹で購入した。（小学校・正規教員／男性／5,000円）

●教材研究用図書――5万円以上

教材研究を求められるが、校内に新しい資料や資料費用はない。（小学校・正規教員／男性／100万円）

●教材研究――500円以上1,000円以下

算数や国語の授業に備えて、児童用のノートと同じものを用意して教材研究を行っている。学年の初めに児童に配布するノートの予備（1冊）を使うが、算数はすぐに使ってしまうので、結局自分で同じマスの物を購入している。1学期に2〜3冊ほど使う。（小学校・正規教員／女性／900円）

また、教室環境を整えるための物品購入のための費用を自己負担している事例も一定程度挙げられていた。特に、シールや収納のためのかごや箱などを100円ショップで購入している例が多いようだ。

●教室で使う整理整頓用のもの、シール――500円以上1,000円未満

自分のやりやすいようにするには公費で買えないから。

（小学校・正規教員／女性／2，000円）

加えて、子どもが忘れ物をした際に円滑に授業に参加できるよう、あるいは、保護者負担費用を抑制するために、自ら経済的負担を負っている、という回答も少ないがみられた。

●忘れ物対策の文具代――1，000円以上3，000円未満

忘れ物をした生徒でも、授業に参加できるように、ノート代わりのルーズリーフノートを準備したり、授業で用いる文具を準備したりするなど、子供に学ぶ機会を保障しようとして、自腹をするようになった。

（中学校・正規教員／男性／1，000円）

●割り箸――300円以上500円未満

生活科や図工で使用する細かな材料は、一応持ってくるよう声はかけるが、忘れると学習が滞るので必ず予備として割り箸や爪楊枝、竹串、またボンドなどを用意して貸与や提供できるようにしています。

（小学校・非正規教員／女性／500円）

●シール――1，000円以上3，000円未満

自分では消耗品と捉えているのだが、職場では生徒から集金すべき物品とされている。

（中学校・正規教員／男性／3，000円）

●リスニングワーク、リスニング用イヤフォン――1万円以上5万円未満

タブレットにてリスニングや録音をさせる際に必要となるイヤフォンを人数分購入した。

（中学校・正規教員／女性／2万円）

なかには、財務を担っている事務職員が、公費の不足を自ら補填していることが推測される例もあった。自分の行う授業ではなく、教員の行う授業への支出であり、いわば「自腹の肩代わり」のような状況ともいえそうだ。

●画用紙――1,000円以上3,000円未満

必要枚数が足りず自腹した。

（小学校・事務職員／女性／1,500円）

ここまでみてきた通り、授業に関わる自腹は発生しやすいだけではなく、高額に上るものも含まれる。授業の質を高めるためや、子どものことを考えて、また公費執行の煩雑さを嫌って半ば積極的に自腹している人も含まれるが、自腹を切っている教職員のなかで多数派ともいえない。それよりも、公費では支出されないために自腹を切るしか選択肢がないような事例も多くみられる。積極的自腹が一定程度みられるこのカテゴリですら、**「勝手に自腹を切っている」と捉えることは適切ではない場合もある**ことがわかる。

第2節　部活動に関わる自腹

特に中学校で多くみられた部活動に関わる自腹だが、さらに特徴的なのは、単発の金額も総額も高額になりがちであることだ。

234人から「〔自腹を〕した」と回答のあった部活動についてだが、その具体例として挙げてもらった2022年度の事例のなかでもっとも多いのは、交通費に関わるもの（83件、35・5％）だった。続いて、教職員自身が使う部活動用品に関わるもの（70件、29・9％）、子どもも使うような消耗品や飲食物に関わるもの（34件、14・5％）、教職員が審判を務めるための資格取得や衣服に関わるもの（22件、9・4％）、競技の指導法やルールの研鑽に関わるもの（10件、4・3％）、参加費用や通信費用などその他の場面に関わるもの（7件、3・0％）である。

もっとも多い交通費に関わる場合、交通費が公費で支出されなかったり、支出に条件がついていたりする状況がみられた。

- **移動の車のガソリン代――1万円以上5万円未満**

交通費は一切出ない。（中学校・正規教員／男性／3万円）

- **遠征――3,000円以上1万円未満**

県外遠征は学校から支給できないと言われているため。（中学校・正規教員／男性／1万円）

- **練習試合や大会の遠征の交通費と昼食代――1万円以上5万円未満**

強い部活だったので、県外への遠征が多かった。私は副顧問なので、学校から交通費等は支給されない。でも子どもたちの活動を手伝いたかったので、自腹で遠征に付き合った。（中学校・正規教員／女性／5万円）

部活動で自ら使用する物品購入では、公費では支出されない、あるいは公費では買えない高額のものを購入しているものが目につく一方で、異動先でも使うことを見越して自腹で購入し、自己所有する目的を挙げる声も複数あった。

- **楽器――5万円以上**

学校の経費では賄《まかな》えない時期、金額だったから。（中学校・正規教員／女性／10万円）

- **バット――1万円以上5万円未満**

指導に必要だった。（中学校・正規教員／男性／2万円）

●ラケットやシューズ――1万円以上5万円未満

生徒に指導するのに必要なラケットやシューズは学校が負担してくれない。

（中学校・正規教員／男性／4万円）

●練習用具――3,000円以上1万円未満

自己所有であれば、次の転勤先でも使えるから。

（中学校・正規教員／男性／1万円）

部が大会に出るためには、顧問の教員が審判資格を取得している必要があり、それに関わっての負担も多く挙がった。この場合は公費で補助があるという声は一切なく、全てが当該教職員の自腹になっていることにも注目する必要がある。

●審判免許更新――3,000円以上1万円未満

教員に審判資格がないと大会に参加できないのに、お金の出所がないので。

（中学校・正規教員／男性／1万5,000円）

●審判服――1万円以上5万円未満

指導している部活動の種目は未経験にもかかわらず、市内大会や上位大会では審判をしなければならない。そこで、審判服の着用を求められるが、支給はなく自腹である。

（中学校・正規教員／女性／1万5,000円）

・指導者ライセンス、審判講習会・登録すべて――3,000円以上1万円未満

ライセンスがなくても、顧問はできるが、競技の協会はライセンスを持って指導・審判をするように言われる。

（中学校・正規教員／男性／1万2,000円）

切実な声として挙がったのは、子どもも使用するような消耗品に関わるものである。部員へのねぎらいやお祝いなどからドリンクを差し入れするようなものは積極的に行っているものとみられるが、以下のように子どもたちの安全や健康のために必要なものまでもが自腹となっているという声もあった。

・熱中症対策グッズ（塩分タブレット、スポーツドリンク）など――1,000円以上3,000円未満

急に体調を崩した生徒がいたため、自動販売機でスポーツドリンクを買い、自分用に用意していた塩分タブレットを与えた。

（中学校・正規教員／女性／4,000円）

・救護用具費――3,000円以上1万円未満

生徒が試合中や練習中にけがをした場合、テーピング等の処置が必要となってくる。テーピング用品を購入して欲しいと思っても、学校の費用で負担してもらえない。やむを得ずテーピング用品やけが防止の物品は自腹になる。

（中学校・正規教員／男性／2万円）

つまるところ、**部活動に関わる費用の多くに予算が十分に確保されていない。**また、学外との関わりやルールの問題があり、**顧問を引き受けた以上、教職員が自腹を断るということが非常に難しいという状況がある。**なかには、自らその競技や活動について学ぶため、練習するために費用を投じている人もいるが、その多くは、以下のように公費で措置されていない活動に「仕方なし」に私費を投じる声だった。

- 学校で支給される額では足りない。子供の活動するための道具費、教員の指定された服装、教員の道具、試合会場への交通費など大会に出場するために必須の道具代全てをまかなってもらえず、仕方なしに自腹を切りつづけている。

（中学校・正規教員／男性／10万円）

第3節 旅費に関わる自腹

自腹発生率が全体の4割に迫ったのが旅費に関わる自腹である。これだけ広範に広がっているにもかかわらず、子どもや保護者目線ではなかなかみえにくい。

384人から「(自腹を)した」と回答のあった旅費に関わる自腹はなぜ生じるのか。その具体例として挙げてもらった2022年度の事例のなかでもっとも多いのは、校区内の家庭や地域を巡るための費用(158件、41・4%)だった。続いて、学校行事や部活動などで遠方へ行く際の費用(107件、27・9%)、研修・会議などで出張するための費用(84件、21・9%)、通勤のための費用(7件、1・8%)などがあった。特に、いずれの場合でも、タクシーを利用した際の費用(103件、26・8%)に関わる回答が多くあった。[*18]

もっとも多い、家庭や地域を巡るための費用については、少額な自腹が積み重なり、大きな負担となっていることがわかる。さらに、このカテゴリのなかでは8割を占めたのが担当している子どもの家庭訪問であったことから、家庭訪問時のガソリン代や駐車場代などは多くの場合、保障されていないようだ。

●家庭訪問、下校指導の交通費――――――――――100円未満
校区内移動であるため。

（小学校・正規教員／女性／200円）

●複数件の家庭訪問――――――――――100円以上300円未満
一番遠い家庭の家までの距離のみを計算しているから。

（小学校・正規教員／女性／500円）

●町内の施設への移動――――――――――500円以上1,000円未満
校務分掌での図書館や部活動でのホールへの移動は、私用車を利用するが、旅費は出ないから。

（中学校・非正規教員／女性／5,000円）

●自家用車での銀行周り・月30～40㎞――――――――――500円以上1,000円未満
市の規定に従うと、どうしても週に2～4回銀行に行かなければならない。旅費請求が出来る距離にギリギリ達していないので請求できない。

（小学校・事務職員／女性／1万円）


修学旅行や校外学習などの学校行事における交通費や食費、入場料なども、自腹となっている事例が多くあった。なお、このカテゴリで部活動関係の自腹もカウントしたが、こ

＊18――たとえば修学旅行でタクシーを利用した場合、学校行事に1件、タクシー利用に1件とカウントした。

れは前カテゴリと内容が重複していることから、ここではあえて回答していない可能性もある。実態として部活動関係の旅費に関わる自腹は、より件数が多いのではないか。

●修学旅行のタクシー利用は、自腹になる。――3,000円以上1万円未満

巡回指導には、タクシーは必須だから仕方なく自腹で利用する。

（中学校・正規教員／男性／1万3,000円）

●校外学習中に体調が悪くなってしまった児童のお迎えによるタクシー代――3,000円以上1万円未満

保護者がお迎えに行けないため、学校がお迎えの負担をした。

（小学校・管理職層／男性／5,000円）

●修学旅行の班別研修の付き添い時の交通費や見学費――1,000円以上3,000円未満

支援が必要な児童がいたため、その班に付き添って行動したが、その際の交通費などが旅行経費にはいっておらず、引率者によって金額が違うため。

（小学校・正規教員／男性／3,000円）

●下見の費用――1,000円以上3,000円未満

下見に行く時に、下見なのであちこち回りながら行くと、最短距離で行きなさいと言われ、自腹になる。

（小学校・正規教員／男性／3,000円）

校外での研修や会議などの出張に関わる自腹では、授業など他の業務との兼ね合いで、もっとも安価な方法で行くことができない、という声が多く、なかには、そもそも出張として認められない事例なども回答があった。

●タクシー――1,000円以上3,000円未満

研修の日、クラスで心配なことがあってなかなか学校を出られず、急いでタクシーで会場に向かった。

（小学校・正規教員／女性／3,000円）

●出張旅費――1,000円以上3,000円未満

授業をしてからでは到底間に合わない時間設定をされた区の研究会に参加するように命令があった。とはいえ、最低旅費・交通費しか支給されない。その支給される経路は最も早く着く経路ではなく最も安価な経路の交通費である。授業を終えてからその経路では間に合わないため、違う経路の交通費を自腹した。

（小学校・管理職層／男性／5,000円）

●交通費――500円以上1,000円未満

教育支援センターにいくのが出張にならないので自腹で行くことになった。

（中学校・正規教員／男性／3,000円）

少数ながら、通勤のための費用がそもそも自腹になっている事例もみられた。なかには、自腹をしてでも利便性や効率性の高い通勤方法をあえて選んでいる例もあったが、そうした場合でも、毎日のことであるので、自腹額はかなり高額に及んでいる。

●交通費――5万円以上

自動車通勤で有料駐車場を利用しなければならなかったとき 支給されるガソリン代と実際に使用している金額が不釣り合い。

（小学校・正規教員／女性／6万円）

●通勤および出張のガソリン代――1万円以上5万円未満

通勤手当は支給されるが、ガソリン代が高騰しても支給額は変わらないため、自腹で払う部分が増えた。

（中学校・正規教員／女性／1万2，000円）

イレギュラーな事例ではあるが、以下のような負担の重い事例もみられた。

●生徒の定期通院の付き添いに伴う出張旅費――3，000円以上1万円未満

出張場所への出張旅費は常に「最安値」しか支給されないため、例えば1時間に2本しかないバスに乗るなどというまったく不合理な交通経路となってしまうので、やむを得ず合理的・常識的な経路にするために「自腹」となってしまう。

（中学校・非正規教員／男性／1万円）

・人事異動による引っ越し費用（赴任旅費）――――5万円以上

人事異動によって引っ越しが必要になったが即入居できる物件がなく、約ひと月ホテル住まいすることになったりと費用がかさんだ。しかし赴任旅費は支給限度額が決まっているのでオーバーした分を自己負担することになった。

（中学校・事務職員／女性／18万2，000円）

ここでは十分に挙げられなかった事例として、駐車場代や高速道路の利用料、修学旅行などでの施設入場料や昼食費用、レンタカー代などがあった。これらも含め旅費の支給に関してはその自治体における旅費支給のためのルールや勤務校の校長の判断によって、大きく支給／不支給の状況が変わり得る。

しかし、**もっとも「出張」の頻度が高い校区内の家庭訪問について、そもそも旅費支給の規定がないところが相当多いということが判明した。** 学校行事などに関わる旅費でも、不可欠の費用が支給対象となっていないことは、安全に教育活動を行う上で問題がある。1回あたりはたかが数百円～数千円ではあるかもしれないが、ここについて保障を行わなければ、旅費請求が当たり前という土壌はなかなか育たないだろう。

第4節　弁償・代償のための自腹

全体として発生率も頻度も高くないものの、必要に迫られて行う自腹として、弁償や代償のためのものがある。本調査では69件の事例が報告された。

2022年度に「〔自腹を〕した」と回答のあった69件の弁償・代償のための自腹のうち、一番多かったのは、保護者からの徴収金の代償（25件、36・2％）だった。続いて、損壊・紛失してしまったものの買い替えや修繕・弁償（19件、27・5％）、子どもが損壊してしまったものの買い替えや修繕・代償（8件、11・6％）などがあった。

教職員自身が壊した場合や経年劣化、ハプニングで壊れてしまったものの場合、公費予算があれば買い替えや修繕を公費から行うことも可能だろうが、そうではない場合、教職員が自己負担をしている、という事例がみられた。金額的にも決して少額とはいえない事例もあった。

●パソコン――――――――――――5万円以上

こわれた。（小学校・事務職員／男性／8万円）

●学級用具の補充――3，000円以上1万円未満

ちりつもで、壊れたものも自分で修理や補充をすると高額になっていた。（小学校・正規教員／男性／2万円）

もっとも多かったのは、保護者から徴収すべきものについて徴収ができないまま、自己負担するケースだ。徴収・督促事務を担任教員が孤立無援で行っているかのようなケースもあり、消極的自腹か強迫的自腹にあてはまるだろう。

●家庭科の調理実習費の未納――3，000円以上1万円未満

集金に応じない家庭が多かったから、諦めた。（小学校・正規教員／男性／6，000円）

●教材費等立て替え――1，000円以上3，000円未満

教材費等未納の保護者がいた。自分が学年の会計をしていたため、未納があると業者への支払いができず、年度末の会計報告ができなかったため、立て替え払いをした。（小学校・非正規教員／女性／2，000円）

●児童の教材費立替――1万円以上5万円未満

家庭が複雑な児童の教材費立替をした。管理職に相談しても、家庭訪問して信頼関係をつくるようにしか方法は示されず、かと言って管理職が取り立てや立替はしない、と言われたため自腹となった。

（小学校・管理職層／男性／5万円）

● **部活動費未納者分**――**3,000円以上1万円未満**
部活動特注品を購入した生徒が退部したため、請求しづらかった。

（中学校・正規教員／男性／8,500円）


子どもが壊してしまったようなものについて、保護者に請求することも公費から支出することもできずに、自己負担としているケースがあった。

● **HDMIライトニングコネクタ**――**3,000円以上1万円未満**
コネクタは児童によって破損したため／破損物は原因が別教員にあるため、不満が残る。

（小学校・正規教員／女性／7,000円）

● **電子ピアノ**――**3,000円以上1万円未満**
合唱コンクール練習に使っていた自前の電子ピアノを生徒が壊してしまった。

（中学校・正規教員／女性／2万円）

● **生徒の紛失物**――**3,000円以上1万円未満**
紛失物について本人の過失がなく、学校予算で処理できる項目にも当てはまらないいため、自費で支払うことになった。

（中学校・管理職層／男性／3万円）

●生徒同士のトラブルによる物品破損弁償――3,000円以上1万円未満

生徒同士のトラブルで、文房具等を破損した。それを自分で新しいものを購入した。（請求はしづらかった）

（中学校・正規教員／男性／8,500円）

また、少数事例ではあるものの、教員の自腹を回避するために、管理職や先輩にあたる立場の人が代わりに自腹を背負うケースもみられた。第5章・第6章でみるように、弁償・代償のための自腹が管理職層に多いのは、こうした事情もあるのかもしれない。

●集金の立替――100円以上300円未満

学級費未納のため、ギリギリまで担任立替になっていた。年度末にどうしようもなくなり、教頭がとりあえず肩代わりしてくれた。

（中学校・正規教員／女性／500円）

●集金――1万円以上5万円未満

担任が集金できず、業者への支払いに間に合わなかった。

（中学校・正規教員／男性／3万円）

こちらも事例数としては少なかったが、自己負担をして子どものために食事や教材を買い与えているケースもあった。やむを得ない背景もあるが、自主的に行っているという意味では、積極的自腹の側面もあるだろう。なお、こうした子どもたちに飲食物を買い与える事例は、部活動のカテゴリではより多くみられた。

●子どもの昼食代――500円以上1,000円未満

給食がない日に子ども達は弁当を持参することになっていたが、様々な事情で弁当を持参しなかった子どもに昼食を与えるため。（小学校・管理職層／男性／3,600円）

このような事例をみていくと、弁償・代償のための自腹として、一くくりにすることは適切ではないことがわかる。しかし、大きな傾向としては、**やむにやまれぬ消極的自腹や強迫的自腹が多くを占めているとみられる。**

紛失や損壊してしまったものは、買い替えや修繕の費用が公費から支出されるならば、そうした手続きをするだろう。しかし、修繕費が令達されていない、あるいは修繕費がもともとの予算に十分に計上されていないことから、公費から支出されず、やむを得ず自腹を切っている。

給食費や教材費などの保護者からの徴収金の未納の場合は、徴収金が私会計であることから、徴収や督促が教職員の負担になっているだけではなく、未納の場合にその代償までも担当の教職員に迫る構造になっている。税金や企業の売り上げであれば、担当者に負担をさせずに穴埋め・補填することも計画のうちだろうが、そうはなっていないのである。そして、そうした状況を問題視している管理職も、「代償の肩代わり」をするしか手立てがないのだ。

第5節　その他の自腹

授業、部活動、旅費、弁償・代償の自腹の他に、どのような自腹が存在するか、自由記述で挙げてもらった。そこでは、以下のように、職務に従事するなかで不可欠のものについても自腹をしていることが浮かび上がってきた。

- 仕事に必要な携帯からの通話代（中学校・正規教員／女性）
- 勤務地での駐車場代（中学校・正規教員／女性）
- 大掃除等の環境整備用の用具（小学校・正規教員／女性）

なかには、職務には関わるものの、創意工夫をする上で生じてくる自腹もある。これについては、積極的自腹の側面が強いものの、それぞれの専門性の行使の観点から、公費で保障されるべきものも含まれるのではないか。

- 教材以外にも子供の気持ちを落ち着かせることに使えるものとか買っていた。
（小学校・正規教員／男性）
- 学級の花壇の花が枯れたので、新しい花をホームセンターで買いなおして自分で植えた。
（中学校・正規教員／男性）
- 学級に置く図書。研修図書費や市から生徒が読むための図書費用はある程度出るが、読みたいとき、使いたいときにすぐに購入できるわけではないので、結局自分で買ってしまう。また、通信販売（アマゾンなど）での購入はできないことも自腹の理由である。
（中学校・正規教員／女性）

また、日々の給食費やＰＴＡ会費など広範に自己負担が広がっているものについて、挙げる回答もあった。これらの名目については、当たり前のように自己負担となっている状況があると考えたので、あえて本調査では自腹経験を問わなかった。しかし、この給食費の自己負担については別の自由記述においてかなり幅のある意見がみられたので、第３章で取り上げたい。

- 自分が食べる給食費
（小学校・事務職員／女性）
- 研究費　ＰＴＡ会費
（小学校・事務職員／女性）

飲食系でいえば、懇親会の費用を挙げる声も目立った。特に自ら希望して参加するような有志の懇親会であればともかく、欠席の余地がないような半強制的な懇親会の費用については納得して支払うことが難しいようだ。給食費も「食べない」という余地はほとんどなく支払っているが、それとは位置づけが異なるらしい。

- 懇親会等は昨年はありませんでしたが、以前それに近いような食事会で参加はほぼ強制だったにもかかわらず食事代は自腹だった。（小学校・正規教員／女性）
- 懇親会の寸志（小学校・管理職層／男性）
- どうしても出席せねばならない会議後の懇親会費用などがある。（中学校・管理職層／男性）

さらに、個別にかなり詳しく多額の自腹を経験していることを報告してくれた回答もある。以下の教員は、56歳までの教員人生での自腹総額は５００万円に上ると申告している。

- 昨年度ではないが、大型バスを運転するための自動車学校費用や部活動指導者用DVD代40万円、映像遅延装置10万円、家で仕事をするためのパソコン購入など、自腹はたくさんある。自分で選んだ道なので、自腹とは考えていない。

（中学校・正規教員／男性）

このような例を挙げると、「たしかに、それについても自分で払っている」と自覚する教職員も多いかもしれない。当たり前のように私物を職務で用い、口座から給食費・ＰＴＡ会費などが引き落とされたり給与から引かれたりしていると、**そもそも支払っている感覚が薄れていき、それを不思議とも思わなくなってくる。**しかしなかには、こうした自腹に疑問をもち、本調査をきっかけにそれについて言語化してくれた方が多くいらっしゃる。

次の第3章では、こうした教職員の自腹に対してどのように考えているか、自由に綴ってもらった自由記述から、そうした考え方・意識を浮き彫りにしたい。

第3章 自腹に対する声

はじめに、本調査にご回答いただいた方に感謝と、そしてお詫びを申し上げなければならない。

本調査では、これまで学校の外では噂やSNS上の語りでしか知ることのなかった「教職員の自腹」経験や、それに対する考えなどを率直に回答してもらうということを回答者の教職員にお願いした。多くの方に、細かなことを思い出していただき、計39問という重い回答負担にもかかわらず、1,034人の方が最後までお付き合いくださった。あらためて感謝申し上げます。

他方で、当事者からすると日常的になっている事柄について、突然にどこの者ともわからない「外野」からその状況を問われるのは決して愉快なものではなかったはずだ。なかには、「教職員の自腹の是非を議題にしていることが腹立たしい」「自腹という字を見るのが不愉快」「思い出したくない」「サービス残業について取り上げるのも、自腹について取り上げるのも今更感がある」と語られた方もいた。自腹というものがそれだけ当事者である教職員に負荷をかける存在であり、本調査がその存在を「外野」からありありと思い出させたことについて、強烈な拒否感を抱かせてしまったものと考えている。本当に申し訳ありませんでした。

いろいろな思いが込められた約1，034の声一つひとつに、これまで学校の外には可視化されてこなかった自腹という経験とそれへの考えが綴られている。本書全体が、その約1，034人分の声をどう受け止め、どう言語化し、どのように制度や実践につなげていくかというチャレンジであるが、特に本章では、教職員の思いがもっとも雄弁に語られている本調査最後の設問であるQ39の自由記述の声を取り上げていく。自腹に対する全般的な傾向は第5章で量的分析がなされるので、それに任せ、ここでは典型的あるいは特徴的な声を取り上げていきたい。

第1節 自腹の自覚性

本調査を行うにあたって、前提としてどれほどに自腹が自覚的に行われているのか、ということが知りたかった。保護者が学校に対して支払う徴収金などは、学校から請求の文書などが渡され、その金額を金融機関から引き落としなり集金袋なりで支払う。それに対して、教職員の自腹は、そうした額面を示すものがなければ、公の手続きも存在しない。仕事の内外で、ときに生活に必要なものを購入するのと一緒に行われる。そうであれば、あまり自覚的に自腹を行っていない教職員もいるのではないか、という仮説もあった。

実際に調査を行ったところ、自腹の金額はもちろん、自腹をしているということ自体にもあまり自覚的ではない声が複数あった。「当たり前」のように自腹をする雰囲気があるなかで、そのことの良し悪しについても負担感についても考える暇もなく、自腹を行っている教職員も多いのではないだろうか。

- いくら使ったかわからない。カウントしてないし、生徒の顔を見たら忘れる。

●アンケートを答えていて、目に見えない自腹があることに気づいた。家庭訪問するにもガソリン代がかかる。週に一度以上行くので年間にするとかなりの負担になっている。これが当たり前の風潮になっているのがいけないと感じた。

（中学校・正規教員／女性／1万円）*19

（中学校・正規教員／男性／50万円）

他方で、負担感をありありと訴える声もある。それは特定の費用に限られることなく、教材や旅費、通信費、部活動、個人で使うＩＣＴ機器、代償などさまざまである。また、1度に負担する金額が多い場合もあるが、少額が積み重なることで負担感が増している事

*19—以下、自由記述の引用は以下のように表記する。なお、ここで提示された名目や説明、金額などは基本的に回答の通りとしているが、必要最小限の割愛や修正などの編集を行った。また、明らかな誤字などは修正を施している。
•自由記述／学校種・雇用形態と職／性別／これまでの教職員人生における支出総額
ただし、これまでの教職員人生における支出総額については、２０２２年度に自腹が「ある」と回答した人だけに回答をしていただいたために、２０２２年度には自腹がなかったものの、それ以前には自腹をしていた場合でも、「自腹なし」というカウントとなってしまった。これについては、本調査の不備である。そのため、「自腹なし」となっている場合、ここでは「２０２２年度間の自腹なし」と表記する。

例もみられる。教職員自身にとって、納得を十分にしていない負担の場合、金額などにかかわらず負担感が増大するようだ。そしてそれはときには教職員自身の生活をも圧迫していることも伝えられており、雇用形態が正規であろうと非正規であろうと、負担感の大きい自腹に苦しんでいる率直な声が数多くあった。

- 特に特別支援学級担任をしているときは、個別の自作教材も多く、自腹がかさむ。
（小学校・正規教員／男性／50万円）
- 先日、修学旅行の引率に行ったが、支給される交通費では足りず、約6，000円の持ち出しとなった。自分では欲しくもない食事代や見学代を自腹で払ってまでいかなくてはならないのか複雑な気持ちになりました。また、修学旅行などの校外学習では教員同士しょっちゅう連絡を取り合いながらすすめるのですが、その携帯電話代もかなりの額になります。
（中学校・正規教員／女性／10万円）
- 教育課程外の部活動を担当させられ、必要な用具費、試合関係費、指導者関係費等は時間だけでなく、経済的にも大問題である。ＰＣも台数がなく、自費で購入しないと仕事にならない時期があった。携帯電話も支給されず、個人のものを今でも使用している。

（小学校・正規教員／男性／100万円）

- 修学旅行代は、旅費として数か月後に返ってくるけど、事前に7万〜8万請求されます。生徒は積み立てているけど、教諭は旅費の積み立てなどないので、これはキツイです。

（中学校・正規教員／女性／30万円）

- パソコンもCDも買ってきた。パソコンは個人でも使うがほとんどが、仕事用だった。今まで7台以上買い替えている。

（小学校・非正規教員／女性／50万円）

- 家族構成などで自腹もキツイ人もいるはず。

（中学校・正規教員／女件／5万円）

- なぜ自分で支出ばかりしなければいけないのか。世の中、間違っている。自腹を合計したらかなりいくと思う。

（中学校・正規教員／男性／20万円）

- 業務量に見合う給料ではないにもかかわらず、自腹が発生するのは、生活を苦しくする事も多い。

（中学校・正規教員／男性／200万円）

- 10年以上前、部活動顧問をしていたとき、最低限必要なものだけを安いところで買うように心がけ、前任者が支払わなかった過年度分の未納分も支払い、部費で足りない分は立て替え、やりくりをうまくしていって、いずれ全額を返してもらおうとした。しかし、異動で出ていく時点で30数万円を立て替えていて、立て替え分が戻ることは無かった。管理職には言えなかった。（中学校・正規教員／男性／2022年度間の自腹なし）
- 卒業式の袴のレンタル、着付けなどには特別手当のようなものが欲しいです。それだけで、今までで30万以上は使っています。（中学校・非正規教員／女性／50万円）

今までみてきたように、そもそも教職員自身において、無意識のうちに自腹をしているような場合もないとはいえないが、それ以上に積み重なる負担に苦しんでいる声は非常に多かった。それほどに、雇用形態や自腹の種類に限らず**自腹という行為が広範に広がっているということを示している**。それと同時に、そうした負担感や自腹という行為への意識を自覚的にもっている人も、その考えや悩みを表明する機会があまりなかったのではないだろうか。しかし、今回これだけ多くの人が自腹という行為の負担を訴える声を上げていることから、これが一部の人の特殊な現象ではなく、**多くの教職員が共通に認識している現象であることが明らかになった**といえる。

第2節　自腹の受容の論理

自腹という行為があり、それが大きな負担になっていることは、多数の教職員に共通した認識となっているようだが、他方で、そうした自腹という行為を「問題」とみるかどうかについては、調査結果のなかで大きく見解が相違している。片方では、自腹という行為を「受容」する見解も存在している。その受容の程度や理由はさまざまであるのだが、典型的なものは、**個々の責任、自己投資、公費不足と保護者負担軽減、自身の裁量の確保、給食費は食事代**などを理由とし、その結果として自腹という行為を積極的に、あるいは消極的に受容するものである。

1　個々の責任

自腹という行為を「受容」するかどうかには考えの分岐点が存在する。片方では、予算が限られている以上、自腹という行為は個人の責任で行う分にはやむなし、という考え方が主張される。

- 自分自身が必要と感じて準備したりするのであれば、自腹はある程度自由でよいと思う。
（小学校・正規教員／男性／1万円）
- それぞれの教員の心意気で行えば良い。
（中学校・管理職層／男性／200万円）
- 公費は限られた予算であり、必要不可欠なものを購入するべきものであると思う。優先度の低い物品を買う余裕は無い。優先度が低くても教職員が自腹で購入したいと考えるのであれば、それを阻む理由は無いと考える。
（小学校・事務職員／女性／2022年度間の自腹なし）
- 完全に自腹を規制してしまうと、他の先生方に合わせなければならず、自分自身のこだわりたいものについても制限されてしまうので、難しい問題であると思う。
（中学校・正規教員／女性／10万円）

こうした個々の責任を重視する考え方は、次で述べる、授業や教育活動をよりよくするための自己投資を重視する考え方や、自腹を切ることが自身の裁量を確保することと同等の意味をもつとの考え方に派生していく。

2　自己投資

1で述べた消極的に「自腹は個々の責任」やむなし、という考え方と同様の方向性ではあるが、個々の教育活動をよりよくしていくために自腹を切ることの意義を積極的に認める考え方がある。特に、そのなかでも自己研鑽のための費用のように、教育の専門家として自腹をいとわずに自己投資していくことの意義を強く主張する声は多く寄せられた。

- 仕事に支障が出ないなら、使いやすい道具のために自腹で購入するのは意義あることだし、精神的健康にも貢献するものと考え有効だと考える。（小学校・正規教員／男性／10万円）
- 自分が授業をする上で、必要だと思うから自腹を切る。よりよいものを目指すというのはどの業界でもおなじではないか。（小学校・正規教員／男性／25万円）
- 自分のスキルを上げるためには、身銭を切らなければならないと思う。プロの世界では当然のことと思う。

（小学校・非正規教員／男性／５００万円）

３　公費不足と保護者負担軽減

自腹を消極的に受容する論理として多くみられたのは、公費による支出の煩雑さや、そもそも公費不足が、自腹に流れる要因として大きいということだ。少額の支出にもかかわらず、支給が決定されるまでの手続きの多さ・時間、関係者への説明の手間、自分自身で購入するものを選べないことなどが教職員にとって大きな負担となっている。また、申請しても実際に公費での購入がされないケースも複数報告されており、単に手続きを簡素化すればよいという問題でもないということがわかる。

- １００円程度のもの、２００円程度のもので、いちいち稟議書を書いて、請求書、領収書なども貼りつけて作業をし、管理職からいろいろ聞かれたりすること、植物の肥料も自分で種類や量なども考えて買い、自分の手元に置いておく方が利用しやすいことなど、いろいろ購入するまでの時間を考えると、自腹で買う方が公費で購入するよりよほど楽だと思う。

（小学校・正規教員／男性／15万円）

●教具、物品も購入伺いを出しても年度末や次年度にしか購入できなかったり、却下されることもある。また、備品が破損しているのに年数が浅いからと破棄することも承諾されないのが不便で仕方ない。

（中学校・正規教員／女性／3万円）

●学校教育に係る予算の少なさで、職員室のプリンターも年度末が近づくとインクカートリッジを購入することもできなくなったりしていて、職務に支障が出ることもある。

（中学校・正規教員／女性／20万円）

公費不足に比べると数は多くないが、自腹をしないようにすると保護者による負担金から支出をせざるを得ないことから、保護者負担を軽減することを企図して自腹を行うという声もあった。公費でも支出できない、保護者負担にも頼れなくなった場合に、手続き不要で交渉不要の自腹はもっとも選択しやすい手段となっているのだろう。

●理科は金がかかる。個人実験を採用するとより金がかかる。それを少しでも小さくしようとすると、百均等で代用できるものを購入するが、その金は出ない。実験費として保護者から徴収することも可能だが、学校の徴収総額が大きいため負担となる。

（中学校・正規教員／男性／３００万円）

4 自身の裁量の確保

自腹を個々の責任とみる考え方に類するものとして、自身の裁量を確保する上で、自腹を切ることがある意味必須の要件と感じられているような意見も多くみられた。こうした見方に立つと、自腹をなくすことは教育活動を行う上で不自由が広がることをさす。そのため、自己投資論ほど積極的ではないが、自腹を仕方ないことと受け止める傾向にある。

- 自分が納得していれば、メリットもだいぶあるから、あまりうるさく言わないでほしい、という思いもある。（中学校・正規教員／女性／5万円）
- 使えるお金があるに越したことはないが、自腹を規制されたらやりにくいと思う。（中学校・正規教員／女性／8万円）
- あまり、良いものではないがすべて悪だとも思わない。全部申請するには手間もかかるし、学校予算もあるので、事務も苦しそう。（中学校・正規教員／男性／10万円）

●あまり、縛りをつけると、硬直して、授業がつまらなくなる。（小学校・正規教員／男性／5万円）

●自分の授業が円滑に行えるのであれば、かまわないと考える。

（中学校・正規教員／男性／20万円）

●どこの社会でも大なり小なり自腹はある。計画外の経費は、認められていないのが常識なので仕方ない。

（小学校・事務職員／男性／2022年度間の自腹なし）

5　給食費は食事代

個別的な費用に着目すると、給食費に関しては自分で食べるものであり、自己負担は当然という考え方はかなり多くみられた。特に、以下に挙げるように、「自腹という考え方自体当てはまらない」として、他の経済的負担とは別枠で考えるべきとの意見もあった。

●給食は支払って当然。自腹という考え方自体当てはまらない。

（小学校・管理職層／男性／2022年度間の自腹なし）

第3節 自腹への抵抗の論理

ここまでは自腹を受容する意見を紹介してきたが、これに対し、自腹への抵抗感・拒否感を訴える声は数として相当に多い。その抵抗感の程度や拒否感の理由もさまざまで、怒りや悩みの向かう先もさまざまだが、典型的なものは、**企業では経費、費用負担は行政の責任、安易な自腹への反発、個別の費用の性質、周囲への影響**などを理由とし、その結果として自腹という行為を積極的に、あるいは消極的に抵抗するものだ。

1 企業では経費

一つには民間企業などとの比較に基づく視点が挙げられる。企業などであれば支給される物品や、申請することですぐに給付される費用が、公立学校においては支給も給付もされないことについて、率直に異議を述べる考え方である。

・働き方改革が進む中で当然金銭的問題も常識的に見直していかないといけない。会社員の経費に当たるものがほとんど扱われないまま自腹当然はやはりおかしい。

（小学校・管理職層／男性／30万円）

・自腹ばかりの会社員などいないと思うので、自腹はすべきではない。

（中学校・正規教員／女性／５００万円）

2　費用負担は行政の責任

企業では経費にあたるにもかかわらず、公立学校では支給も給付もない、という点に関わって、多くの教職員が設置者や教育行政の責任を指摘している。本来は設置者や教育行政が学校運営や教育活動に必要な費用を負担すべき責任を有するが、対照的に、教職員が自腹をせざるを得ないような構造になっていることについて、厳しく追及するものである。また、市区町村によって公費予算や自腹の状況が異なることについて、より上位にあたる都道府県や国が介入すべきことにふれている意見もあった。

・教職員であっても労働者としての権利を有するので、業務に必要な経費等は支給される

べきで、原則的には自腹をしないのが望ましいと思います。（小学校・正規教員／男性／20万円）

- 仕事をする上で必要となる物事に関して、教職員が自腹を切るのはありえない。ましてや、それが個人の裁量で決める（自分に必要だから自腹を切る）ということではなく、強制的に自腹で払わなければならないことになっているのは、組織として問題があるとしか思えない。（中学校・正規教員／女性／2万円）
- 利益を得てしまうことにはうるさく指導されるのに、損をすることは平気でいられるのはなんだかなぁと思う。（中学校・正規教員／男性／10万円）
- 学校に配分されている備品代や配分旅費の執行権は校長と事務に一任されている。その人やその時の感情で差が出ていくことには納得いかない。（中学校・正規教員／男性／50万円）
- 自治体や学校によって自腹に対するスタンスが違う方が困る。国や県単位でも良いので、方針を出してほしい。異動によって得をしたり損をしたりするのはおかしい。（小学校・正規教員／女性／2万円）

3　安易な自腹への反発

公費による学校運営・教育活動の実施が難しい状況を踏まえつつも、自腹に安易に頼る教職員の在り方について批判するような声もあった。自腹を受容する論理として「個々の責任」論があったが、安易に自腹に走る行動は、この論理を背景としているように思われる。しかし実態は、個々が行った自腹が「よい教育」「熱意の表れ」のように扱われ、自腹をしたくない教職員と自腹を率先して行う教職員の間に埋めようのない対立が生まれている。

- 行政側の自腹が当然のような体制はもちろんよくないし、教員側の自腹にしちゃえば何でもＯＫみたいなのもよくない。教育に関わるものはきちんとお金の使い道が精査される必要があるし、第三者の目が入ることで教育の正当性も保たれるとおもう。

（中学校・正規教員／女性／２０２２年度間の自腹なし）

- 真面目にやっている方がバカを見るようなことになったり、自腹を切ればやりたいようにできる自腹をしたほうが勝ちみたいな感じになるので自腹禁止としたほうがいい。自腹は公金が減らないし本人がよしとするならよしという風潮があるがよくない。

（中学校・事務職員／男性／１，０００円）

このように、自腹をするのは個々の責任でも、その影響は、自腹をしていない教職員にまで及ぶのである。後で紹介する通り、自腹がもたらす周囲への影響は、自腹への抵抗感の主要な一角を成している。

4 個別の費用の性質

自腹を一くくりにみるのではなく、個別の費用に着目して、その費用については自腹とすることに抵抗する論理を展開する自由記述も多くみられた。たとえば、特別支援教育のための教材・課題は画一性に欠けるために自腹になりがちであるが本来は公費で、という指摘は、なぜ自腹に流れるのか、そして本来はどうあるべきなのかを同時に指摘している。その他にも、物価が高騰しているガソリン代、文部科学省も推奨している置き勉のための条件整備、強制の審判資格、子どもの学習の一環ともいえる給食費、修学旅行や林間学校引率業務に伴う費用、本来任意加入のＰＴＡ会費、自主的業務とされてしまう研修に関わる費用などが挙げられている。それぞれの費用の性質を顧みれば、なぜ教職員が経済的負担を負うのかは必ずしも自明ではない。しかし、そうしたことについて当事者が納得できる負担理由は得られていない状況であることがわかる。

●特に特別支援学級は個々の課題がばらばらで、必要になるものも多く、担任に全部委ねられているので自腹で買うことが仕方ない部分もあるなと思います。本当は学校予算で買っていただくと良いのですが…難しさを感じます。（小学校・正規教員／女性／6万円）

●必要な費用は公費で賄うべき、決して無駄使いしているわけではない。旅費や通勤費はガソリンが高騰しているにもかかわらず削減されたことに納得がいかない。（中学校・正規教員／男性／100万円）

●本来学業や学級経営に必要なものや置き勉指導などで必要と思われるものは自治体が費用を負担し、教員に自腹を求めるべきではない。（小学校・正規教員／男性／2022年度間の自腹なし）

●サッカー部の指導に関わっていた頃、事実上審判資格が必須で自腹を切って講習を受け、毎年の更新も自腹で行っていた。しかし部活動の指導をする上で必要な経費でもあるので、この頃切っていた自腹については納得いかないものがあった。（中学校・正規教員／男性／10万円）

●給食費等子どもとの学習にかかわるものは自腹をなくすべき。給食も休憩をしているわけでなく給食指導をしている。
（小学校・非正規教員／女性／10万円）

●改善すべきであると思う。例えば、修学旅行の昼食代や児童と一緒に取り組むために購入した彫り物など、なぜ仕事で行ったものに対して自腹を切らなければいけないのか納得していない。
（小学校・非正規教員／男性／10万円）

●林間学舎や修学旅行など、泊《とまり》が伴う行事において、宿泊費や食事代を自己負担するというのはおかしいと常々思っている。
（小学校・正規教員／女性／２０２２年度間の自腹なし）

●教員がＰＴＡ会費を徴収されることに疑問を感じている。
（中学校・正規教員／女性／２０２２年度間の自腹なし）

●教員は　研修を義務付けられている一方で　そのための費用や時間については　自主的な活動　という言葉で片付けられています。
（中学校・非正規教員／男性／１００万円）

5　周囲への影響

自腹を積極的に行う人は、身銭を切っているのは自分であり、自分自身が自腹を切ることに納得している。しかし、その自腹が他者にも影響を与えていることにしばしば気づいていない。たとえば、自腹を一人がすれば、他の人も公費ではなく自腹での購入を迫られる。また、自腹で教育・学習環境をよくする人の周りはよい環境になっていくが、自腹を切らない人の周りは相対的に「悪い環境」になってしまう。こうして教育環境の格差が生まれてしまう。その上、自腹を切る人がいなくなってしまえば、その子どもたちを取り囲む環境は今までよりも悪いものとなってしまう。だからこそ自腹で環境をよくするのではなく、どの学校・どの学級・どの部活動でも公費を中心に環境整備を行う必要があるのだ。

●自腹で色々する人がいると、周りもそれを求められるから辛い。仕事で使うものは個人が自腹をすべきではないと思う。
（小学校・正規教員／女性／2022年度間の自腹なし）

●ある先生が自腹を切ることで、他の先生にも同調圧力が働いてしまうというのも問題だと思う。
（中学校・正規教員／女性／10万円）

- 手続きがいらないので素早く動けるが、個人の判断によるものなので、人によって差がある。それが生徒の教育環境の差につながるのは良くない。（中学校・正規教員／女性／5万円）
- 部活動において、教員の経済的な理由で、部活動の道具・活動内容に格差が生まれてしまうので、できれば自腹はしてほしくない。（中学校・正規教員／男性／30万円）
- 自腹をする先生の方が生徒が好きになったり、それが当たり前と生徒が思ったりして、良くない場面が多くある。（中学校・正規教員／女性／20万円）
- シールや色々なものを子どもたちが喜ぶためと言って買っているものは大概自己満のもの。他クラスが買っているのなら、子どもたちにとっては自分のクラスではもらえない、と不平等が生まれる。ご褒美制度で子どもを育てることはよくないので自腹はきる必要がない。（小学校・正規教員／女性／6万円）
- 学校として必要なもの、つまり、児童の教育にかかわるものには、しっかり予算をつけるべきだ。自腹で賄うということは、その人がいなくなったら児童の教育に影響がでるということだ。（小学校・正規教員／男性／2022年度間の自腹なし）

第4節　教職員の自腹への対案

このように明らかになってきた自腹という行為が広範に広がっている状況について、自由記述欄にはさまざまな対案が提示されていた。本書での対案は第3部にて示すつもりだが、当事者である教職員から示されている案も共有しておこう。

重要な点は、ただ単に自腹を公費での執行に変えるだけではなく、**教育活動を計画し実行する教員の教育権を十分に行使できるような柔軟な公費執行の仕組み**である。自腹がなくなっても、そのことによって子どもの実態・発達を踏まえた創意工夫を凝らした教育活動ができなくなるのであれば、それは自腹の解決とはいえないだろう。

- 計画的に予算を執行していけば、自腹の多くは防げるので、そこを意識していけば良いと思っている。（小学校・正規教員／男性／2022年度間の自腹なし）
- 大学などのようにやはりある程度自由に使える金額を設定し最後にまとめて報告する

形式をとるなど、この煩瑣《はんさ》な過程が省略されるようになれば自腹は減ると考えている。
（小学校・正規教員／男性／15万円）

- 自腹以前に教職員の研究費を支出すべきであると考えている。
（中学校・正規教員／男性／100万円）

- 制度を整えることと社会的理解が進む必要があるが、かかった経費を申告でき控除される仕組みが欲しい。
（中学校・管理職層／男性／1,000万円）

- 自腹を制限するのではなく、自腹をしなければならない現状を何とかしなければならない。
（中学校・非正規教員／男性／2022年度間の自腹なし）

- 児童の実態に応じて教育活動が変わっていく教育現場の特殊性に合った予算の執行を考えてほしい。
（小学校・正規教員／男性／30万円）

- 仕事で使うお金なので、本来は無くしていかなくてはならないが、規制すると教育活動に差し障る可能性が大きいので、使ったレシートなどをまとめて後から請求できるとよいと思う。

（中学校・正規教員／女性／20万円）

●交通費は領収書だけで認めて欲しい。

（中学校・管理職層／女性／100万円）

●スキー代、水着代くらいは、給料に上乗せして欲しいなとは思っている。

（小学校・正規教員／女性／200万円）

なお、自腹を防ぐことについて自らの責任を感じている管理職や事務職員の声もあることを付言しておく必要がある。自腹を「個々の責任」とは考えない管理職や事務職員は、日頃から同僚と対話し、学校財務マネジメントにより自腹がなるべく発生しないように工夫を凝らしている。

●子ども達のためと言う名目で、急遽必要になったり、やむを得ず自腹をすることは、あり得ることだと感じている。ただし、そうした場合でも管理職に相談し、教員個人が負担することなく、可能な限り公費でまかなうようにしていくべきであると思う。

（小学校・管理職層／男性／18万円）

●どこも予算がないため教員の希望を汲みたい気持ちはあるが、応えきれないのが現状だが、教育活動に必要なものに関して「自腹」をきるのが当たり前になると、教員の負担がいつまでも減らないと思う。負担を減らすためにも、正規の手順を踏んでほしいし、要望しなければなにが必要なのかすらわからないので、要望も出してほしい。しかし、教育現場は人手不足でひとりひとりが忙しすぎてそんな暇がないと思っている教員が多い。また事務職員としても教員の負担になりたいわけでないのでジレンマがある。

（中学校・事務職員／女性／1万円）

●教員はこのくらいなら、と自腹で購入している物が多い。希望に沿えるかはわからないが、是非事務に相談してほしいと、常に感じている。

（小学校・事務職員／女性／9万円）

●教育活動で必要なものは教職員の自腹にするべきではないと考えている。が、教育現場では予算が少ないので、そうせざるを得ない時代が長かったのも事実。これまでのベテランは自腹を当たり前と考えているところがあり、その考えを変えさせていく説得を日々行っている。また管理職にも行政に働きかけていただいて、予算獲得を頑張ってもらっているさなかである。あと10年はかかると思うが、自分が退職する頃までには先生方の考え方や国の考え方が変わっていればいいな、と思いこれからも頑張りたい。

（小学校・事務職員／女性／2022年度間の自腹なし）

自由記述の分析を通じてみえてきたのは、自腹をする／しないという行動の裏に、ときに自覚的な教師の教育権の行使があり、ときに意識的な問題提起もあるということだ。なかには、自腹が当たり前となり公費の少ない状況のなかであきらめるように自腹をしてしまっている人もおり、自腹を切りながらも「もう自腹を切りたくない」「手続きさえ簡素化されれば」と願っている人もいる。自腹をなくすための対案を提起する人もいれば、日々の取り組みのなかで自腹をなくそうとしている人も多くいる。

そして、自腹に頼らない学校にしたいと思っている教職員は、思った以上に多い。本書の第2部で自腹という行為が可視化されることで、こうした思いをもっている人同士が横につながることも可能になってくるだろう。そのとき、どうすれば自腹が減っていくか。これについては、第3部に委ねたい。

修学旅行と生理用ナプキン

養護教諭の自腹

ヨウコ先生

——地方都市の郊外に立つ、約900名の子どもが通う大規模な公立中学校で養護教諭として働くヨウコ先生にお話をうかがいます。働くなかで、「自腹」をしていることってありますか。

わたしの勤める学校は市内でも1位、2位を争うほど大きく、ベテランの養護教諭と二人体制で保健室経営を行い、学校保健に取り組んでいます。恵まれているのか、じつはほとんど浮かばないのですが、他の学校で聞いた話も含めてお話しししていきますね。

「自腹」と聞いて最初に思い出したのは、生理用ナプキンです。本市では生理の貧困問題が指摘された後にナプキン予算がついて、本校ではトイレの個室にナプキンを置いています。「個室に設置しているのはあくまで忘れてしまった子のためのナプキンだよ」と話していますし、それぞれに持参を求めているのですが、あっという間になくなってしまいます。

ただ、修学旅行で急に生理がきてしまった子に、自分用に持って行った夜用ナプキンを分けてあげたことはあります。公費で買って持って行っているのは昼用の小さいもの1種類だけだったので。その子は父子家庭でお父さんに生理用品を「買って」とお願いするのが難しい子だったのです。これは、思い起こしてみると、自腹ですよね。

汚してしまった子のために下着など用意していますが、これは寄付されたものですね。最近は衛生面を気にして、洗って返してねとはいわず、あげっぱなしになってしまっています。替えの下着や着替えがなくなったら、家から持ってきたりしている先生はいるようです。

保健予算はいくらくらいなのですか?

ヨウコ先生――

2023年はコロナ予算がつかないことがわかっていたので、保健予算は例年より多めで40万円ほどでした。かなり恵まれているなと思います。

保健室経営など専門性を向上させていくための雑誌『健康教室』（1冊990円／税込）があります。その付録のポスターは掲示版に貼ったりもするのですが、以前は自腹で定期購入していました。しかし、これは最近公費で購入してもらえるようになりました。

他方で、年会費5，000円で養護教諭が全員入っている、県の養護教諭協会というものがあるのですが、この年会費は自分で払っていますね。協会からもらった『保健事務の手引き』という養護教諭にとっては必携の冊子は個人持ちなので、異動時に持って行きます。

研修に行くときの交通費は公費で出ますが、たとえば検査のための尿を検査機関まで提出しに行くのは自家用車なのでガソリン代は自腹ですね。片道10～15キロほどでしょうか。

――保護者の代わりに支払う、代償のようなことはありますか。

ヨウコ先生　子どもが校内でけがをしたりすると、救急車を呼ぶか、タクシーを呼ぶかという形で病院に連れて行くことはあります。タクシーについては後ほど公費で予算が出ます。しかし、救急車の費用や治療の費用については、「絶対に払わないで」といわれているので、立て替えることはありません。

第2部
自腹のデータ

第4・5章 古殿真大
名古屋大学大学院教育発達科学研究科博士後期課程院生 執筆

第6章 福嶋・柳澤・古殿 共同執筆

第4章　調査の概要

第1節　調査の概要

本章では我々が行った調査について説明をする。はじめに調査の概要を示し、その後に、調査の結果をみる上でどのような点に注意をする必要があるのかを述べる。

●調査名
「教職員の自己負担額に関する調査（2022年度間）」

●調査期間

２０２３年8月18日～25日

● 調査方法

インターネットによる自記式調査

● 調査委託先

マクロミル

● 調査の対象と回答者数

マクロミルモニタより、全国の公立小・中学校に勤務する、現在の職（役職や職階等）に就いてから2年目以降の教職員を抽出した。なお、今回の調査では公立小・中学校について十分なサンプル数を確保するために、特別支援学校や義務教育学校などは対象外としている。もしこうした学校も対象としたならば、本調査とは異なる結果がみえてくる可能性があることを付記しておく。

学校種・雇用形態・職[20]・性別によって**図表1**のように割付を行い、さまざまな属性の回答を回収できるようにした。

＊20―とりわけ管理職層は職によって職務が大きく異なり、自腹の傾向も異なる可能性があったが、職種の限定により、個人が特定されてしまう可能性を考えて、異なる職を一くくりにして調査を行わざるを得なかった。

図表1 サンプルと割付

			有効サンプル
公立小学校	管理職層（校長・教頭・副校長・主幹教諭・指導教諭）		52人
	教諭（正規雇用・2年目以降）	男性	181人
		女性	181人
	教諭（非正規雇用・2年目以降）	男性	26人
		女性	26人
公立中学校	管理職層（校長・教頭・副校長・主幹教諭・指導教諭）		52人
	教諭（正規雇用・2年目以降）	男性	181人
		女性	181人
	教諭（非正規雇用・2年目以降）	男性	26人
		女性	26人
公立小学校・中学校	事務職員	男性	43人
		女性	59人
		合計	1,034人

●分析の対象

分析の際には、より正確な結果を示すために矛盾した回答を除いた結果を示している。今回の分析で回答を除いたのは、以下の場合である。

①年齢から考えて明らかに長すぎる勤務年数を回答している場合。この場合については、勤務年数に関する回答を欠損値とした。

②「自腹があった」と回答しているにもかかわらず自由記述で自腹はなかったという旨の回答をしている場合。こちらの場合については、自由記述を正しい回答とし（「自腹があった」を「自腹がなかった」にし）、該当する自腹の項目に関連する回答を欠損値とした。

第2節　データをみる上での注意点

次に、今回の調査で得られたデータをみる上でどのような注意が必要かを説明する。どのような調査であっても、現実をそっくりそのまま反映しているということは考えにくい。そのため、調査結果を基に実態を明らかにしていくためには、調査結果にどのようなバイアスがあるのかを認識しておくことが重要となる。ここではどのようなバイアスがかかっていると考えられるのかを説明し、調査結果をどのようにみるべきかを明確にしておきたい。

1　教職員の認識に依存した調査であること

本調査の質問紙は、教職員自身が質問に回答する設計となっている。そのため、回答の結果はそれぞれの教職員の記憶や認識に依存している。

今回の調査では、２０２２年度１年間での自腹の経験について尋ねた。しかし、回答者がすべての自腹経験を思い出すことは非常に難しい。そのため、回答が、思い出しやすい自腹についてのものに偏っていると考えられる。

この限界については調査実施前から想定しており、回答者が自腹を思い出しやすいようにいくつかの工夫をしている。

まず、「授業」「部活動」「旅行」「弁償・代償」「その他」の五つを自腹のカテゴリとして提示し、それぞれの項目の自腹について想起しやすいようにした。カテゴリとして提示されなかった自腹については思い出さないままになっている可能性もあるし、思い出したとしても自腹とはみなさず回答しなかった可能性はある。しかし、カテゴリに分けて提示されたほうが、回答者は自身の経験を思い出しやすいと考えられたため、このような設計にした。

その上で、五つのカテゴリのうち、自腹が発生していたものそれぞれについて具体例を聞き、「その他」を除く四つのカテゴリに該当する具体例について、その事例の金額[*21]、発生した経緯、理由[*22]を尋ねた。具体例を思い出しながら回答するように調査票を設計することで、可能な限り過去の経験を思い出しやすくなると考えたためである。

記憶の問題に加えて、自腹とみなすかどうかの認識の問題もある。社会一般では「自腹を切っている」と回答するような事実がありそれを覚えていたとしても、回答する教職員が自腹だと認識していなかった場合には自腹がなかったことになってしまう。

たとえば、来客対応用のお菓子を自弁していた場合、それを「自腹だ」と思う人もいれば「好意で用意しているものであって自腹を切っているとは言い難い」と思う人もいるだろう。このように、今回の調査は回答者の主観的な判断と密接に関連している項目がある。

なお、授業期間中・長期休業中の昼食代や懇親会などの食事代については、一般的に自己負担とされていることから、これについては個別の背景などは問うておらず、別に設問を設けた。授業期間中の昼食代、すなわち給食費については、一般的に教職員の自己負担となっており、本来は「教職員人生における自腹総額」に含まれてもよいものである。しかし、前述した通り、設問上で自腹のカテゴリの一つとして取り上げていなかったがゆえに、総額を概算する際に給食費を含まなかった回答者も多いのではないかと考える。この点で、「教職員人生における自腹総額」は実際の自己負担額よりも少なく算出されている可能性が高い。

こうした事情があるため、今回の調査で得られた結果は、実際の自腹が発生した回数や

＊21―金額については、具体例のおおよその金額と、カテゴリごとの2022年度間の総額及びこれまでのすべての自腹の総額について尋ねた。

＊22―次章以降の分析で自腹の理由についての分析があるが、この設問の回答結果を用いた分析である。そのため、具体例として思い出しやすいものや回答しやすいものについての理由に偏っている可能性がある。

金額より少なくなっていると考えられる。自腹を切るのが当たり前すぎて認識できなくなっている事例や、自腹を切ったが忘れてしまった事例が今回の回答から抜け落ちてしまっているのだ。

2 割付を行っていること

今回の調査では回答者が特定の属性をもった人に偏らないようにするために、学校種・職・性別を考慮して図表1のように割付をして回答を募集した。

ただし、学校種・職・性別の割合は日本の教職員全体の割合とは異なっていることに注意が必要である。たとえば、令和4年度の公立小学校教員数は37万6,357人であるのに対し、公立中学校教員数は20万9,495人であり[*23]、小学校教員は中学校教員の1・8倍ほどいる。しかしながら、今回の調査は小学校教員も中学校教員も同数の回答を得られるように設計した。実際よりも中学校教員が占める割合が高いため、中学校教員の回答が反映されやすいといえるだろう。このように、回答者の割合が実際のものとはずれてしまっていることに起因する回答の偏りには注意を払っておく必要がある。

このように割付をしたのには次のような理由がある。第1に、それぞれの属性の分析をする際に十分だと考えられる数を集めるため。統計的な検討を行うにはそれなりの数の回答数が必要である。それに、今回の調査では自由記述も重視しているため、それぞれの属性特有の事例を集めるためにも特定の属性の回答が少なくなりすぎることは避けなければならなかった。

第2に、回収の可能性を考えなければならなかったため。調査票を送ったからといって、希望通りの回答数が必ずしも集まるわけではない。希望するサンプル数が現実的に回収可能かどうかを踏まえた上で調査を設計する必要があった。

これらの理由を勘案した結果、**図表1**のような割付となった。その結果として、特定の属性の人の回答が全体の傾向に反映されやすくなっている設計にはなっている。

この調査の性格を踏まえて、今回の全体の結果を示す際には一般化することに問題がないかを属性別の結果と照らし合わせることで確認し、場合によっては属性別の結果を示しておいた。

以上が、今回の調査結果をみる上での注意点である。こうした点を踏まえて調査結果をみることで、より実態に近づいていくことができるだろう。

＊23―文部科学省「令和4年度学校教員統計（確定値）」（https://www.mext.go.jp/b_menu/toukei/chousa01/kyouin/kekka/k_detail/1395309_00005.htm）令和6年3月27日

第5章　調査からみえた実態

第1節　多くの教職員が経験する自腹

第5章と第6章では、調査の結果から教職員の自腹の状況を明らかにしていく。

第5章では、教職員の自腹に関する基礎的な情報を押さえておきたい。序章でも述べたように、教職員の自腹に関する調査は非常に少ない。そのため、どのくらいの教職員が1年間で自腹を切っているのか、また自腹はどのくらいの頻度で発生しているのか、その金額はどのくらいかなど、基礎的な情報がほとんど得られていない状況にある。こうした基礎的な情報を総合することによって、教職員を取りまく自腹の状況を浮かび上がらせるのが第5章の目的だ。

これに対し第6章では、調査の結果を基にしつつも、より踏み込んだ解釈を行う。第5章で浮かび上がらせた状況の背景にあるものは何か、なぜそのような状況になっているのかといったことを検討していく。こうした考察を展開することによって、さらに真に迫った教職員の自腹の状況を記述することを試みた。

それでは、まずは基礎的な情報を確認していくことから始めていこう。

1　1年間の自腹発生率

はじめに、この1年でどのくらいの人が自腹をしているのかについてみていこう。本調査では、回答者の4人中3人が2022年度の1年間で自腹をしたことがあると回答している（75・8％、1，034人中784人）[*24]。

職別に自腹の発生率（2022年度に自腹があったと回答した人数／回答者数）をみてみると、**図表2**のようになる。小学校でも中学校でも、ほとんどの職で1年間で自腹をした人が8割近くに上っている。自腹をした割合が相対的に少ない職でも、自腹の発生率は高い。中学校の非正規教員で約6割、事務職員で約4割と、決して少なくない割合で自腹が発生し

図表2 自腹発生率（1年間）

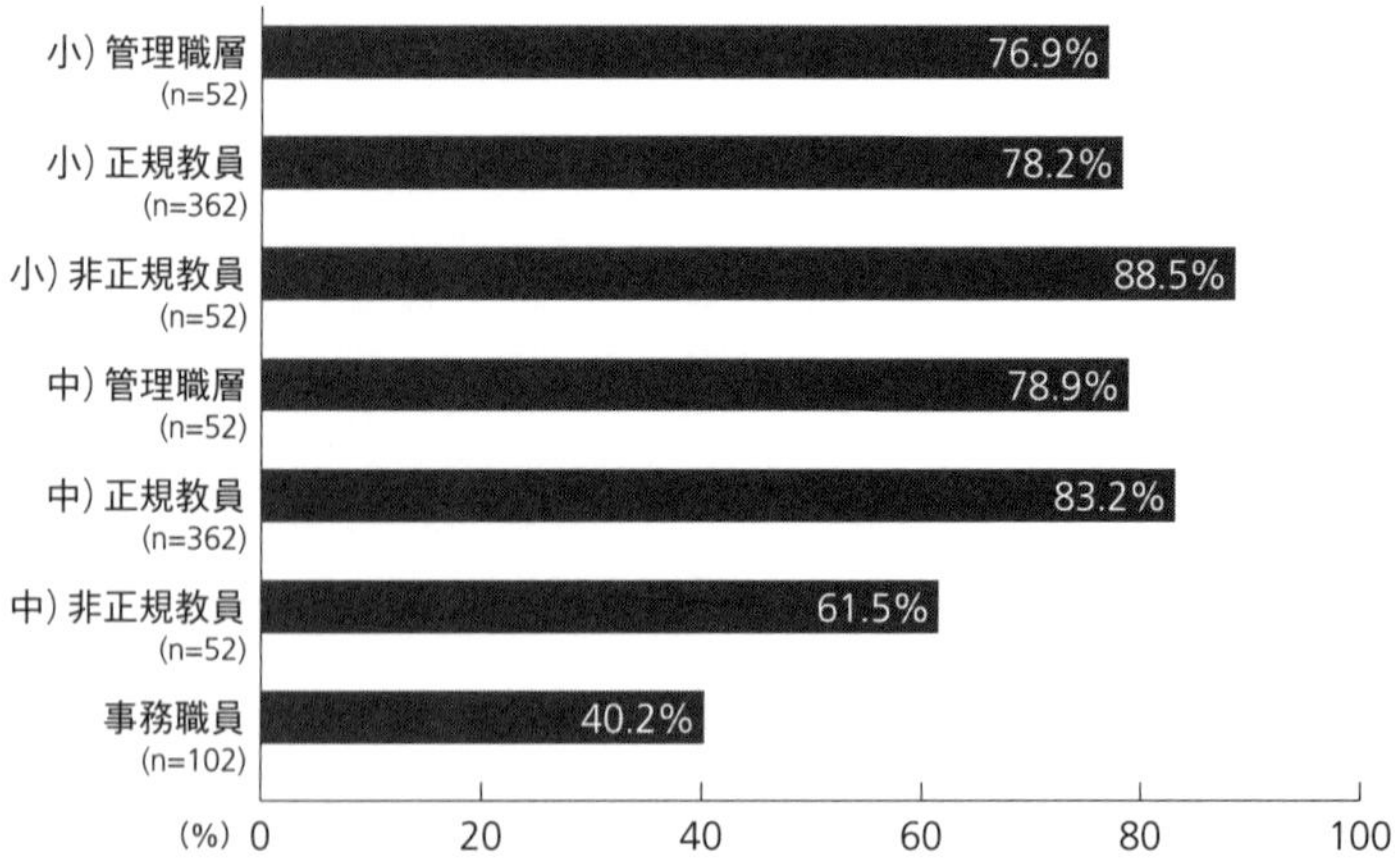

ていることがわかる。

こうしたデータから、小・中学校の教職員にとって自腹がかなり身近に存在しているものだとわかる。しかも程度の差こそあるものの、どの職の場合にも高い割合で自腹が発生していた。自腹は学校のなかでありふれたものになっているのだ。

2　費目ごとの発生率

全体の発生率を眺めて自腹がかなり身近な現象だと確認したところで、次は費目ごとの発生率をみていこう。

授業

２０２２年度１年間で授業に関わる自腹が発生していたと回答した人は、回答者全体の

58・８％だった（１，０３４人中６０８人）。他の費目については後でみていくが、他の費目と比べて授業に関わる自腹は特に高い割合で発生している。

小学校の教員のみでみると４６６人中３０４人（65・２％）、中学校の教員のみでみると４６６人中２９１人（62・４％）が１年間のうちに授業での自腹を経験している。小学校のほうが若干発生率が高いものの、あまり小・中学校の間に差はないといえる。

次に、職ごとにみていこう（**図表３**）。小学校では、管理職層の48・１％（52人中25人）、正規教員の65・２％（３６２人中２３６人）、非正規教員の82・７％（52人中43人）が経験している。

中学校では、管理職層の38・５％（52人中20人）、正規教員の68・２％（３６２人中２４７人）、非正規教員の46・２％（52人中24人）が経験している。

＊24―この値を基に、「日本の教職員の４人に３人が自腹の経験がある」ということはできない。その理由は、今回の調査では質問紙を配付する人数を職と性別に応じて割り振っているからだ。職別にみたときに小学校の非正規教員の自腹発生率が高く、事務職員の発生率が低かった。そのため、小学校の非正規教員に質問紙を配付する数を多くすれば全体の発生率は上がるだろう。これとは逆に事務職員に配付する数を多くすれば全体の発生率は下がるはずだ。とはいえ、職別・性別の発生率を確認した上で、それほど日本全体の値とかけ離れてはいないと筆者は考えている。

図表3 授業に関わる自腹発生率（1年間）

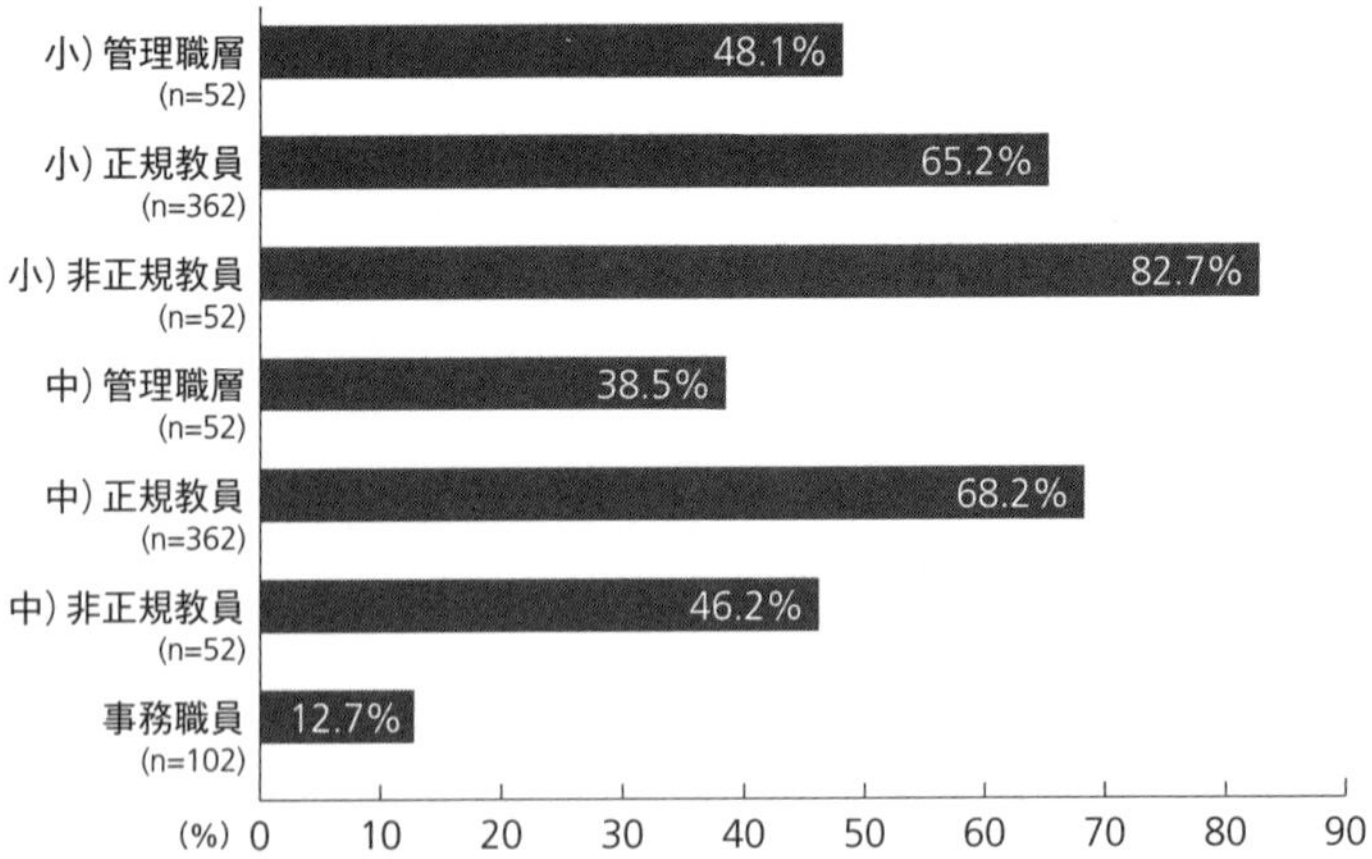

教員の仕事のなかでも特に重要な位置を占めているものだからか、**授業に関わる自腹の発生率はどの職でも軒並み高い値を示している。**

そのなかでも特に高いのが小学校の非正規教員だ。自腹をする理由について詳しくは第3節にて説明するが、ここでもかんたんにふれておこう。自腹についての具体例についての自由記述をみてみると、異動の際に持って行けないことや、手続きが煩雑であるなどの理由があるようだ。ずっと同じ学校にとどまっていられないのは、公立学校のどの教職員も同じではあるが、非正規雇用の場合のほうがより流動性が高く、次年度以降のことを考えると、物品を自腹で負担して持って行けるようにしようという思考が働きやすいのかもしれない。

図表4 部活動に関わる自腹発生率（1年間）

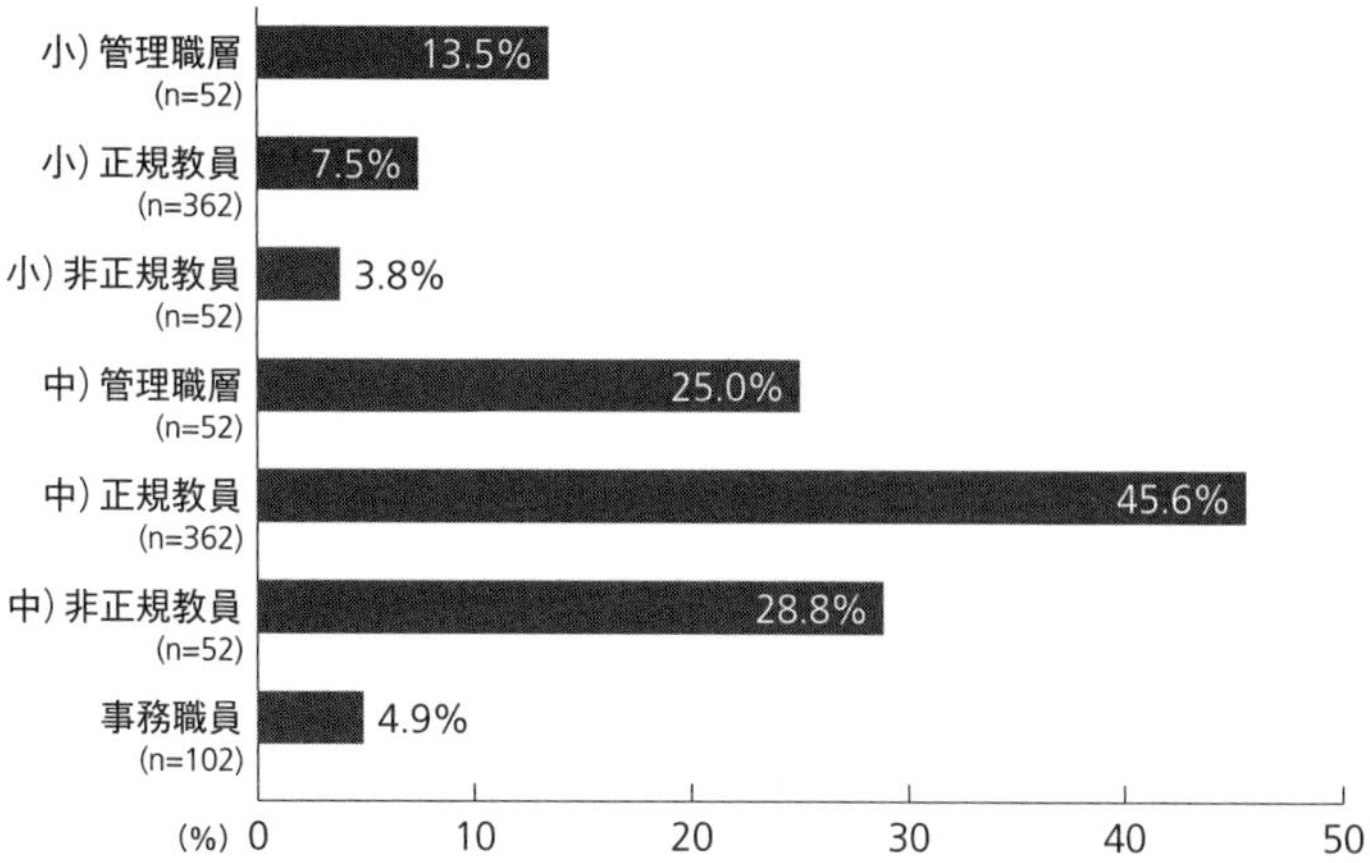

教員の自腹発生率が軒並み高いのに対し、事務職員の発生率はそれほど高くなく、12・7％（１０２人中13人）だった。相対的に低い割合にとどまったとはいえ、10人に１人以上は授業関連で自腹を切っているのは驚きだ。彼らの自腹の内容としては、高機能製品を試しに買って使用させたいという回答や、予算切れのためにファイルを購入したという回答があった。

部活動

部活動に関わる自腹が２０２２年度１年間で発生したと回答した人は回答者全体の22・6％（1,０３４人中２３４人）だった。

部活動に関わる自腹の有無については、部活動を担当しているかどうかが分水嶺になっていそうだ。ただし今回の調査では、部活動を担当しているかを尋ねた項目が質問紙に入れられなかったので直接的にそれを示すデータを提示することはできない。そこで、傍証《ぼうしょう》にはなってしまうが学校種別、職別の発生率から部活動に関わる自腹の実態を推測していこう。

部活動に関わる自腹をした人の多くが中学校教員だった。[*25] 部活動に関わる自腹があったと回答した小学校教員が466人中36人（7・7％）だったのに対し、中学校教員では466人中193人（41・4％）だった。[*26]

さらに具体的にみていこう（**図表4**）。小学校では、管理職層の13・5％（52人中7人）、正規教員の7・5％（362人中27人）、非正規教員の3・8％（52人中2人）が経験している。

中学校では、管理職層の25・0％（52人中13人）、正規教員の45・6％（362人中165人）、非正規教員の28・8％（52人中15人）が経験している。

このデータからは、小・中学校ともに部活動については非正規教員よりも正規教員のほうが自腹をしている人が多い傾向にあることが読み取れる。おそらくこれは正規教員と非正規教員の間の部活動に対するコミットメントの差からきているのではないだろうか。そもそも部活動の顧問をしているかどうかや、正顧問なのか副顧問なのかによっても自腹が発生するかどうかが変わってくるだろう。

旅費

旅費に関わる自腹が2022年度1年間で発生したと回答した人は回答者全体の37・1％（1,034人中384人）だった。今回尋ねた項目のなかでは、授業に次いで発生率が高いのがこの旅費に関わる自腹である。

旅費についても職別に詳しくみておこう（**図表5**）。

小学校では、管理職層の46・2％（52人中24人）、正規教員の33・7％（362人中122人）、非正規教員の17・3％（52人中9人）が経験している。

中学校では、管理職層の44・2％（52人中23人）、正規教員の48・3％（362人中175人）、非正規教員の23・1％（52人中12人）が経験している。

＊25―小学校については一部の地域・学校でのみ部活動が行われており、ほとんどの学校で部活動が実施されている中学校とは状況が異なっている。小学校で行われる部活動は、教育課程として定められた「特別活動」のうちのクラブ活動とは異なるものである。ただし、小学校で部活動を行うことが一般的ではない地域・学校の回答者がクラブ活動として読み替えて回答している可能性は否定できない。

また、部活動をめぐる状況が近年変化していることに注意しておいてもよいだろう。名古屋市のように従来は小学校でも放課後に教職員が指導する部活動を行っていたが、民間委託による「新たな運動・文化活動」へと移行した例もある。

＊26―ちなみに、事務職員で部活動に関わる自腹があったのは102人中5人（4・9％）だった。

図表5 旅費に関わる自腹発生率（1年間）

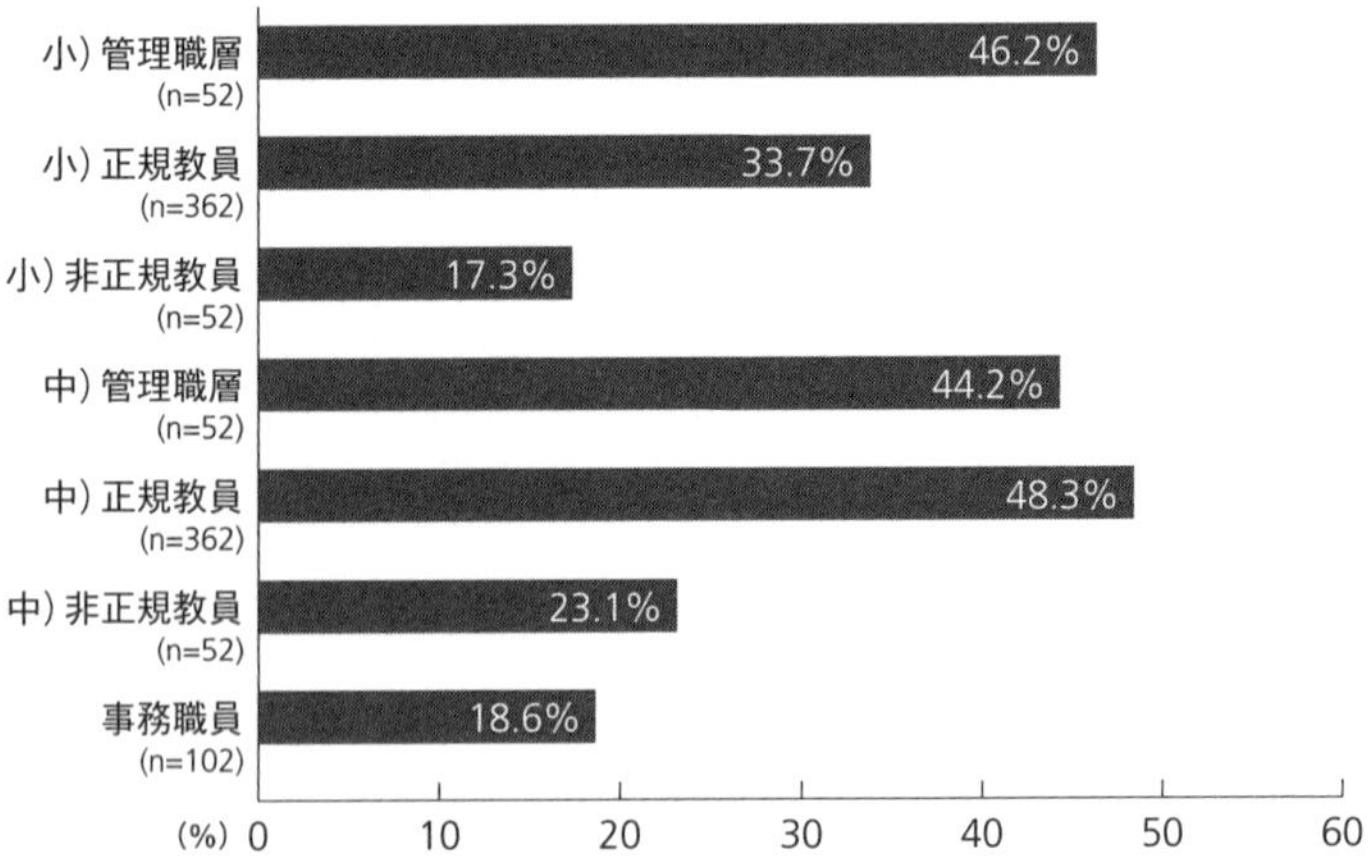

事務職員だと18・6％（102人中19人）の人が経験したと回答していた。

旅費では、管理職層や、正規教員が自腹をする割合が非常に高くなっており、小・中学校ともに半数程度の人が一年間で旅費に関わる自腹を経験している。

それと比較すると多少割合は下がるものの、非正規教員や事務職員の場合も2割前後と少なくない割合で自腹が発生している。

旅費に関わる自腹の内容としては、家庭訪問や教育委員会や他校への訪問などの出張が主要なケースだ（第2章第3節を参照のこと）。管理職層や正規教員の自腹発生率が他と比べて高いのは、家庭訪問などの外出をする業務が多く組み込まれている場合に自腹が発生しやすくなっているということだろう。

また、相対的に発生率が低い小・中学校非

図表6 弁償・代償のための自腹発生率（1年間）

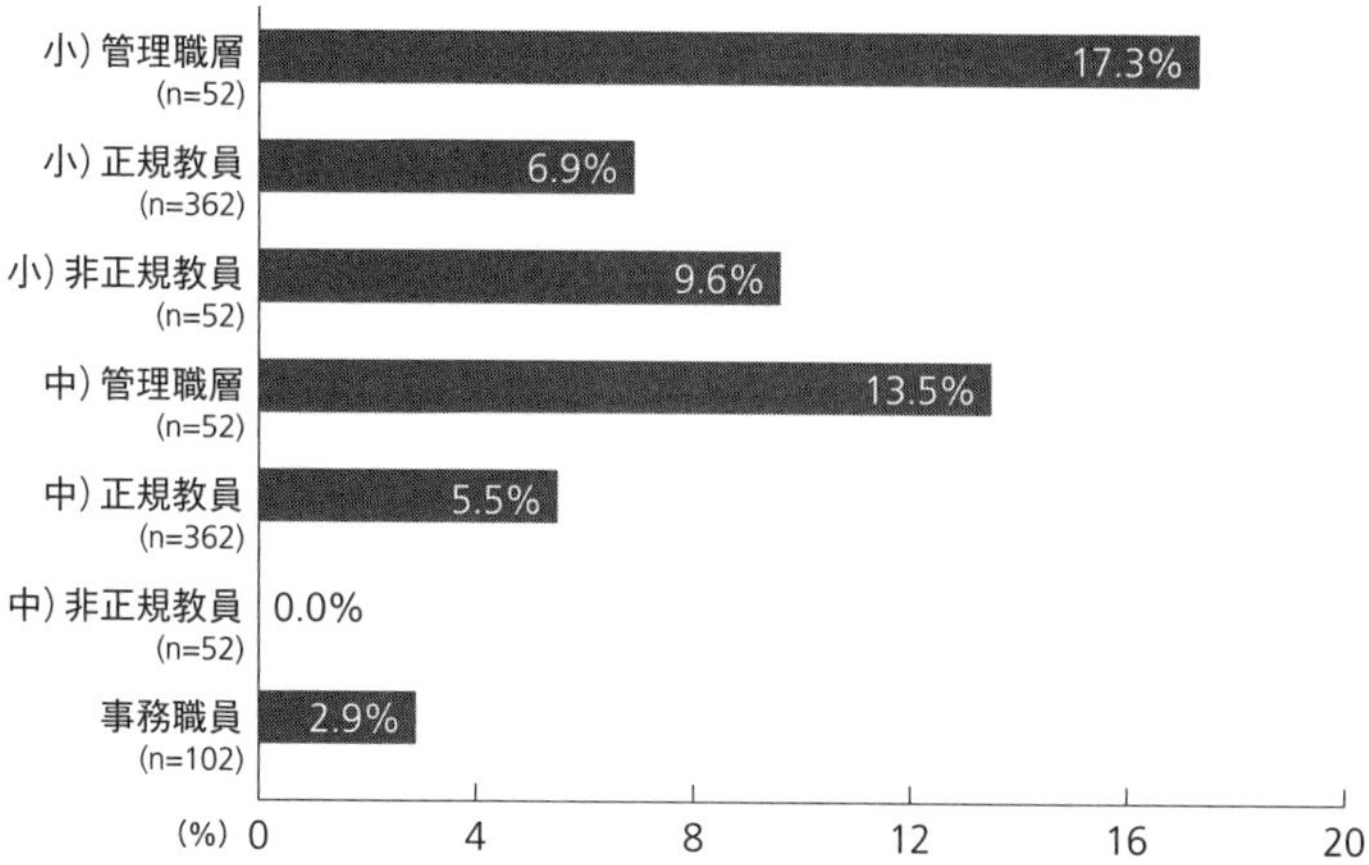

正規教員（小学校：17・3％・中学校：23・1％）や事務職員（18・6％）でも、ある程度の人が自腹を切っている。今回の調査で目立った家庭訪問などの他にも、さまざまな旅費に関わる自腹をしなければならない理由が遍在しているのだろう。

弁償・代償

弁償・代償のための自腹が2022年度1年間で発生したと回答した人は回答者全体の6・7％（1，034人中69人）だった。こうして発生した割合としてみれば大したことがないように感じられるかもしれないが、金額をみていくとそうもいっていられないのが弁償・代償のための自腹だ。

詳しいことは第2節で述べるが、払った人の金額に着目すると、それなりの金額になっている。つまり、発生する可能性は低いかもしれないが、自腹を切らなければならなくなったときには**決して少なくない負担が課されてしまうのが弁償・代償のための自腹だ。**

さて、弁償・代償のための自腹についても職別にみていこう（図表6）。

小学校では、管理職層の17・3％（52人中9人）、正規教員の6・9％（362人中25人）、非正規教員の9・6％（52人中5人）が一年間で自腹を経験している。

中学校では、管理職層の13・5％（52人中7人）、正規教員の5・5％（362人中20人）が経験している。今回の調査の回答者には中学校の非正規教員で経験した人はいなかった。

事務職員だと2・9％（102人中3人）の人が経験したと回答していた。

管理職層が他の職と比較して若干発生率が高くなっているのが弁償・代償のための自腹の特徴だ。第2章第4節でもふれたように、管理職や先輩にあたる立場の人が肩代わりをしていることが一因になっていると考えられる。

また、小学校と中学校で、管理職層同士、正規教員同士を比較しても発生率には大きな差がない。その一方で、非正規教員についてみると、中学校では弁償・代償のための自腹が発生したと回答した人はいないのに対し、小学校ではおおよそ10人に一人の人が発生したと回答している。

これは学級担任制が一般的な小学校と教科担任制が一般的な中学校で非正規教員の働き方に違いがあることが原因として考えられるものの一つとして挙げられる。[*27] 例として、休み時間に子どもが教室の備品を壊してしまい、弁償の費用を請求することが難しい場合を考えてみよう。そうしたときには、その学級で何かしらの教科を受けもっている教員ではなく、担任をしている教員が自腹を切ろうとすることになりそうだ。学級担任制が一般的な小学校では、非正規教員であってもこの例のような事情から自腹を切らざるを得ない場面が相対的に多いのではないだろうか。

＊27——文部科学省「『教師不足』に関する実態調査」令和4年1月（https://www.mext.go.jp/a_menu/shotou/kyoin/mext_00003.html）によると、令和3年5月1日時点で小学校では臨時的任用教員の73・4％が、中学校では43・7％が学級担任になっている。これだけで弁償・代償のための自腹の発生率に、このような差異があることを説明することは難しいが、原因の一つではあるだろう。

第2節 自腹の頻度と金額

1 発生率・頻度と金額の関係

自腹の頻度や金額は、そのまま自腹がもたらす負担の大きさに直結する。自腹は発生する頻度が高いほど、金額が高いほど、負担が大きいといえるはずだ。ここまでは自腹の有無を基準にしてデータをみてきたが、ここからはさらに踏み込んで自腹の負担の大きさについて論じていく。

自腹の負担を考えるときに、頻度と金額をあわせてみていくことが求められる。1年間で1ダースの鉛筆が必要な場合を考えてみよう。1年間に必要な量を1回でまとめ買いする場合には、1年に1回の自腹が発生していることになる。これに対して、1か月に1本ずつ12回に分けて購入した場合では、1年間に12回もの自腹が発生したことになる。このように、負担した総量としては違いがない場合でも、発生率や頻度だけをみていると後者のほうが負担が大きいようにみえてしまう。

また、この逆のケースもあり得る。10年分をまとめ買いして、1回に10ダースの鉛筆を購入していれば10年に1回しか自腹は発生しないことになってしまう。頻度が高いことを負担に感じることもあれば、一度の自腹が多額であることに負担を感じることもあるだろう。いずれの場合も自腹による負担があるといえるが、その負担の在り方は質的に異なっているはずだ。しかし、頻度と金額を別々に扱うと、そうした自腹の状況を取り逃してしまう。そのため、頻度と金額という二つの要素を掛け合わせてみていくことが求められるのだ。以上を踏まえて本節では、まず教職員人生全体でどのくらいの自腹額が発生しているのかを確認する。その上で、1年間に発生した自腹に焦点を絞り、金額と頻度の二つの視点から教職員が自腹によってどのくらいの負担をしているのかを明らかにしていく。

2　どのくらいの額の自腹が発生しているのか

まず、教職員が生涯でどのくらい自腹をしているのかについてみていこう。

今回の調査でもっとも大きな額の回答は2,500万円だった。この金額だけ聞いてしまうと本当かと疑ってしまいたくもなるが、一つひとつの自腹の積み重ねを考えていくと、一概には否定できない額なのが恐ろしい。たとえば、吹奏楽部で使用する楽器を購入しよ

図表7 年齢と自腹額（自腹をした人の中央値）

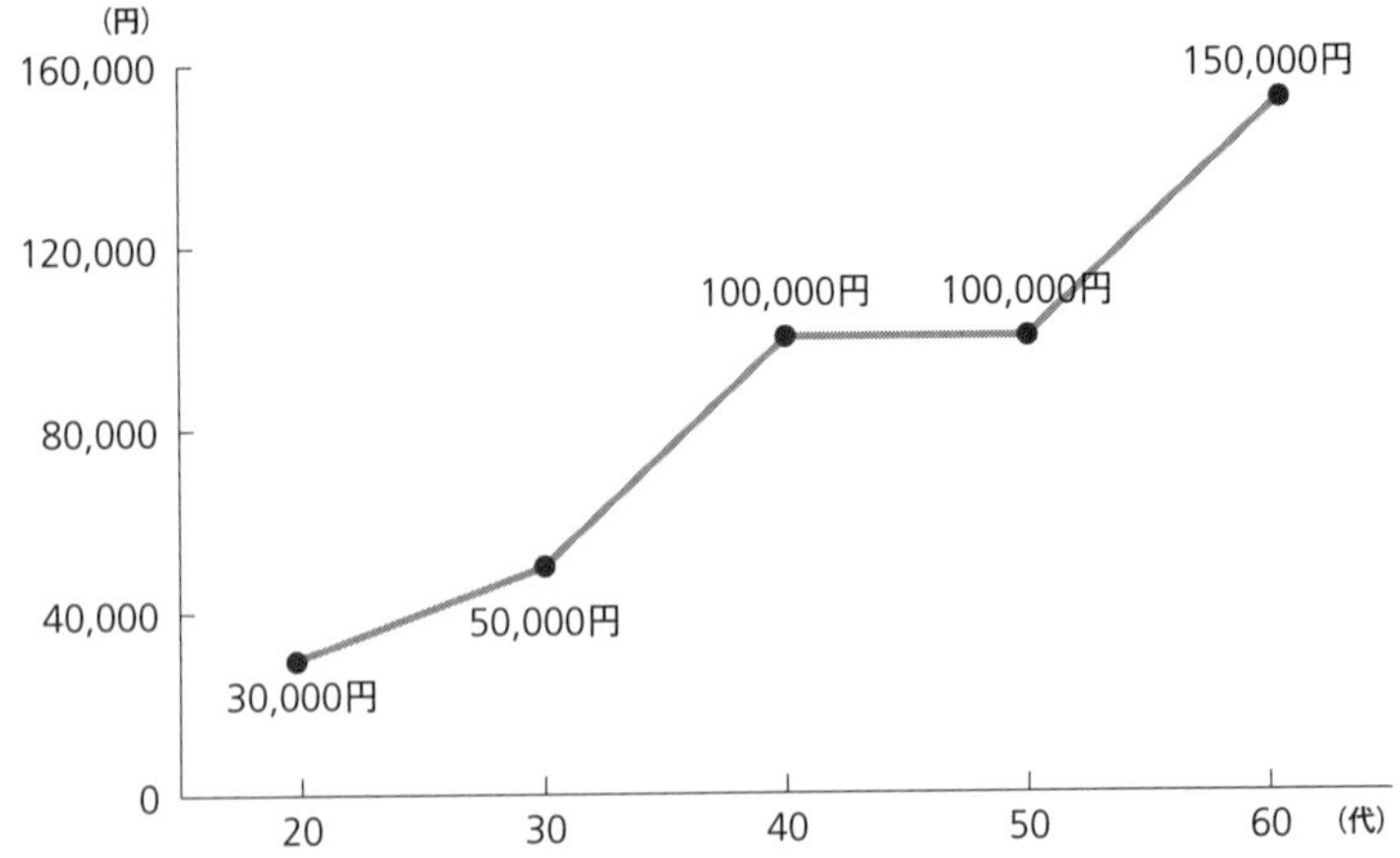

うとすればそれだけでも10万円くらいはかかってしまうだろう。他にも、具体的な額を計算するのは難しいが、家庭訪問などにタクシーを使えばかなりの金額になってしまう。[*28] こうしたさまざまな事情の積み重ねで莫大な額の自腹をしている人がいるのだろう。

なかにはこのように数百万円の自腹が発生している場合もあるが、こうしたケースは稀《まれ》である。

そこで今度は中央値[*29]に注目してデータをみていこう。**図表7**は、これまでに自腹で払った金額の中央値を年代ごとに示したものである。[*30]

グラフの全体をみてみると、おおまかには右肩上がりに単調増加している。特定の時期に自腹が発生するというよりは、毎年同じような額の自腹が継続的に発生し続けている状況を示していると考えられる。

また、60代の自腹の総額の中央値は15万円となっている。このことから、生涯の自腹の金額は15万円程度になるのが一般的だといえるだろう。

もちろん、何を「自腹」として計算に入れるのかによってもこの額は変動する。

たとえば、自身の給食費は自己負担しなければならないが、これを「自腹」と認識する

＊28―自分の車を運転して行けばいいじゃないかと思ってしまうが、だれでも車の運転ができるわけではない。たとえば、警視庁によれば運転免許の交付を受けるためには、赤・青・黄色の識別ができなければならず、身体的な理由から運転ができない場合が考えられる（https://www.keishicho.metro.tokyo.lg.jp/menkyo/menkyo/annai/other/tekisei03.html）。また、どの地域でも公共交通機関が発達しているわけではない。

＊29―平均値ではなく中央値で示したのは、外れ値に結果が大きく左右されないようにする必要があることと、金額の回答が正規分布していなかったことが理由である。

＊30―注19にもある通り、質問紙の設計ミスで、2022年度自腹がなかった人には、教職員人生における支出総額について尋ねることができなかった。仮に2022年度自腹がなかった人をこれまでの自腹の金額を0円として集計すると**図表8**のようになる。もちろん2022年度自腹をしていない場合でも他の年に自腹をしていることがある。実際に、2022年度の自腹はなかったが部活動での出費が30万円以上に上っていると自由回答で記述した回答者がいた。

そのため、図表7と図表8を突き合わせて実際の自腹額がどのくらいの額になるのかを見定めなければならない。図表8をみると、60代の自腹総額が10万円であり、図表7と同様に単調増加の傾向が見いだせる。このことと図表7をあわせて考えると、どんなに少なく見積もっても生涯の自腹総額は10万円から15万円くらいの範囲になるのではないかと考えられる。

図表8［注30参照］年齢と自腹額（全体の中央値）

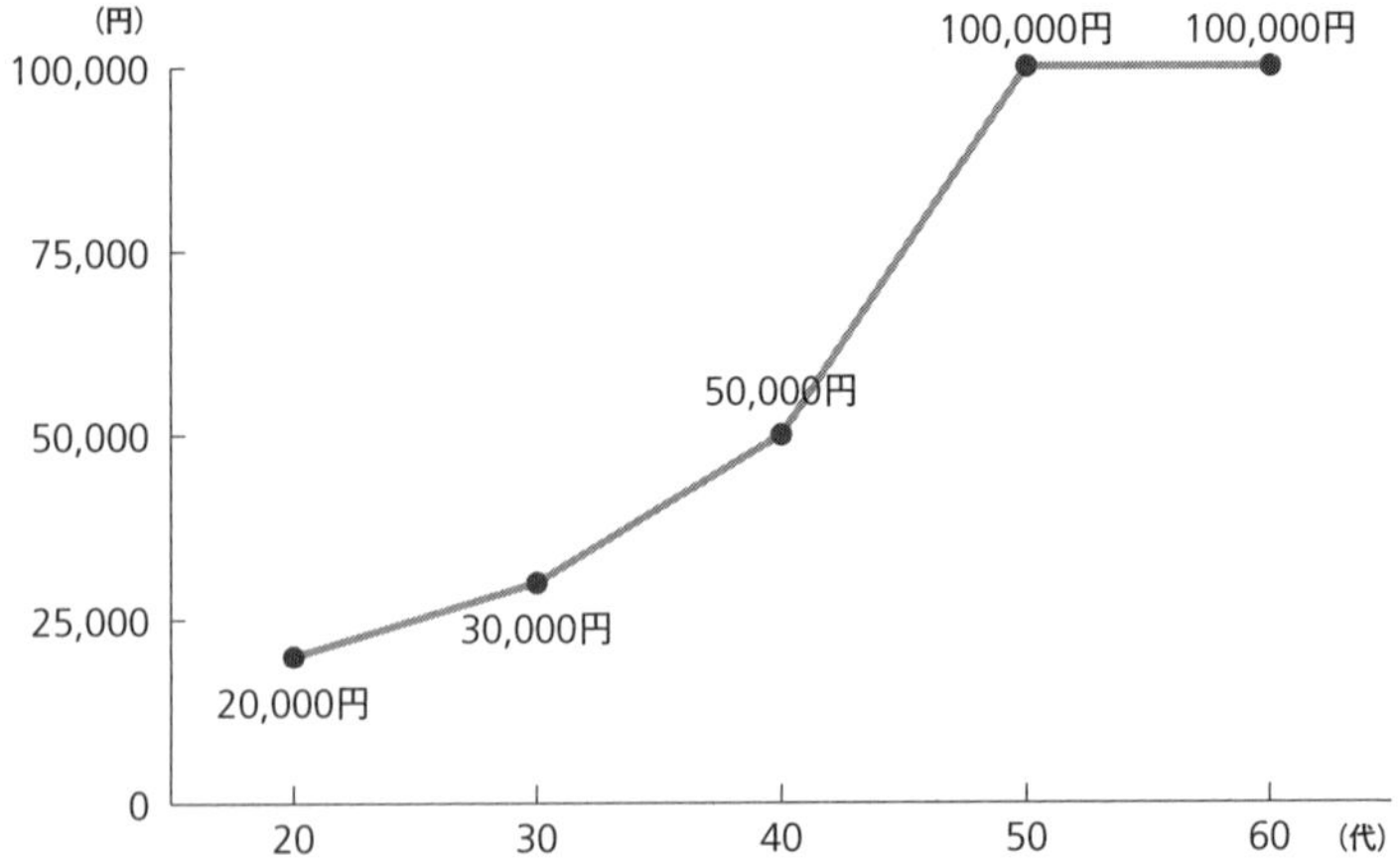

人がいてもおかしくない。教職員であれば検食や給食指導などの業務の都合上、学校給食を食べなければならない場合も多いだろう。そういった事情を踏まえると、給食費の支払いで「自腹を切っている」と感じる人がいてもおかしくはないだろう。どの程度給食費が発生しているのかを計算すると、生涯（40年分）で計225万3，240円にのぼる。[*31] もし今回の回答者の多くが給食費も「自腹を切っている」ものとして認識しているのであれば、生涯の自腹総額は15万円どころでは済まなくなってしまう。生涯の自腹総額が15万円に収まっているのは、多くの教職員が給食費を「自腹」だとは考えていないためだろう。[*32]

このように、回答者が「自腹」として認識していないものは金額に含まれていないし、そもそも自腹を切ったことを忘れてしまうことだってあるだろう。生涯の自腹総額である15万円に含まれているものは、あくまで回答した教職員が「自腹」だと考えており、なおかつ記憶にあるものだけなのだ。金額以外の結果についても同じことがいえるが、おそらく実際には今回の調査ではすくい切れなかった自腹が存在する可能性も高い。このことも踏まえつつ、自腹額についてのデータをみていこう。

3　費目ごとの自腹額

教職員人生における自腹の全体像を確認できたので、ここから詳細な分析に進んでいこう。ここからは２０２２年度１年間に発生した自腹に焦点を絞って、費目ごとの自腹の特徴を明らかにしていく。

まず、中央値・平均値・最大値を費目ごとに示した**図表9**を確認していこう。全体的な特徴として着目したいのが、どの項目も平均値が中央値の倍程度になっていることだ（授

＊31―文部科学省「学校給食実施状況等調査」令和３年度（https://www.mext.go.jp/b_menu/toukei/chousa05/kyushoku/kekka/k_detail/1413836.htm）を基に計算すると、中学校の保護者の年間負担額は５６，３３１円である。教職員の負担額も同程度であると仮定し計算した。

＊32―第４章でも述べたが、調査票の質問の仕方が影響している可能性もある。

図表9 費目ごとの自腹額

	中央値	平均値	最大値	経験者数	発生率
授業	5,000円	13,526円	1,000,000円	608人	58.8%
部活動	5,000円	13,017円	100,000円	234人	22.6%
旅費	3,000円	6,939円	182,000円	384人	37.1%
弁償・代償	5,000円	9,822円	80,000円	69人	6.7%

業：中央値5,000円・平均値1万3,526円、部活動：中央値5,000円・平均値1万3,017円、旅費：中央値3,000円・平均値6,939円、弁償・代償：中央値5,000円・平均値9,822円）。

平均値が中央値の値よりもかなり高くなっているという結果が意味しているのは、負担する金額が均等にばらけている訳ではなく、少数の人の高額な負担によって平均値が引き上げられているということだ。

これは最大値をみると感覚としてわかりやすいだろう。それぞれの費目における最大値は授業で100万円、部活動で10万円、旅費で18万2,000円、弁償・代償で8万円となっている。もちろん、こんなにも多額な自腹をだれもがしているわけではない。しかし、ここまで高額になることは稀だとしても、それぞれの事情によってそれなりに高額になっ

図表10 授業に関わる自腹額と頻度

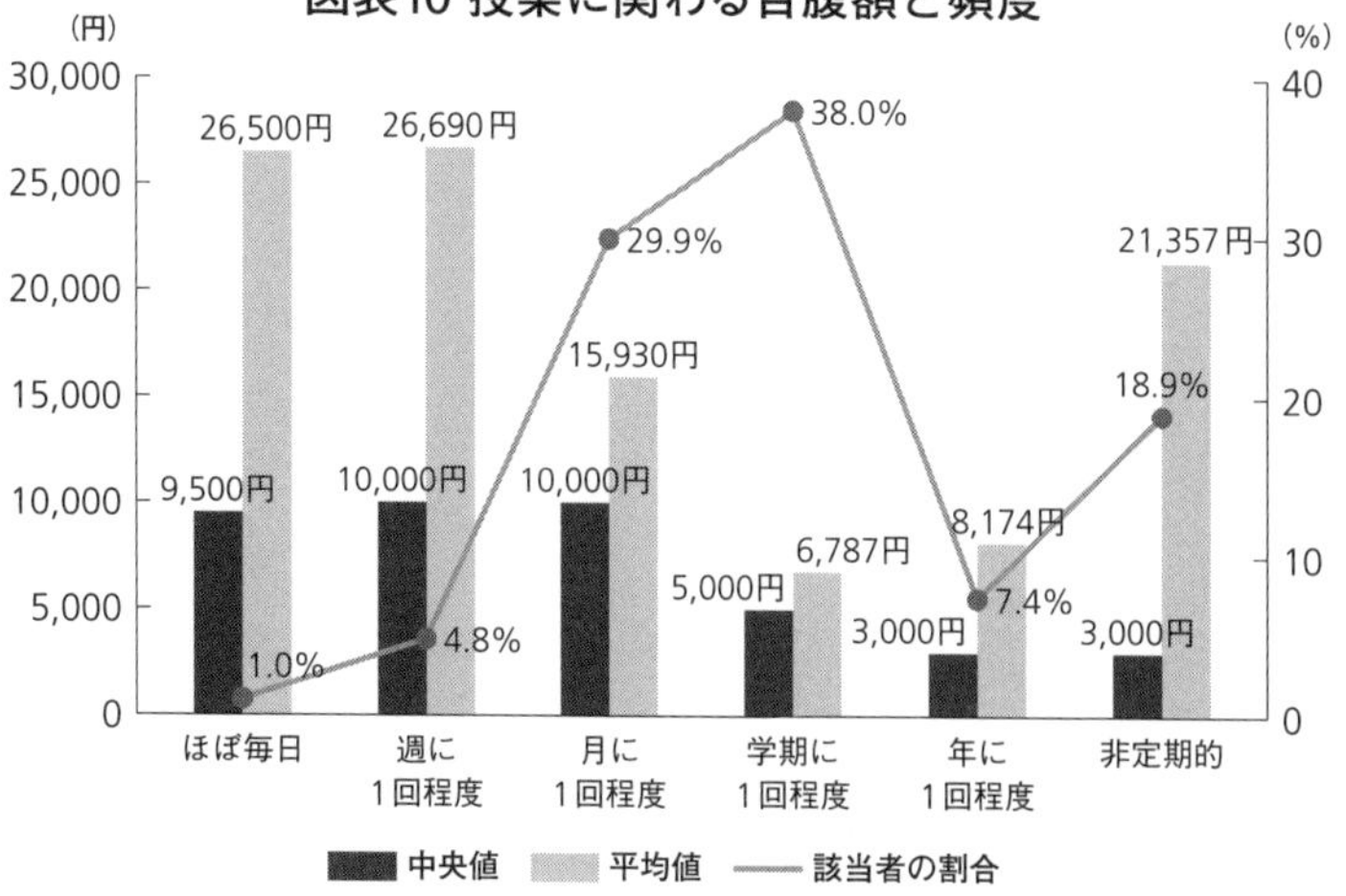

ている人はある程度の数存在している。そうした人たちの存在によって平均値が引き上げられているのだ。

授業に関わる自腹

授業に関わる自腹額を頻度ごとに分けると**図表10**のようになる。棒グラフが自腹額の中央値と平均値を、折れ線グラフがそれぞれの頻度の該当者の割合を示している。

自腹の頻度を示す折れ線グラフからみていく。とりわけ割合が高いのは、「月に1回程度（182人、29・9％）」や「学期に1回程度（231人、38・0％）」という回答だった。授業で使う教材や消耗品の購入をしているとこのくらいの頻度で自腹が発生することが多いようだ。

他の回答の割合は、「ほぼ毎日」が1・0％

「非定期的」が7・4％（45人）、「年に1回程度」が4・8％（29人）、「週に1回程度」（6人）、が18・9％（115人）だった。

ちなみに、ほぼ毎日自腹が発生すると回答をした人は、学校で自分の電子通信端末を使用するためのインターネット通信料や持ち帰り仕事をするためのプリンターのインクを購入していた。

月に1回程度・学期に1回程度の頻度で自腹をしている人の回答をみてみると、その例は多岐にわたっている。たとえば、理科の実験で使う教材や、家庭科の調理実習で必要な器具や材料といった、授業で使用するが継続的に同じものを使い続けられないような教材を購入する場合があった。使用する教材すべてを自腹で購入することもあれば、子どもの人数分の教材が準備されている場合でも、忘れ物対策などとして自腹で購入することもあるようだ。

続いて、自腹額の中央値を示す黒色の棒グラフをみていこう。このグラフの特徴は、「ほぼ毎日」から「月に1回程度」と回答する人の中央値がほぼ1万円で横ばいになっていることだ。頻繁に教室環境の整備や教材研究などを自腹で行ったときの金額はだいたい1万円くらいになるのだろう。

ただ、中央値（黒色の棒グラフ）と平均値（灰色の棒グラフ）の示す値がかなり大きく異なっていることも授業に関わる自腹の特徴だ。授業に関わる自腹は個人差が大きく、人によ

図表11 授業に関わる自腹

	中央値	平均値	最大値	経験者数	発生率
小）管理職層	10,000円	21,600円	100,000円	25人	48.1%
小）正規教員	5,000円	12,407円	1,000,000円	236人	65.2%
小）非正規教員	5,000円	9,767円	100,000円	43人	82.7%
中）管理職層	10,000円	18,000円	100,000円	20人	38.5%
中）正規教員	5,000円	13,819円	600,000円	247人	68.2%
中）非正規教員	5,000円	8,696円	30,000円	24人	46.2%
事務職員	3,000円	27,231円	200,000円	13人	12.7%

ってはかなり高額になっていることがこの特徴から読み取れる。

次に授業に関わる自腹の金額をさらに職別に細分化してみていくと、**図表11**のようになる。

小・中学校ともに、管理職層の自腹額が大きくなっていることがわかる。*33 発生率とあわせてみると、小・中学校ともに正規教員のほうが発生している割合が高いことから、正規教員のほうが自腹が発生しやすいものの、発生したときの金額は管理職層のほうが高くなりやすいといえる。

他方で正規教員と非正規教員の金額には大きな違いはみられなかった。雇用形態の在り方についてはあまり金額には関係していないようだ。「授業」に関わる業務においては正規教員と非正規教員という区別に大きな差はなく、授業に関わる自腹の状況は変わらないということだろう。これについては第6章で詳しく検討する。

部活動に関わる自腹

部活動に関わる自腹額と頻度を図表12に示した。

まず自腹の頻度を示す折れ線グラフからみていく。授業に関わる自腹と比較して回答が散らばっているといえる。該当者の多い選択肢は順に、「学期に1回程度」（69人、29.5％）、「月に1回程度」（58人、24.8％）、「非定期的」（50人、21.4％）、「年に1回程度」（39人、16.7％）、「週に1回程度」（16人、6.8％）、「ほぼ毎日」（2人、0.9％）となっている。

部活動の種類別にみると、図表13のようになる。ある程度の差異はあったり、種類によっては該当者が少なく傾向を把握することが難しかったりするところもあるが、おおよそ部活動の内容に関係なく頻度がばらついていると考えてよいだろう。

続いて、自腹額の中央値をみてみると、「ほぼ毎日」と「週に1回程度」と回答した人

＊33―小・中学校の管理職層と正規教員を比較してそれぞれMann-WhitneyのU検定を行い、有意差があることを確認した。他方で、小・中学校の正規教員と非正規教員をそれぞれ比較し検定を行ったが有意差は確認できなかった。

図表12 部活動に関わる自腹額と頻度

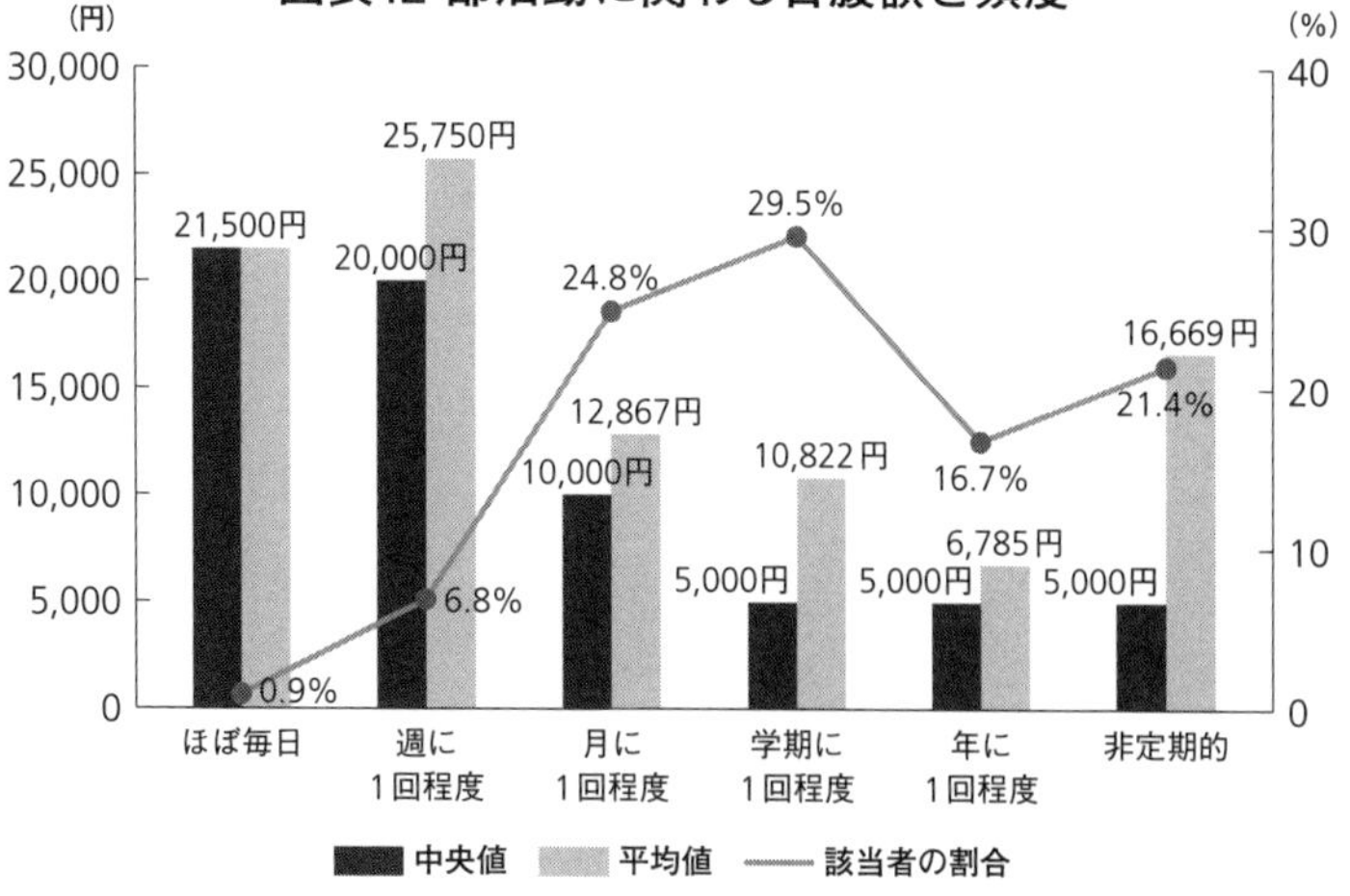

図表13 部活動ごとの自腹の頻度

	ほぼ毎日	週に 1回程度	月に 1回程度	学期に 1回程度	年に 1回程度	非定期的に 発生する	合計
陸上・体操・水泳	0人 0%	2人 5.7%	12人 34.3%	10人 28.6%	6人 17.1%	5人 14.3%	35人 100%
武道	0人 0%	0人 0%	0人 0%	3人 33.3%	2人 22.2%	4人 44.4%	9人 100%
室内球技	0人 0%	6人 7.5%	21人 26.3%	30人 37.5%	7人 8.8%	16人 20.0%	80人 100%
屋外球技	1人 1.9%	6人 11.1%	19人 35.2%	11人 20.4%	10人 18.5%	7人 13.0%	54人 100%
上記以外の運動部	1人 7.1%	0人 0%	2人 14.3%	4人 28.6%	3人 21.4%	4人 28.6%	14人 100%
集団演技・演奏などを行う部活動	0人 0%	1人 4.3%	3人 13.0%	8人 34.8%	3人 13.0%	8人 34.8%	23人 100%
上記以外の文化部	1人 2.9%	2人 5.9%	6人 17.6%	8人 23.5%	9人 26.5%	8人 23.5%	34人 100%

図表14 部活動に関わる自腹

	中央値	平均値	最大値	経験者数	発生率
小）管理職層	10,000円	14,214円	40,000円	7人	13.5%
小）正規教員	3,000円	5,570円	30,000円	27人	7.5%
小）非正規教員	11,000円	11,000円	19,000円	2人	3.8%
中）管理職層	10,000円	19,000円	50,000円	13人	25.0%
中）正規教員	6,000円	14,356円	100,000円	165人	45.6%
中）非正規教員	5,000円	6,861円	20,000円	15人	28.8%
事務職員	3,000円	11,108円	45,000円	5人	4.9%

の自腹額が他の回答の中央値よりも倍以上高額になっていることがわかる。部活動で**日々の活動に必要なものを自腹していくと、どんどん自腹額が膨れ上がっていく状況が読み取れる**。

次に、職ごとの自腹額も確認しておこう。2022年度の部活動に関わる自腹を職別に細分化したものが**図表14**である。

ここでは中学校についてみていこう。

まず、管理職層と正規教員、正規教員と非正規教員の間に自腹額に統計的に有意な差は認められなかった。*34 金額には職が関係していないと考えられる。

小学校については部活動に関わる自腹が2022年度にあったと回答した人数が少なかった。そのため、今回の調査から小学校教員の部活動に関わる自腹について一般的なことを示すことは難しい。

もちろんこれは小学校では自腹の問題がないということではない。発生率としては中学校教員よりも小学校教員のほうが低い値を示していることは事実だ。とはいっても、小学校1校あたりの平均教員数が約22人[*35]であることを踏まえ、この人数に正規教員の発生率をかけると、1年間で1校あたり約一～二人もの人が自腹を経験していることになる。

こうして考えると、今回の調査では計量的な分析をするのに十分な量が集まらなかったけれども、やはり小学校においても部活動に関わる自腹は決して少なくないのだ。

旅費に関わる自腹

旅費に関わる自腹の金額と頻度を示すと**図表15**のようになる。

頻度を示す折れ線グラフからみていくと、「ほぼ毎日」が2・6％（10人）、「週に1回程度」15・4％（59人）、「月に1回程度」23・2％（89人）、「学期に1回程度」23・4％（90人）、「年に1回程度」17・7％（68人）、「非定期的」17・7％（68人）と、「ほぼ毎日」以外の回答がおお

＊34―Mann-WhitneyのU検定を行った。
＊35―「文部科学統計要覧（令和5年版）」（https://www.mext.go.jp/b_menu/toukei/002/002b/1417059_00008.htm）の本務教員数と学校数から算出。

よそ均等に散らばっている。

次に、自腹額を示す棒グラフをみていこう。「週に1回程度」〜「年に1回程度」の場合は、旅費に関わる自腹が1万円以内に収まっている。

これに対して「ほぼ毎日」自腹を切らなければならない状況だと非常に高額になってしまっている。発生した自腹についての自由回答をみてみると、通勤手当が不十分であったり、巡回指導や家庭訪問*36を高頻度で行う必要があったりする場合に旅費に関わる自腹の頻度が高くなってしまうようだ。

2022年度の旅費に関わる自腹の金額を職別に示すと**図表16**のようになる。中央値をみると、小・中学校ともに管理職層の金額が高くなっている。これについては第6章で詳細な考察を行う。

弁償・代償のための自腹

弁償・代償のための自腹の金額・頻度を示すと**図表17**のようになる。

頻度を示す折れ線グラフをみると、「ほぼ毎日」「週に1回程度」と回答した人はいなか

＊36—高頻度の家庭訪問が要求されるケースとして子どもが不登校の場合が挙げられる。学校にこられない子どもの教育を保障するために教職員が自腹を切らざるを得ない状況がある。

図表15 旅費に関わる自腹額と頻度

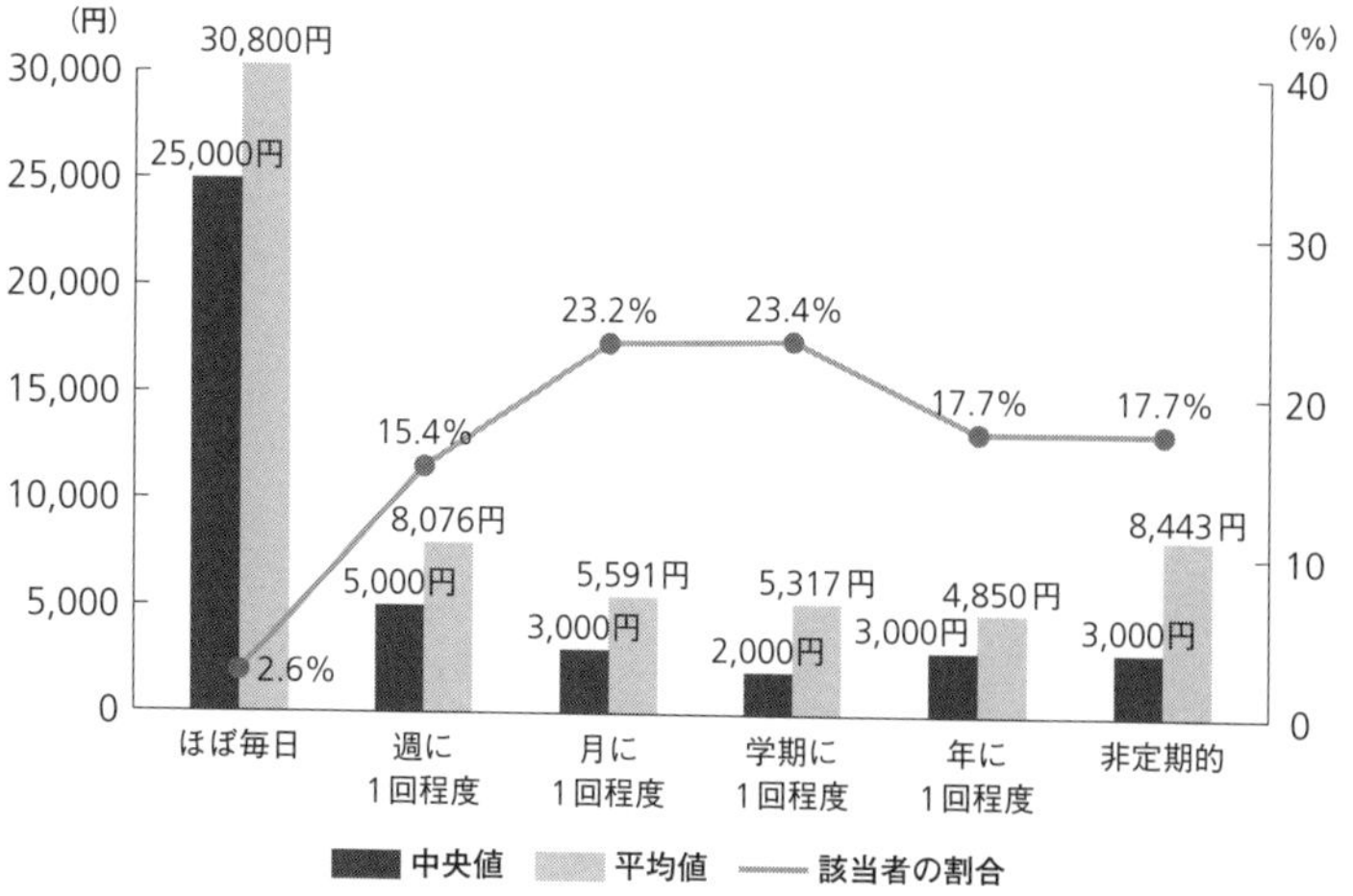

図表16 旅費に関わる自腹

	中央値	平均値	最大値	経験者数	発生率
小）管理職層	5,000円	10,075円	70,000円	24人	46.2%
小）正規教員	3,000円	3,687円	60,000円	122人	33.7%
小）非正規教員	5,000円	10,889円	30,000円	9人	17.3%
中）管理職層	5,000円	13,043円	50,000円	23人	44.2%
中）正規教員	3,000円	6,859円	80,000円	175人	48.3%
中）非正規教員	4,500円	7,058円	30,000円	12人	23.1%
事務職員	2,000円	14,751円	182,000円	19人	18.6%

図表17 弁償・代償のための自腹額と頻度

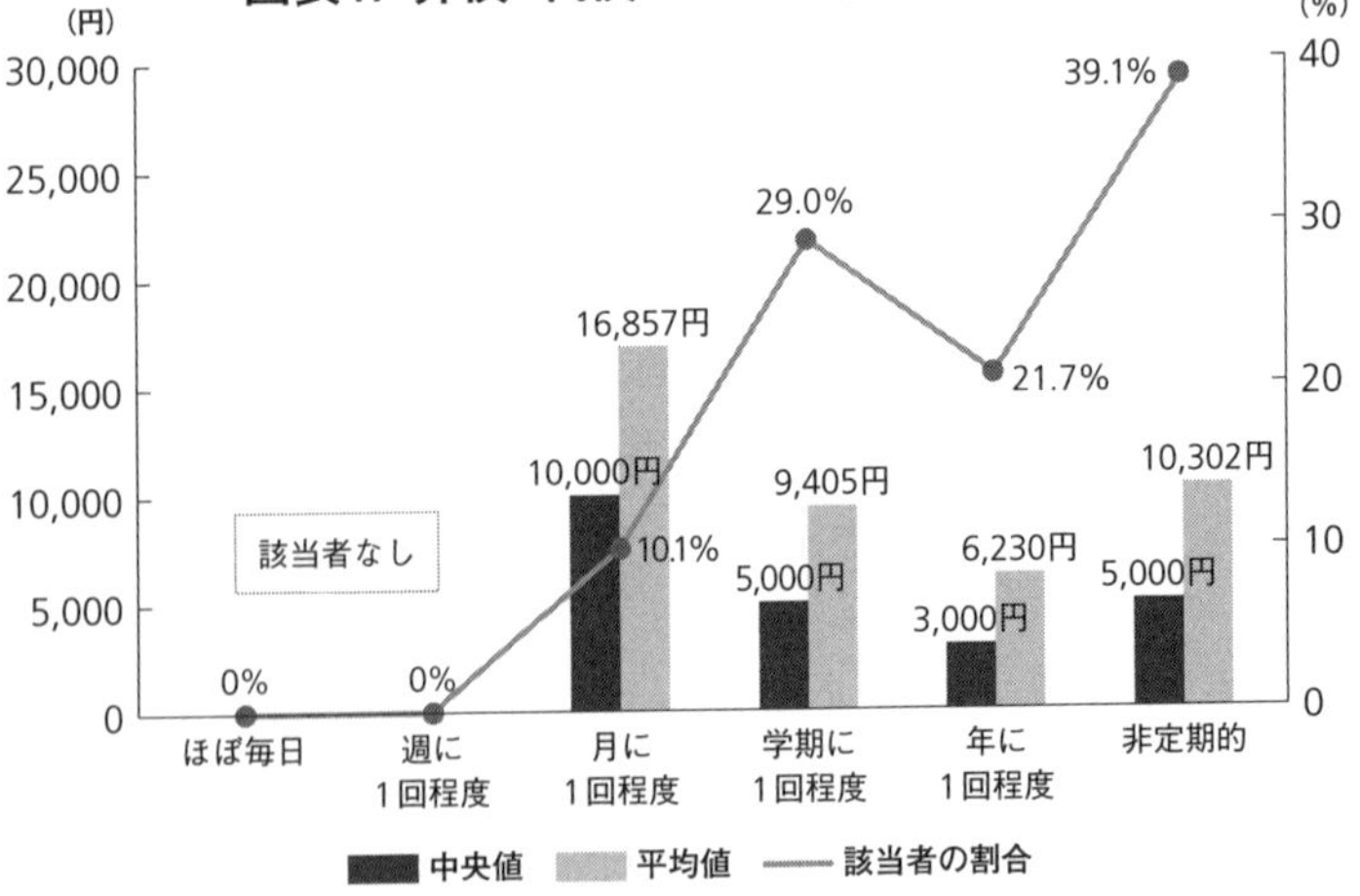

図表18 弁償・代償のための自腹

	中央値	平均値	最大値	経験者数	発生率
小) 管理職層	5,000円	14,900円	50,000円	9人	17.3%
小) 正規教員	5,000円	5,582円	20,000円	25人	6.9%
小) 非正規教員	1,000円	980円	2,000円	5人	9.6%
中) 管理職層	5,000円	11,286円	30,000円	7人	13.5%
中) 正規教員	5,000円	11,408円	50,000円	20人	5.5%
中) 非正規教員	-	-	-	0人	0%
事務職員	10,000円	30,667円	80,000円	3人	2.9%

った。「月に1回程度」と回答した人も10・1％（7人）と、高い頻度で発生することが稀な自腹だといえるだろう。

金額を示す棒グラフをみてみると、頻度が高くなるほど金額も高くなっている。なかにはパソコンの弁償のように1回の自腹で高額になってしまうような例外もあるが、弁償・代償がどのくらい発生するかがその金額に強い影響を及ぼしているのだ。

弁償・代償のための自腹の金額を職別に示すと**図表18**のようになる。中央値をみると、小学校の非正規教員のみ低額になっているが、おおよそ職と金額の中央値は関連が認められないといえるだろう。ただ、**管理職層の発生率は小・中学校ともに他の職の倍以上となっている。**管理職層の弁償・代償の考察については第6章で詳細に行うことにする。

第3節 自腹の理由

本章ではここまでで自腹の発生率や、自腹が発生する頻度及び自腹を切った金額についてみてきた。これまでの議論は、「自腹」という現象に対して目にみえる外的な側面からアプローチしたものだったといえるだろう。

ここからはより「自腹」という現象に対する理解を深めるために、どのような理由から自腹が発生するのかや、教職員が自腹に対してどのような意識をもっているのかといった内的な側面から検討していこう。前者については本節で、後者については次節で明らかにしていく。

本調査では、回答者に2022年度に発生した自腹について一つ思い出してもらい、その自腹について詳しい質問をしている。[*37] そのなかに、なぜその自腹が発生したのかについて複数回答形式で尋ねた質問がある。そこで本節では、その回答に基づいて自腹が起きる理由について探っていこう。

1　授業に関わる自腹

はじめに、授業に関わる自腹からみていこう（**図表19**）。自腹をした理由としてもっとも該当事例数が多かったものは「手続きが不要で気軽」だからというものだ。2022年度の授業に関わる自腹のうちの59・4％（361件）がこれに該当する。この次に該当事例が多い「やむを得ない事情があった」（23・7％、144件）と比較してもかなり多いといえるだろう。

図表20に授業に関わる自腹の理由を職別に集計した結果を示した。

この表をみてわかるように、おおよそ置かれた立場に関係なく、授業に関わる自腹については「手続きが不要で気軽」であるという理由から選ばれることが多いようだ。

具体例とともに質問しているのでその具体例もみてみると、忘れ物をした子ども用の教

＊37―こうした方法には次のようなデメリットが存在する。発生した自腹すべてのことを網羅することは難しくなってしまうし、回答として集まるものが回答者にとって印象的な自腹や身近で思い出しやすい自腹に偏ってしまうと考えられる。その代わりに、漠然としたイメージではなく具体的な経験を想起して回答することになるので、回答から得られる結果がより実際に起こったことに近いと考えられるというメリットがある。

図表19 授業に関わる自腹の理由

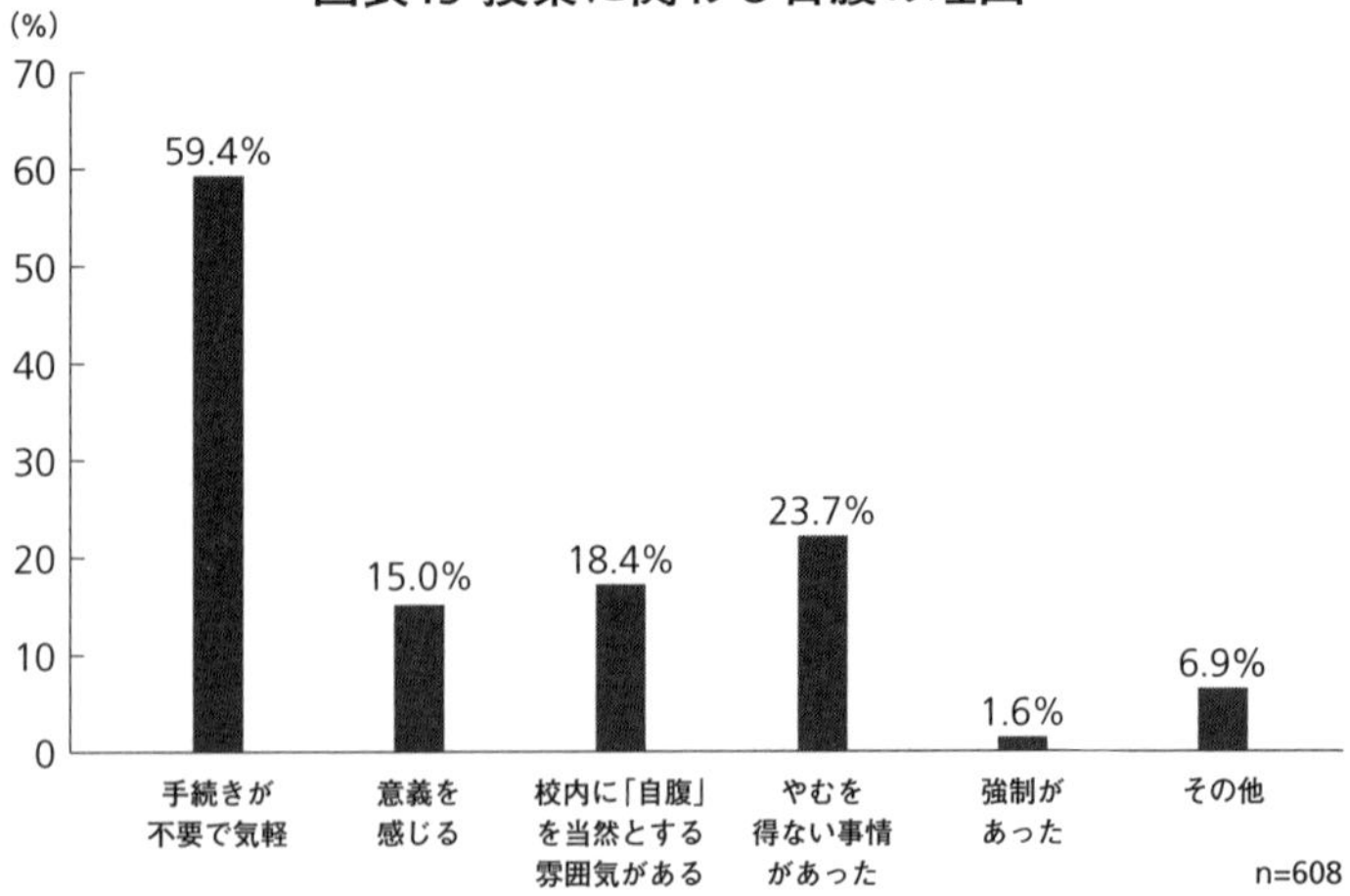

材だったり、１回に支出する金額があまり高くなかったりする場合には「手続きが不要で気軽」といった理由から自腹をすることが多いようだ。公費で支出する説明が難しいものの授業を進める上で不可欠な場合や、自腹を切ったほうが業務としても気持ちとしても楽だという場合があるのがみて取れる。

また、「やむを得ない事情があった」という回答も手続きに関連する理由として理解できる。前述の通り、授業に関わる自腹の23・7％（１４４件）がこの理由が該当する。

この理由について詳しくみていくと、手続きに時間がかかったり、そもそも必要なものに対して支出できなかったりするといった事情があるようだ。

授業という営みは、すべて予定していた通りに進んでいくものではない。子どもの様子

図表20 授業に関わる自腹の理由（職別）

	経験者数	手続きが不要で気軽	意義を感じる	校内に「自腹」を当然とする雰囲気がある	やむを得ない事情があった	強制があった	その他
小）管理職層	25人	15件 60.0%	3件 12.0%	7件 28.0%	4件 16.0%	0件 0%	4件 16.0%
小）正規教員	236人	136件 57.6%	36件 15.3%	49件 20.8%	48件 20.3%	6件 2.5%	17件 7.2%
小）非正規教員	43人	27件 62.8%	8件 18.6%	6件 14.0%	10件 23.3%	0件 0%	2件 4.7%
中）管理職層	20人	8件 40.0%	4件 20.0%	2件 10.0%	8件 40.0%	0件 0%	3件 15.0%
中）正規教員	247人	153件 61.9%	36件 14.6%	44件 17.8%	56件 22.7%	4件 1.6%	16件 6.5%
中）非正規教員	24人	14件 58.3%	4件 16.7%	2件 8.3%	10件 41.7%	0件 0%	0件 0%
事務職員	13人	8件 61.5%	0件 0%	2件 15.4%	8件 61.5%	0件 0%	0件 0%
合計	608人	361件 59.4%	91件 15.0%	112件 18.4%	144件 23.7%	10件 1.6%	42件 6.9%

をみながらそれに合わせて行う授業を変えていくのも教師の専門性の一つだろう。こうした変更は**子どもに合った授業を展開していく上で大切なものだろうが、教職員に自腹を切らせる要因にもなっている**。その日の授業でみた子どもの様子を基に次回の授業を組み立てようとしたとき、煩雑な手続きを経て購入するよりも自腹を切ったほうが合理的だと考えるのも無理はない。また、欲しい教材が指定業者のカタログに記載されていないケースもあり、必要な教材を公費でそろえることのハードルの高さがうかがえる。

他にも約5件に1件は「校内に『自腹』を当然とする雰囲気がある」（18・4％、112件）ことが自腹を切る理由になっていることにも注意を向ける必要があるだろう。これに該当する自腹としては、学校全体で共有せず自分が担当している教科や学年だけに使用する教材を購入するケースや、研修の参加など自身の自己研鑽のために必要なケースが報告されている。加えて、そもそも各自の教材準備に経費がもらえないという回答もあり、自腹をするほかない状況に追い込まれている教職員が存在することがわかっている。

また、「強制があった」ことを理由とした自腹も非常に少数ながら存在している（1・6％、10件）。この理由を挙げていたのは小学校の正規教員6人と中学校の正規教員4人だった。少数ではあるものの、自腹を強いているという問題が発生してしまっていることには目を向けておかなければならないだろう。

図表21 部活動に関わる自腹の理由

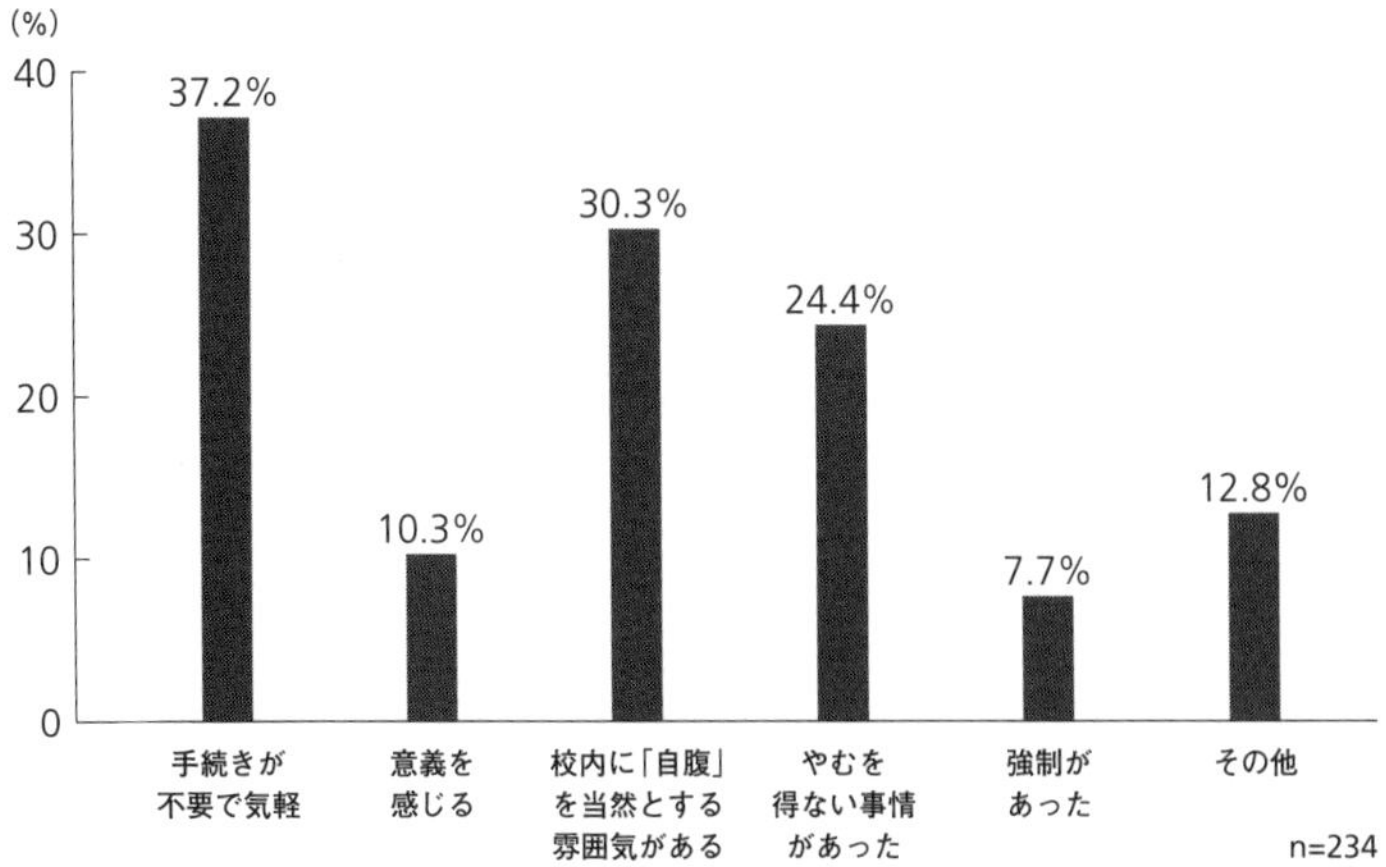

2　部活動に関わる自腹

部活動に関わる自腹は、「積極的自腹」と「消極的自腹」が入り混じっていることが特徴だ。

まずはそれぞれの理由に該当する自腹がどのくらいの割合で存在しているかを確認しよう（図表21）。「手続きが不要で気軽」が37・2％（87件）、「意義を感じる」が10・3％（24件）、「校内に『自腹』を当然とする雰囲気がある」が30・3％（71件）、「やむを得ない事情があった」が24・4％（57件）、「強制があった」が7・7％（18件）、「その他」が12・8％（30件）となっている。

「積極的自腹」の具体例としてはコンクールのときの差し入れや、交通費が支給されない副顧問の遠征付き添いなどが挙げられる。必ずしも自腹を切らなければならないわけではないが、子どものやる気を引き出したり、自身が子どものために役立ちたいと考えたりするような自腹がみられる。このような場合は「手続きが不要で気軽」や「意義を感じる」が自腹の理由として挙げられていた。

この他にも、数としては多くないが、物品を買う予算がないため自腹を切った理由として「意義を感じる」ことを挙げる事例もあった。予算がないから自腹をしたというのは「消極的自腹」としても捉えられるが、自腹を切らなければならなかったとしても部活動の環境を整えていこうとしているので「積極的自腹」の側面も多分にもっているといえる。

他方で「消極的自腹」に該当する事例も少なくない。「校内に『自腹』を当然とする雰囲気がある」または「やむを得ない事情があった」を理由として挙げている事例は、234件中123件（52・6％）あり、*38今回の事例の半数以上を占めている。

先ほどの予算がないという例も、「意義を感じる」を理由として挙げるものだけではなく、「手続きが不要で気軽*39」「校内に『自腹』を当然とする雰囲気がある」「やむを得ない事情があった」を理由としているものもあった。

消極的な自腹の例としては、指導者のライセンス取得が必要だったために自腹を切った事例やけがをした子どものための救急用具の購入などを行った事例があった。これらの場合は部活動に積極的ではなかったとしても自腹を切るほかないだろう。

さらに、職別にみていくと小・中学校ともに正規教員の「強迫的自腹」が多くなっていることがわかる（図表22）。つまり、正規教員の部活動に関わる自腹は、「校内に『自腹』を当然とする雰囲気がある」の該当率が他の職と比べて高くなっていることが特徴的だ。

正規教員は、管理職層と比較して職階上の地位が低いため雰囲気を無視しにくい状況に置かれているとともに、非正規教員や事務職員よりも部活動に関与することが求められているのではないだろうか。その結果として、部活動に関わる自腹が「強迫的自腹」としての性格を帯びやすいのだと考えられる。

3　旅費に関わる自腹

旅費に関わる自腹の理由についてみてみると、「校内に『自腹』を当然とする雰囲気がある」という理由がもっとも多数で37・5％（144件）が該当していた。それ以降は多い順に「手続きが不要で気軽」（33・3％、128件）、「やむを得ない事情があった」（25・0％、

＊38―両方の理由に該当しているものが5件あるので、それぞれの該当数の合計より件数が少なくなっている。
＊39―費用が支給をされる見込みがないならば、手続きを敬遠するのは当然だろう。

図表22 部活動に関わる自腹の理由（職別）

	経験者数	手続きが不要で気軽	意義を感じる	校内に「自腹」を当然とする雰囲気がある	やむを得ない事情があった	強制があった	その他
小）管理職層	7人	2件 28.6%	1件 14.3%	0件 0%	1件 14.3%	1件 14.3%	2件 28.6%
小）正規教員	27人	9件 33.3%	1件 3.7%	12件 44.4%	6件 22.2%	1件 3.7%	2件 7.4%
小）非正規教員	2人	1件 50.0%	1件 50.0%	0件 0%	1件 50.0%	0件 0%	1件 50.0%
中）管理職層	13人	4件 30.8%	2件 15.4%	2件 15.4%	5件 38.5%	1件 7.7%	3件 23.1%
中）正規教員	165人	64件 38.8%	17件 10.3%	56件 33.9%	35件 21.2%	15件 9.1%	18件 10.9%
中）非正規教員	15人	6件 40.0%	1件 6.7%	1件 6.7%	7件 46.7%	0件 0%	3件 20.0%
事務職員	5人	1件 20.0%	1件 20.0%	0件 0%	2件 40.0%	0件 0%	1件 20.0%
合計	234人	87件 37.2%	24件 10.3%	71件 30.3%	57件 24.4%	18件 7.7%	30件 12.8%

図表23 旅費に関わる自腹の理由

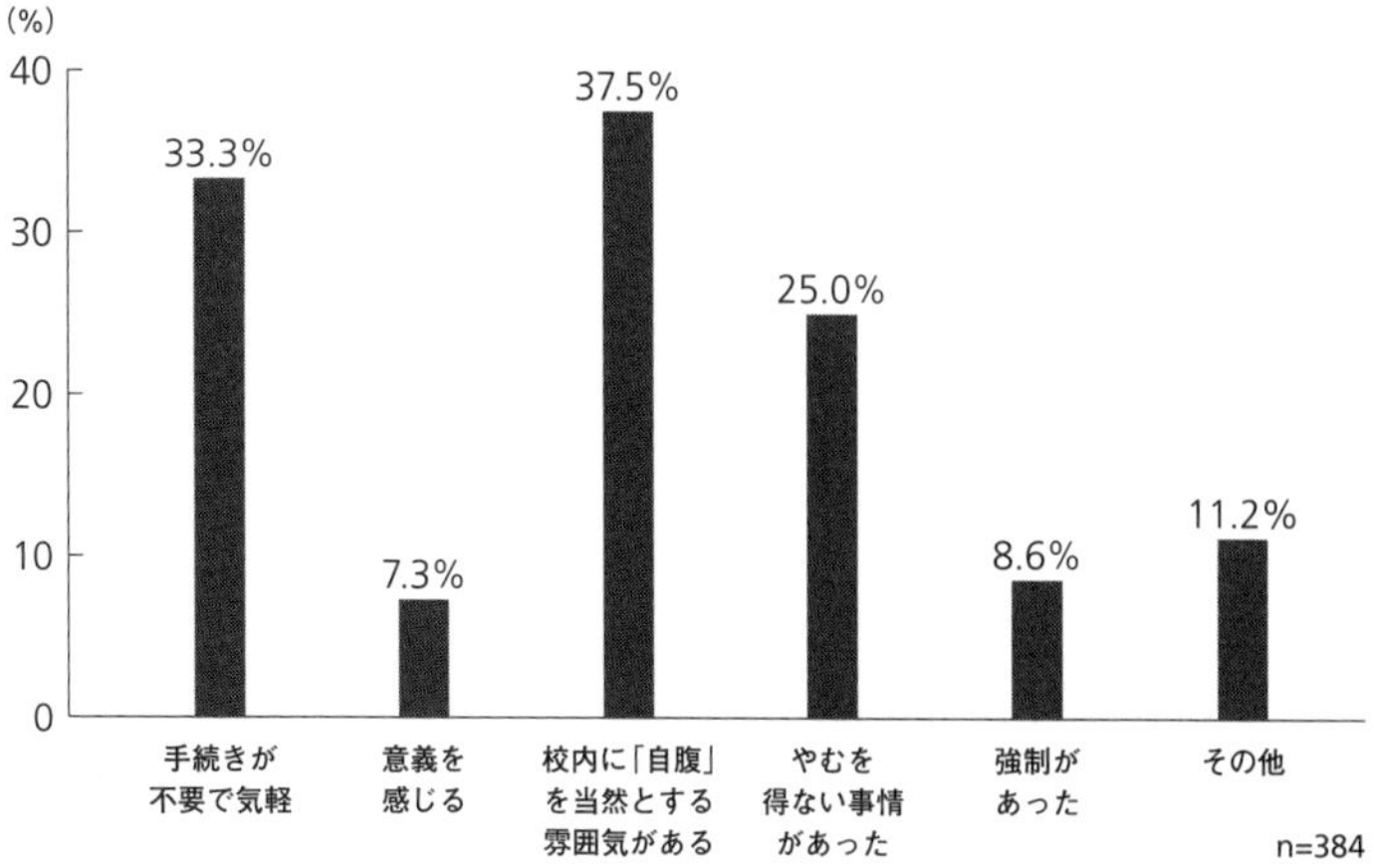

96人)、「強制があった」(8・6%、33件)、「意義を感じる」(7・3%、28件)と続く。「その他」の理由は11・2%(43件)だった(図表23)。

旅費に関わる自腹は「消極的自腹」ないし「強迫的自腹」がほとんどを占めているといえるだろう。

「校内に『自腹』を当然とする雰囲気がある」という理由が多数を占めているのには、自腹の内容が関係していると考えられる。

旅費に関わる自腹として回答されたものの多くが、家庭訪問や修学旅行の下見や引率だった。つまり、今回みえてきた旅費に関わる自腹の多くが毎年のように発生し、また多くの教職員が経験しているであろうものだった。

このように自腹がありふれたものになると、自腹をしないという選択は取りにくくなってくる。前任者も自身もそれまで自腹を切っていたものの費用を請求するのは非常に困難だろう。毎年こうして「前例」が蓄積されていき、その自腹があたかも「当然」のような雰囲気が出来上がる。

これまで自腹を切っていたこと自体が、これからの自腹の理由となっているのだ。

この説明は「手続きが不要で気軽」という理由が多いことの説明にもなるだろう。これまで自他含めた教職員がみんな自腹を切ってきたという「前例」を覆すことは容易なことではない。もし自身が自腹を切りたくないと考えていたとしても、「前例」があることによって手続きのハードルは上がってしまう。そういった状況で自腹を切ったほうが気軽だと考えるのも無理はないだろう。

また手続きをしようと思ったとしても、「前例」踏襲で自腹を切ることを余儀なくされれば「強制があった」ということにもなり得る。

他方で、少数ではあるものの、「意義を感じる」というような「積極的自腹」もみられた。学校へのお土産という事例もあるが、教育保障のために自腹を切っている事例も存在していた。不登校の子どもの家庭訪問をしたり、新型コロナウイルス感染症に家族が罹《かか》ってしまった家庭にリモート授業のためのタブレットや授業資料を届けたりした際の交通費などを自弁した事例がこれにあたる。

「旅費」というと教育には直接関わらないように思われるかもしれないが、さまざまな理由で学校にこられない子どもの教育を保障するという点で重要な出費だといえるだろう。

それが現在は教員の自腹に頼っているという状況にあるのだ。

4　弁償・代償のための自腹

弁償・代償のための自腹についてみると、「消極的自腹」が多いようだ。具体的にいえば、「やむを得ない事情があった」の次に「手続きが不要で気軽」が続くのが特徴だ。

それぞれの理由を多い順に確認していくと、「やむを得ない事情があった」（43・5％、30件）、「手続きが不要で気軽」（36・2％、25件）、「校内に『自腹』を当然とする雰囲気がある」（26・1％、18件）となり、「意義を感じる」「強制があった」が同率（5・8％、4件）だった。「その他」は1・4％（1件）が該当していた（**図表24**）。

自身の瑕疵《かし》で備品を破損してしまったり、備品を破損してしまった子どもの家庭環境が厳しかったり、破損の責任の所在を問いづらかったりする場合に自腹で済ますことが多いようだ。

また、「やむを得ない事情」としては先述の子どもが破損したが代金の請求が難しい場合に加えて、集金の未納分の肩代わりをしたケースを挙げた回答が多かった。

このデータからは、学校の備品が破損したり、子どもの保護者負担の教育費が集まらなかったりした場合に、費用の出所がない様子がみて取れる。そのしわ寄せが教職員個人に

図表24 弁償・代償のための自腹の理由

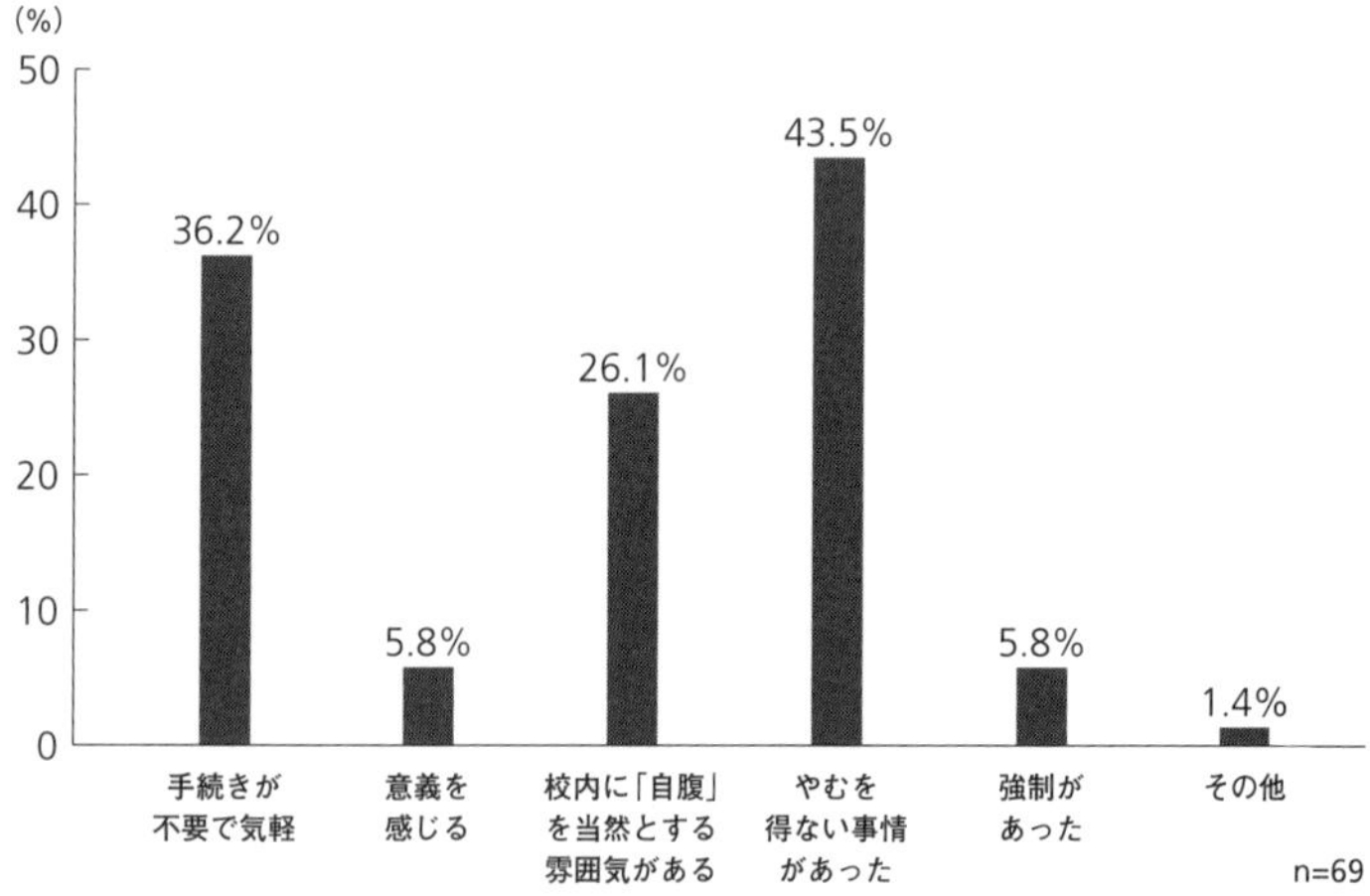

きているというのが一般的な弁償・代償のケースといえそうだ。

また、「校内に『自腹』を当然とする雰囲気がある」ことを理由に挙げる人がおおよそ4人に一人いることにも着目しておきたい。費用の出所がないことのしわ寄せが教職員個人にきてしまうことが「当然」になっているのではないだろうか。

第4節　自腹に対する意識

1　自腹全体についての意識

本章の最後に、教職員が自腹に対してどのような意識をもっているのかを確認していこう。ここでは対立する二つの意見についてどちらのほうが自身の考えに近いかを尋ねた質問の回答を扱う。

ここで扱う質問に対する回答についてはすべて職ごとに集計している。しかし、すべてをここで示していくと冗長になってしまうので、必要に応じてその都度言及することにした。

2　学校に自腹があることについての意識

まず学校に自腹があることについての質問として、「自腹は個人の自由だ」「自腹は規制すべきだ」のどちらに自分の考えが近いかを聞いたものをみていきたい。

回答ごとの割合から確認しよう。「自腹は個人の自由だ」という考えに近い人が全体の13・2％（136人）、どちらかといえば近いという人が28・1％（291人）だった。他方で「自腹は規制すべきだ」という考えに近い人は全体の30・5％（315人）、どちらかといえば近いという人が28・2％（292人）だった（図表25）。

「考えが近い」人と「どちらかといえば考えが近い」人の数をまとめると、「自腹は個人の自由だ」が41・3％（427人）、「自腹は規制すべきだ」が58・7％（607人）となる。数値の上でみれば、自腹を規制すべきだと考える人が優勢になっているようだ。とはいっても、4割強の人が自腹は個人の自由だと考えており、教職員の間でも「自腹」に対する考えが割れているというのが実情だろう。

全体の傾向を確認したところで正規教員と非正規教員の回答傾向を比較してみよう（図表26）。

正規教員では、「自腹は個人の自由だ」という考えに近い人が正規教員の12・8％（93人）、

図表25 自腹は個人の自由だ／規制すべきだ

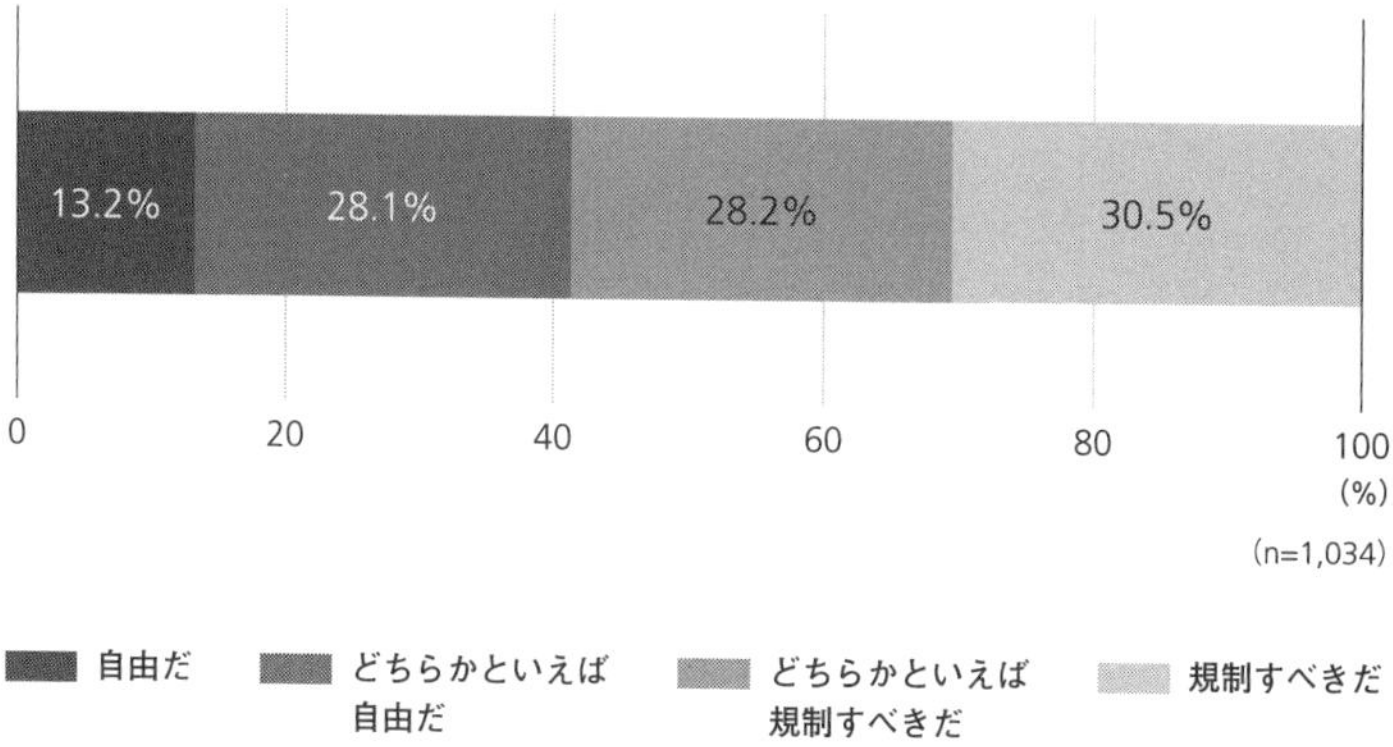

図表26【雇用形態別】自腹は個人の自由だ／規制すべきだ

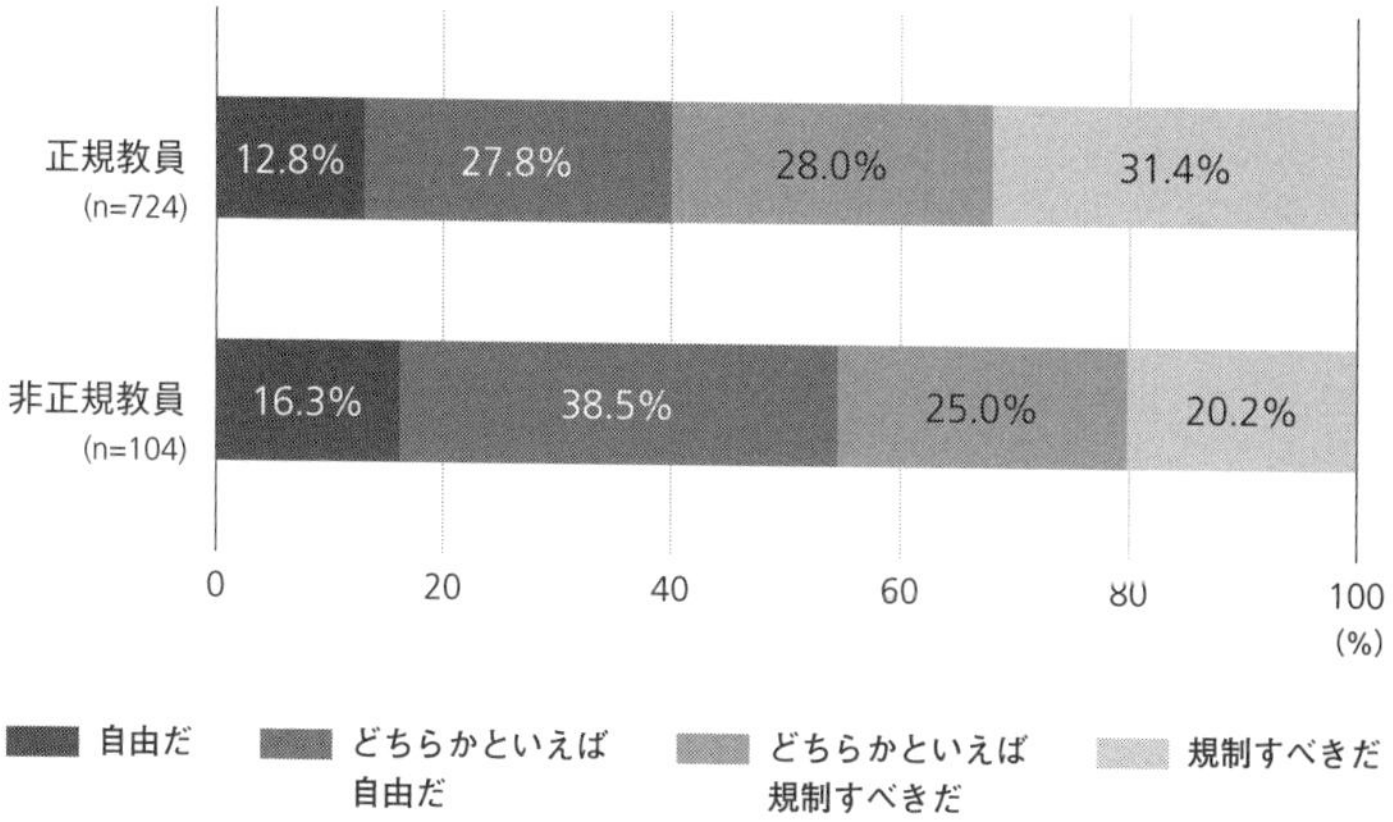

どちらかといえば近いという人が27・8％（201人）となった。「自腹は規制すべきだ」という考えに近い人は31・4％（227人）、どちらかといえば近い人が28・0％（203人）という結果になった。

非正規教員では、「自腹は個人の自由だ」という考えに近い人が非正規教員の16・3％（17人）、どちらかといえば近い人が38・5％だった（40人）。「自腹は規制すべきだ」という意見に近い人は20・2％（21人）、どちらかといえば近い人は25・0％（26人）だった。

今回の調査で回答してもらった人に正規教員が多いこともあってか、正規教員の回答傾向は全体の回答傾向と似通っている。その一方で、非正規教員の場合は、自腹は個人の自由だと考える人が多くなっており、「自腹は個人の自由だ」という考えに近い人とどちらかといえば近い人を足し合わせると半数を超えている。[*40]

この結果から、正規教員よりも非正規教員のほうが自腹について肯定的な考えをもっているといえる。正規雇用の教員よりも非正規雇用の教員のほうが、自己負担が伴ったとしても自由に業務をこなしたいというように考えているのだろうか。このことについて前節で説明した自腹の理由も関係があるように思われるが、それについては正規教員と非正規教員の間に大きな違いがみられない（図表27〜30、「授業に関わる自腹」だけを掲載）。第6章で考察をしているものの、なぜ非正規教員のほうが自腹に肯定的なのかを知るためには、さらなる調査が必要となる。

自腹の意義についての意識

続いて、自腹の意義についての質問をみていこう。自腹の意義についてはシンプルに「自腹には意義がある」と「自腹には意義がない」のどちらに自身の考えが近いかを尋ねている。

数値をみていくと、「自腹には意義がある」という考えに近いという回答が全体の5・8％（60人）、どちらかといえば近いという回答が29・5％（305人）だった。他方で「自腹には意義がない」という考えに近いという回答は全体の28・5％（295人）、どちらかといえば近いという回答が36・2％（374人）だった（**図表31**）。

この質問についても、「考えが近い」と「どちらかといえば考えが近い」とする回答を足し合わせると、「自腹には意義がある」と考える人が35・3％（365人）、「自腹には意義がない」と考える人が64・7％（669人）となる。おおよそ3人中2人が「自腹には意義がない」と考えているという結果であった。

この質問については、職ごとに多少のばらつきはみられるものの、まとまった傾向は認

＊40――雇用形態を独立変数、自腹についての意見を従属変数にし、カイ二乗検定を行った。その結果 χ^2(3)=9.603であり、5％水準で有意だった。

図表27 小）正規教員 授業に関わる自腹の理由

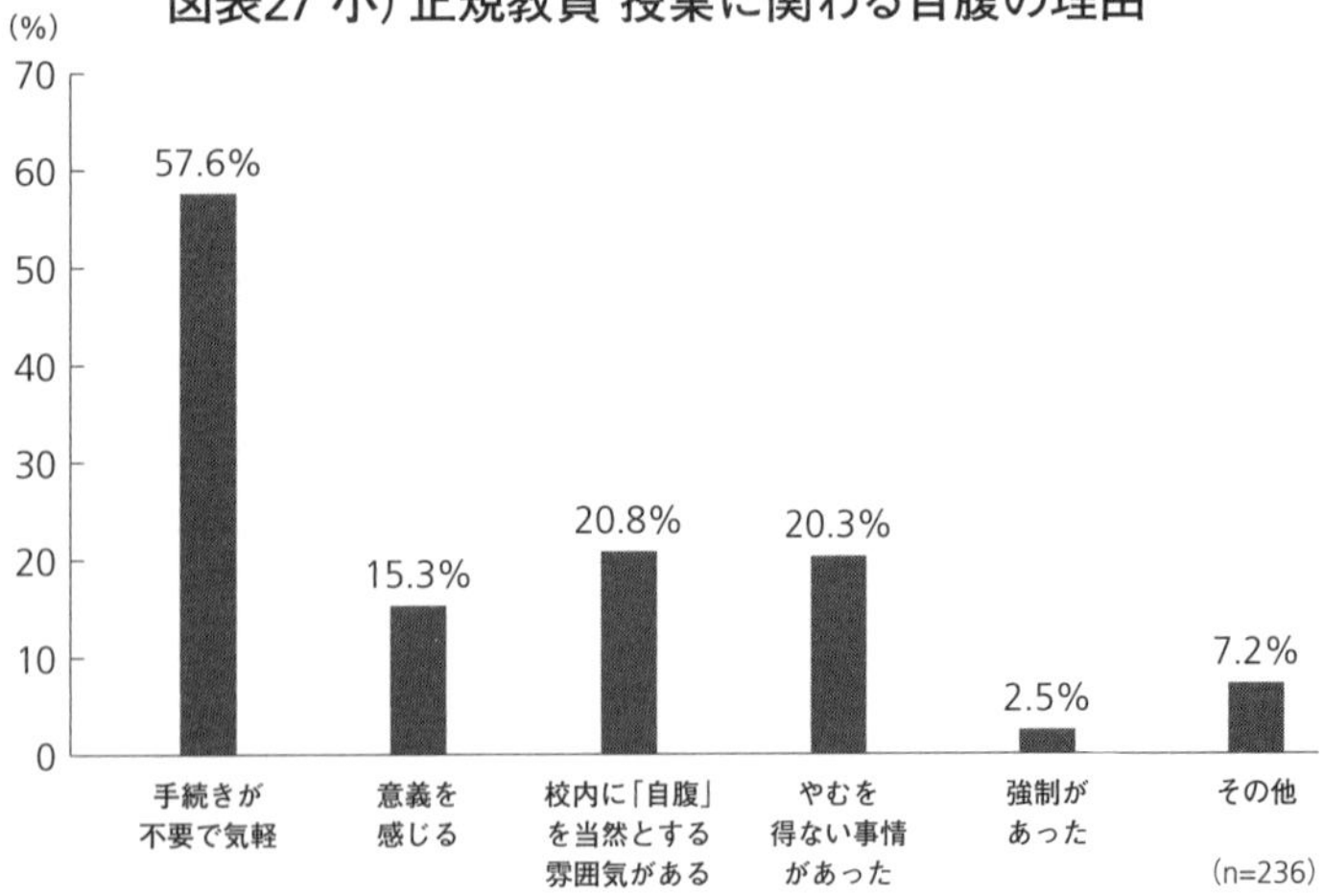

図表28 小）非正規教員 授業に関わる自腹の理由

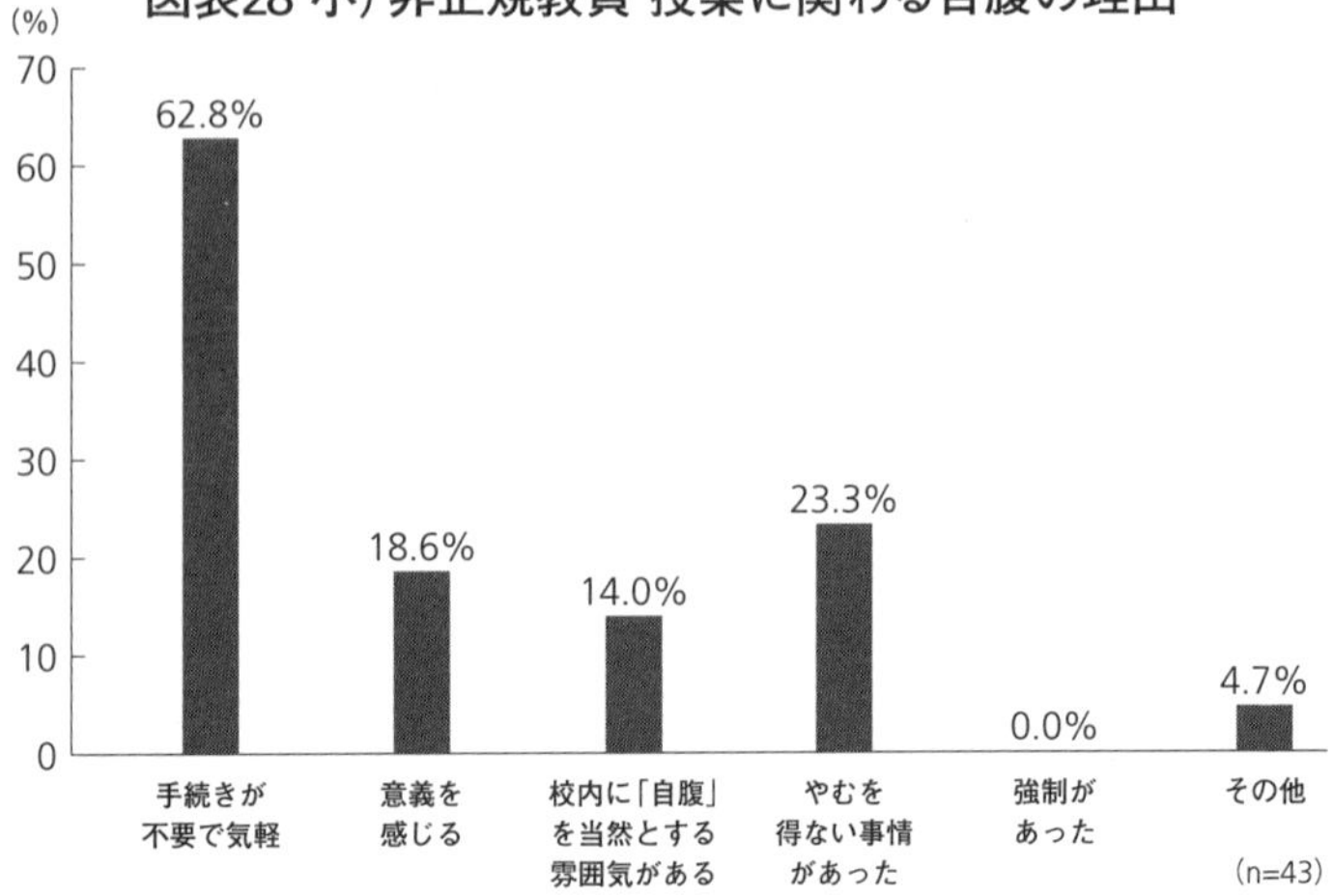

図表29 中）正規教員 授業に関わる自腹の理由

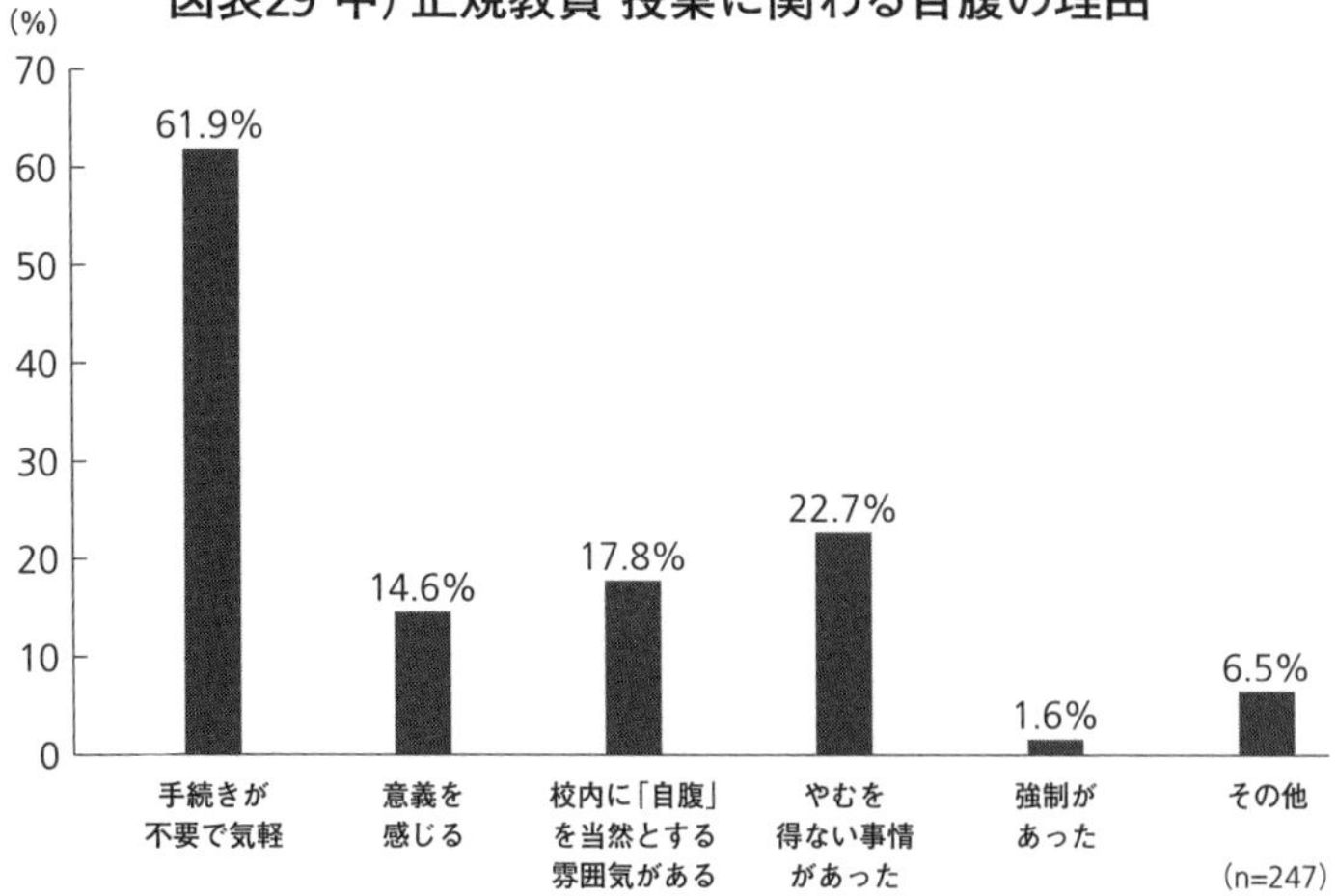

図表30 中）非正規教員 授業に関わる自腹の理由

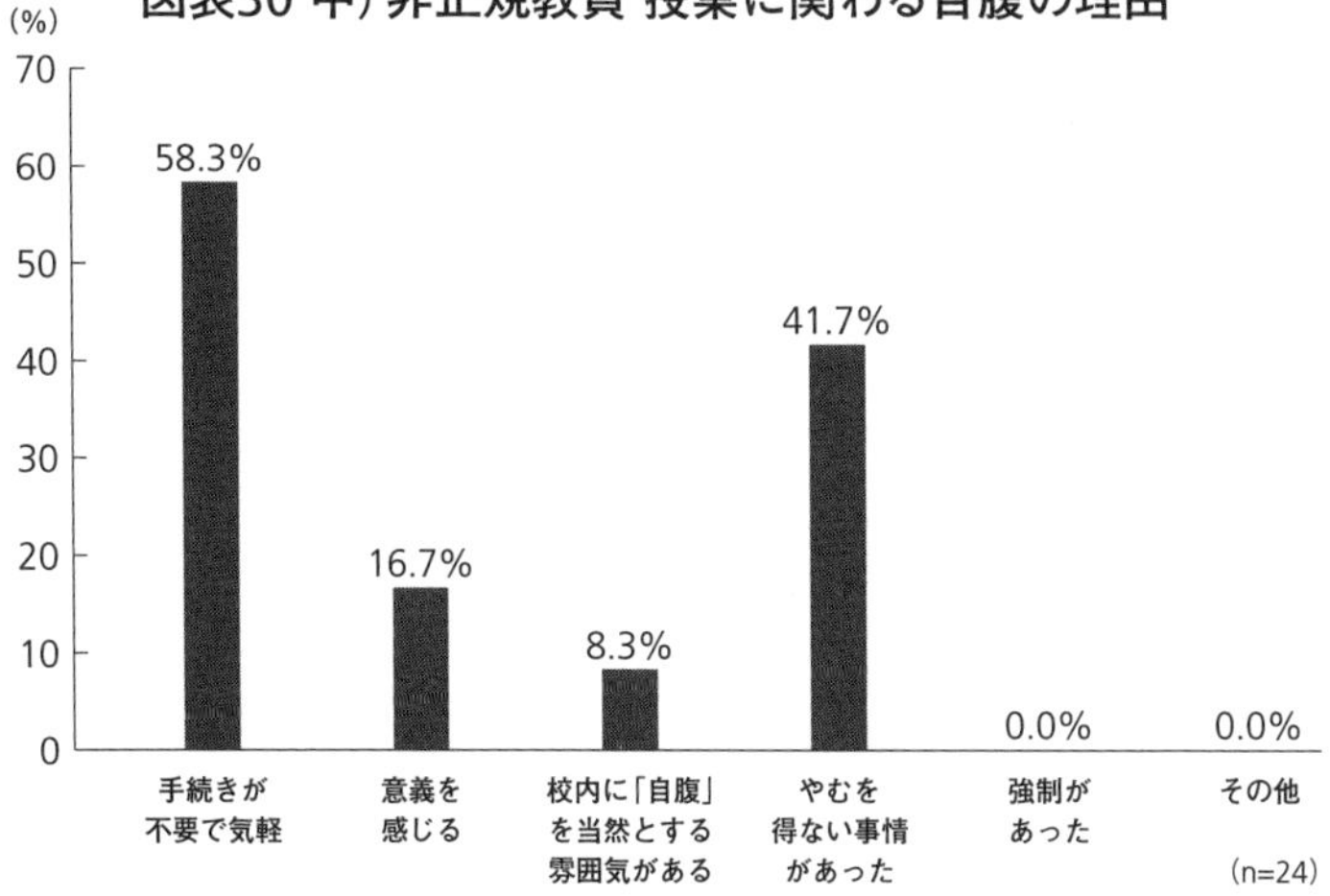

図表31 自腹には意義がある／意義がない

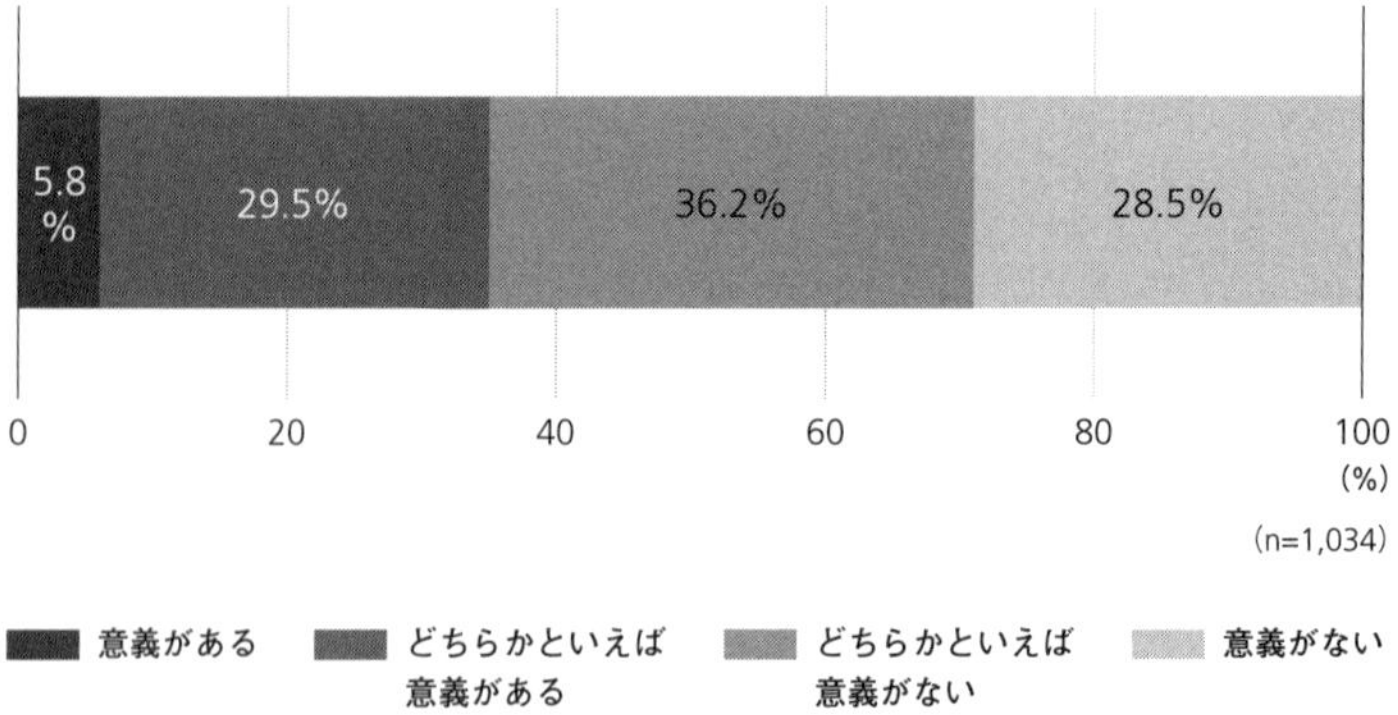

められなかった。

教職員の裁量としての自腹

最後に、自腹を教職員の裁量という観点からみたときにどのような考えをもっているのかをみていこう。これについては「教職員の裁量はあるべきだ」と「自腹はなくすべきだ」のどちらに自身の考えが近いかを尋ねている。

回答ごとの割合をみていくと、「教職員の裁量はあるべきだ」という考えに近い人は4・0％（41人）、どちらかといえば近い人は17・2％（178人）だった。他方で「自腹はなくすべきだ」という考えに近い人は45・9％（475人）、どちらかといえば近い人は32・9％（340人）だった（図表32）。

この質問についても同様に、「考えが近い」と「どちらかといえば考えが近い」の割合を

図表32 教職員の裁量はあるべきだ／自腹はなくすべきだ

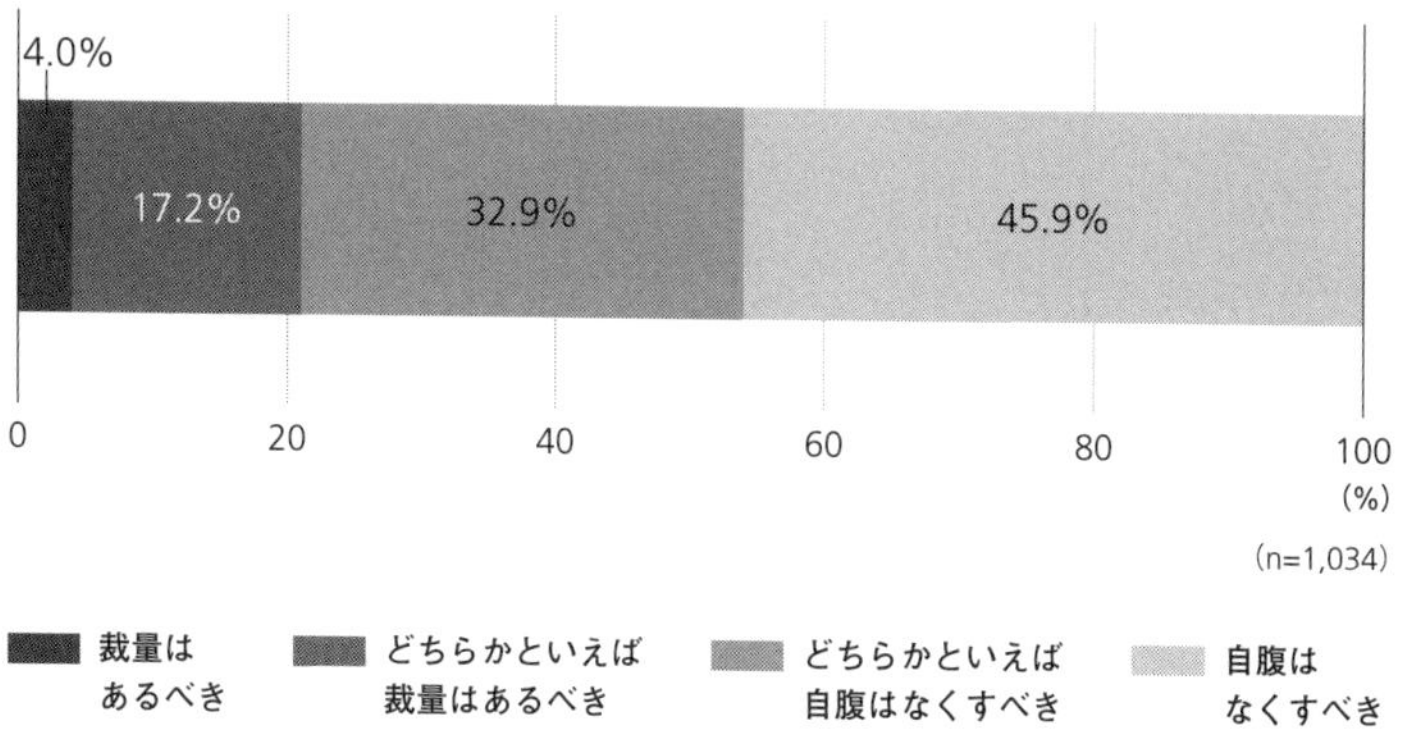

合算すると、「教職員の裁量はあるべきだ」と考える人は21・2％（219人）、「自腹はなくすべきだ」と考える人は78・8％（815人）となる。

教職員の裁量として自腹を残すよりも、自腹をなくしてしまうべきだと考える人のほうがかなり多いといえるだろう。

この傾向はどの職にも共通してみられる。「教職員の裁量はあるべきだ」と考えている人がもっとも多かった小学校の非正規教員でも32・7％（17人）にとどまっており、かなり多くの人が自腹はなくすべきだと考えていることがみて取れる。

自腹についての意見の総括

どの側面からみても、自腹についての意見は否定的なものが半数を占めていたことを念頭に置きつつ、もう少し議論を進めていこう。

教職員の裁量という観点からいえば「教職員の裁量はあるべきだ」という考えは全体の約20％にとどまり、「自腹はなくすべきだ」と考えている人が大半であった。制度的な面から教職員の働き方を考えたときには、個人の裁量の余地として「自腹」を残すことについてはあまり積極的な意義を感じないということだろう。

その一方で、全体のおおよそ40％の人が「自腹は個人の自由だ」と考えていた。この回答もあわせて考えると、「教職員の裁量」のような組織的・制度的な在り方の議論ではなく、個人が勝手に自腹を切る分にはあまり問題がないと考えている人も、まま いるのではないだろうか。

ここまでの議論を、「積極的自腹」「消極的自腹」「強迫的自腹」の三つの観点から整理し直してみよう。

すでに述べた通り、自腹に否定的な考えをもっている人が多数である。とりわけ、教職員の裁量があるべきではないと考える人が多かった。これは「消極的自腹」や「強迫的自腹」といった、教職員が自分の意思に反して自腹を切らざるを得ないことに対する反応だろう。教職員の裁量によって自腹を切るかどうか判断しなければならない状態では、何かしらの仕方がない事情があったり（「消極的自腹」の場合）自腹を当然とする雰囲気があったり（「強迫的自腹」の場合）する場合に、あたかも「自己判断」の結果として自腹を切るということになりかねない。結局のところ、裁量があることは教職員の自由があるということを意味していないのだろう。「自腹は個人の自由だ」と考える人と「裁量があるべきだ」と考える人の割合の差が15ポイント近くもあるのは、裁量があったとしても実質的には「消極的自腹」や「強迫的自腹」が発生してしまうということが一因になっているのではないだろうか。

当然ではあるが、「消極的自腹」や「強迫的自腹」のことを考えれば、自腹は否定するべきものにみえるだろう。

しかし、一定数肯定的に考えている人もいることには目を向けなければならない。

自腹に肯定的だとはいっても、その人がただ無条件にお金を払いたいと考えているとはなかなか考えられない。おそらくそうではなく、自分のお金を払ってでも実践したい教育があるなどの自腹を切るだけの理由があって肯定的な考えをもっているはずだ。こうした「積極的自腹」をするだけの理由があるからこそ、「自腹は個人の自由だ」と考える教職員もある程度存在しているのだろう。

単純に「自腹」をなくしたり減らしたりするだけでは、これまで教職員が自腹を切ることによってできていたことができなくなってしまうだけである。**これまでの「自腹だったらできていたこと」を「自腹じゃなくてもできること」に変えていかなければならない**ということをこのデータは示しているのではないだろうか。

3 具体的な自腹に対する意識

さらに具体的な事柄についての意識をみていこう。今回の質問紙では、給食費、校外学習・修学旅行での昼食費、懇親会などの参加費について尋ねた項目があるので、はじめにそれぞれの結果をみていこう（図表33）。

「自身の給食費は『自腹』をすべきだ」に「とてもあてはまる」と回答した人は36・7％（379人）、「少しあてはまる」と回答した人は32・7％（338人）、「あまりあてはまらない」が15・8％（163人）、「まったくあてはまらない」が14・9％（154人）だった。

「校外学習・修学旅行での自身の昼食費は『自腹』をすべきだ」については、「とてもあてはまる」24・5％（253人）、「少しあてはまる」27・7％（286人）、「あまりあてはまらない」25・4％（263人）、「まったくあてはまらない」22・4％（232人）だった。

「懇親会などの自身の参加費は『自腹』をすべきだ」については、「とてもあてはまる」37・9％（392人）、「少しあてはまる」30・9％（320人）、「あまりあてはまらない」15・5％（160人）、「まったくあてはまらない」15・7％（162人）だった。

今回尋ねた項目についてはどれも教職員の半数以上が「自腹をすべきだ」と考えているという結果となった。先にみた自腹の意識と比べてみるとこれらの項目の自腹について肯定的に捉えているようにみえるが、どちらかといえばそもそも「自腹」として認識していないのかもしれない。[*41]

図表33をさらに職ごとに作図し直すと**図表34〜36**のようになる。ここで着目したいのが小・中学校の正規教員の「あまりあてはまらない」「まったくあてはまらない」の割合が高くなっていることだ。

給食費の場合、小学校正規教員の18・8％（68人）が「まったくあてはまらない」、17・1％（62人）が「あまりあてはまらない」と回答している。中学校正規教員の場合は18・0％（65人）が「まったくあてはまらない」、16・6％（60人）が「あまりあてはまらない」と回答している（**図表34**）。

小・中学校正規教員が全体に占める割合が高いので、全体の割合からの差異は少なくなっている。しかし、他の職の回答と比較した場合に否定的な意見の割合が相対的に高くなっていることがわかるだろう。

このような意識の違いの背景には、給食を「昼食」と捉えるか「業務」と捉えるかの違

＊41――2022年度の自腹経験について「自腹はなかった」とする人の割合を踏まえると（図表2、120頁から算出できる）、給食や校外学習・修学旅行での昼食費、懇親会の参加費などはそもそも「自腹」だと考えていない人も多そうだ。

いがあるのではないだろうか。

『食に関する指導の手引』[*42]によれば、学級担任等は栄養教諭の助言を基に、衛生的な配色や異物混入防止など衛生管理に配慮した給食指導の充実を図ることになっている。また、給食時間には、「食事にふさわしい環境を整え、ゆとりある落ち着いた雰囲気で食事ができるよう、日頃から児童生徒が安心して食べられる食事環境作りに心がけることが大切」ともいわれている。

ここで示されているように、教職員にとって給食は業務の一環である。給食に関する業務として校長が行うことが多い検食などもあるが、正規教員のほうが給食を「業務」として捉えやすい環境にあるのではないだろうか。

そして、給食が「昼食」であればその費用を負担するのは当たり前のように思えるが、「業務」であれば負担すべきではない「自腹」にみえてくるはずだ。

こうした観点からいくと、校外学習・修学旅行での昼食費が同じような傾向にあることも納得できるだろう（**図表35**）。校外学習・修学旅行での昼食は給食ではないものの、引率をしている子どもに対して常に注意を払っておかなければならない事情は同じである。

＊42―文部科学省『食に関する指導の手引（第二次改訂版）』（平成31年3月）第5章（https://www.mext.go.jp/a_menu/sports/syokuiku/1292952.htm）

図表33 具体的な自腹に関する意識

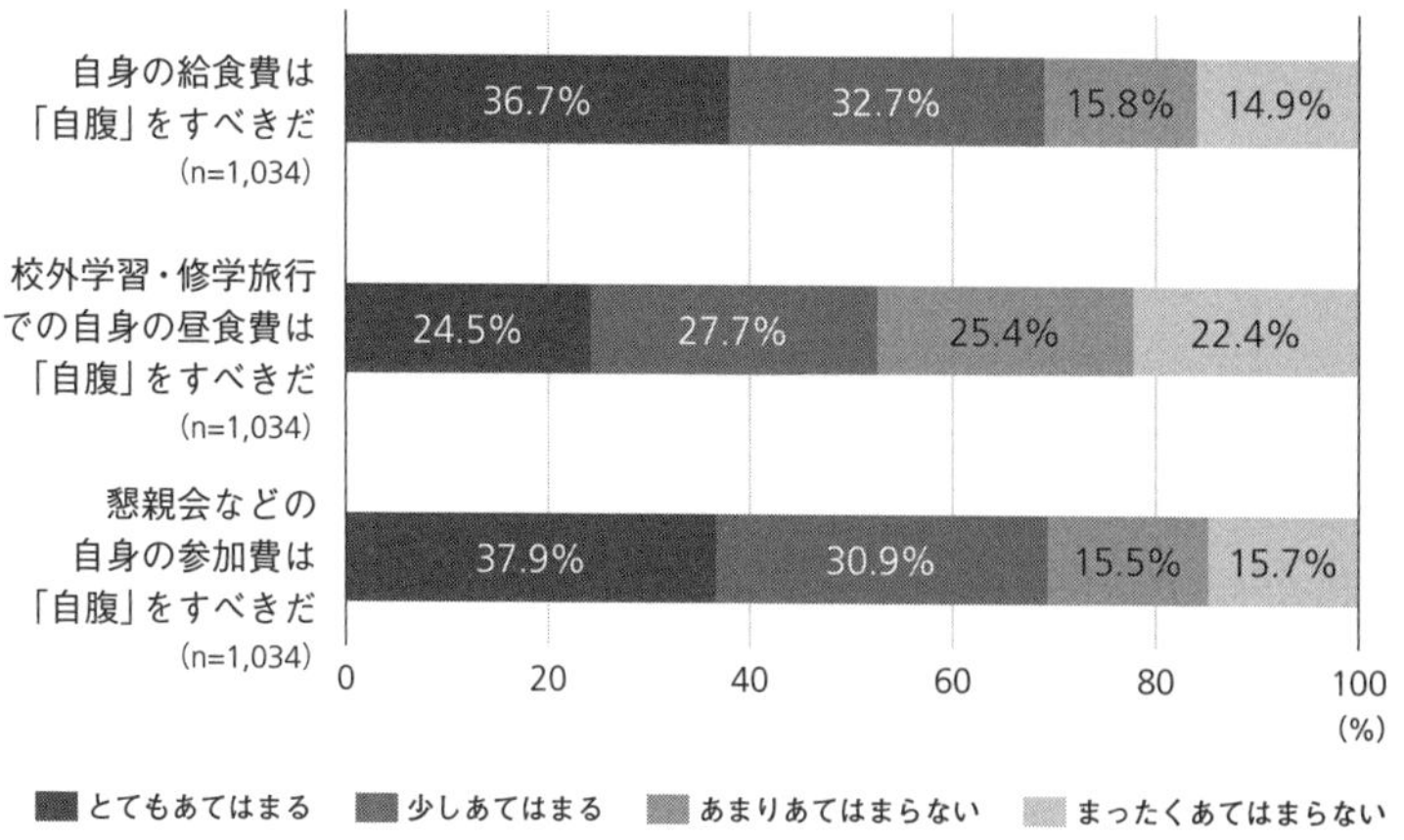

図表34 自身の給食費は「自腹」をすべきだ

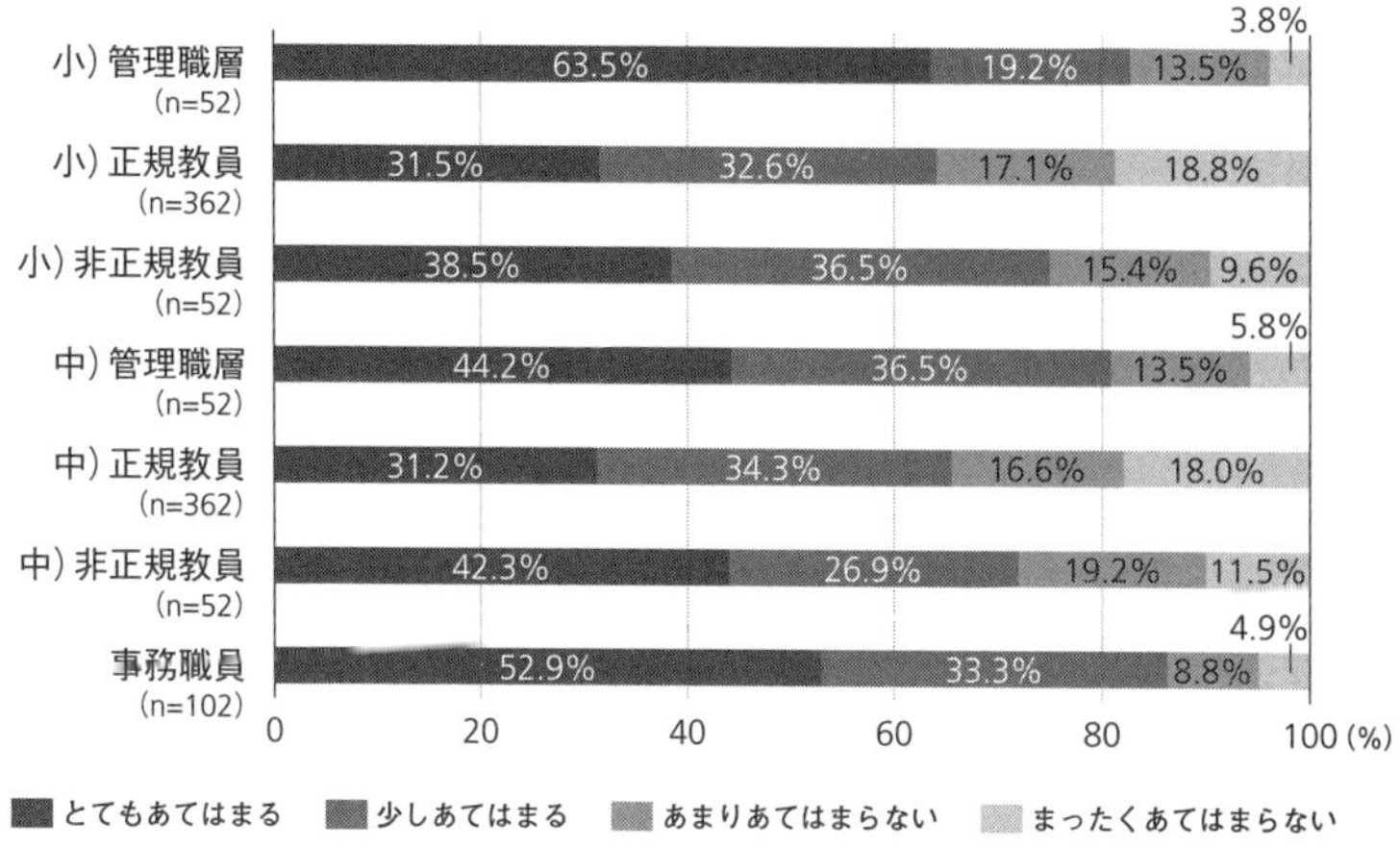

図表35 校外学習・修学旅行での自身の昼食費は「自腹」をすべきだ

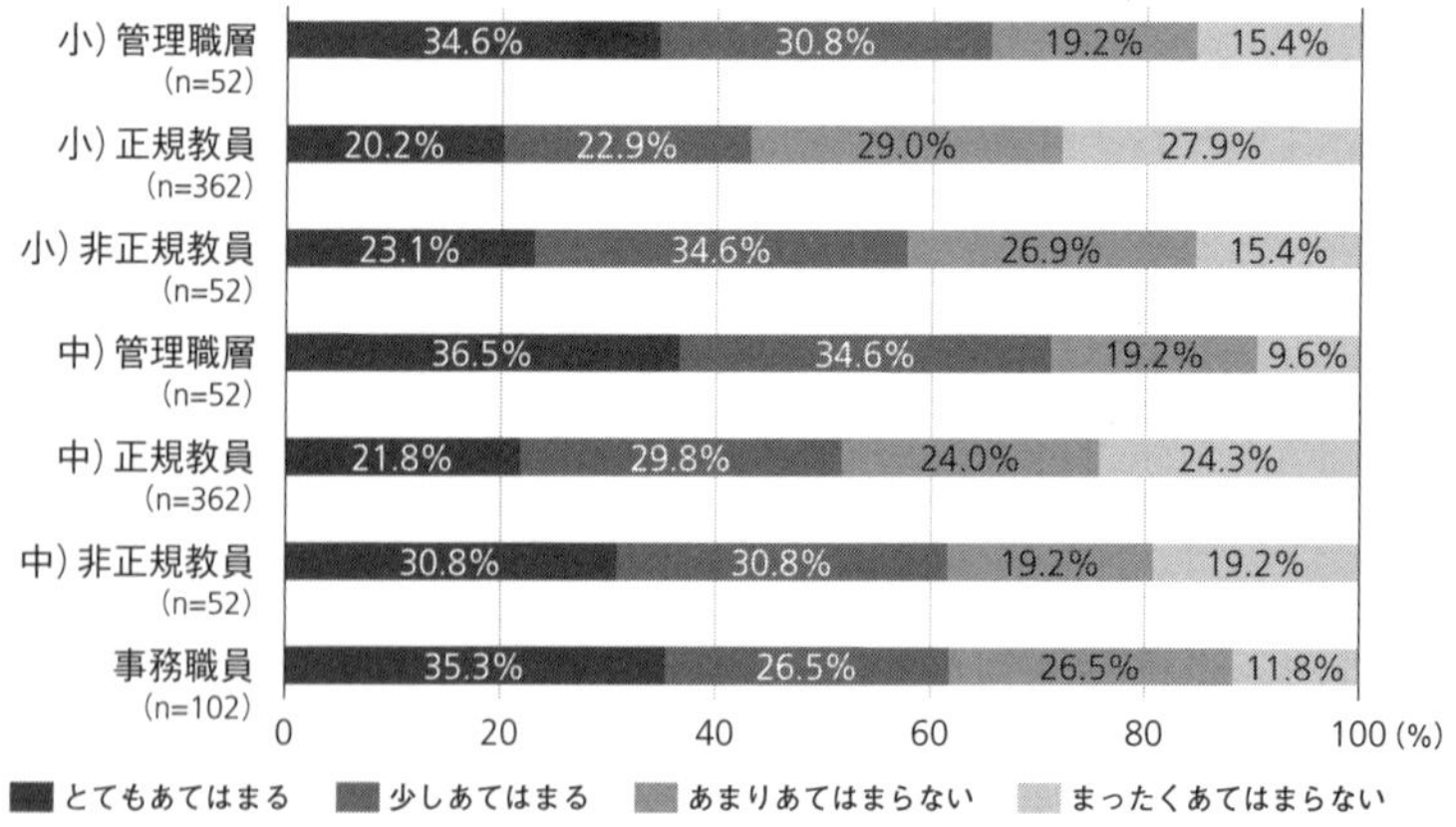

図表36 懇親会などの自身の参加費は「自腹」をすべきだ

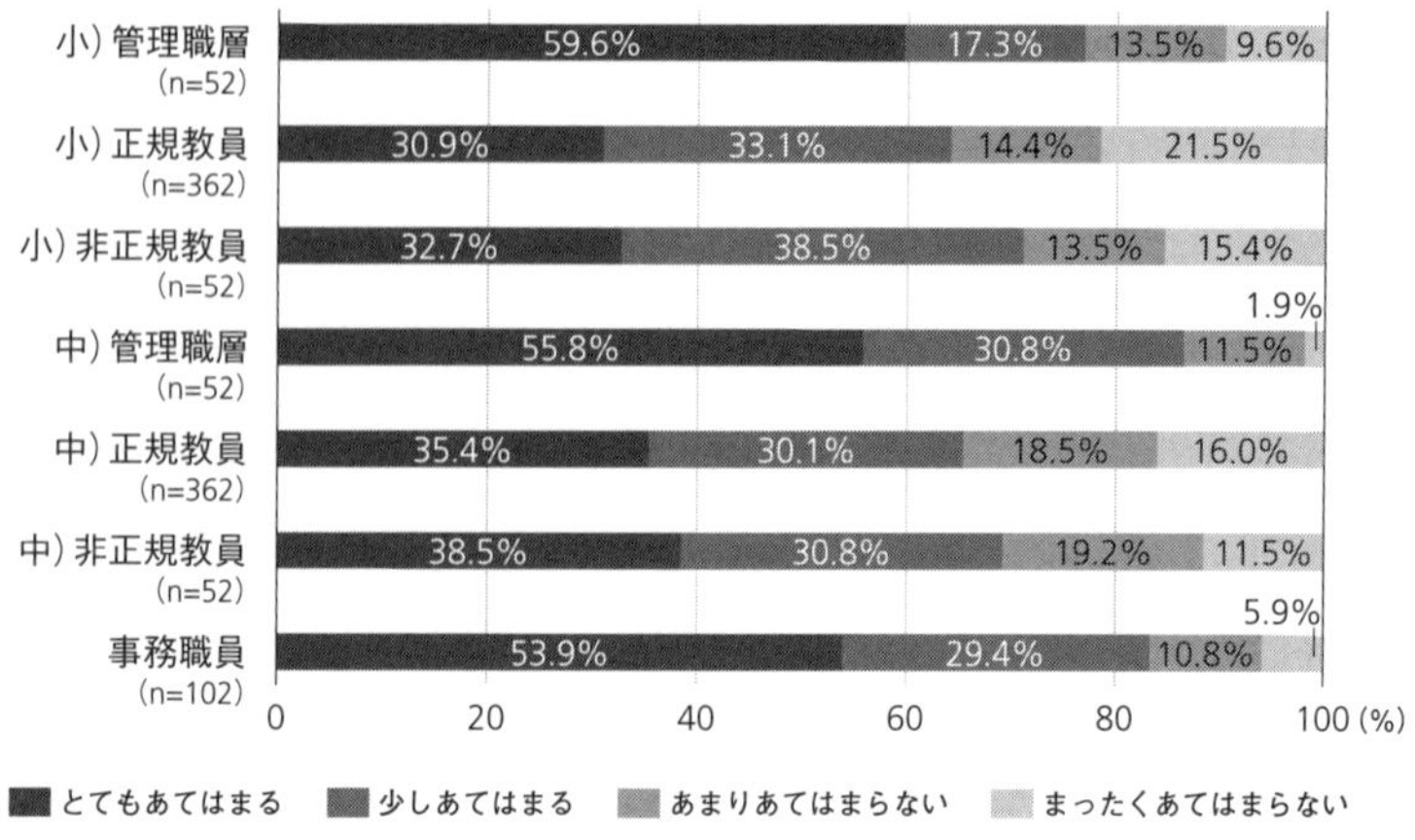

　また、給食との比較でいえば校外学習・修学旅行での昼食費は、正規教員に限ったことではないが、校外学習・修学旅行という業務で外出した上で自身の希望とは無関係に払わなければならないものだ。さらにいえば、たいていの場合、普段食べている学校給食よりも校外学習・修学旅行での昼食費のほうが高くなってしまうだろう。こうした状況で校外学習・修学旅行での昼食費を自腹すべきだとは思い難くなっているのではないだろうか。

　また、懇親会の参加費は給食費と同じような回答の傾向にある（図表36）。これも懇親会を業務と理解するか否かが関係しているのかもしれない。

第6章　調査を踏まえた考察

第1節　授業に関わる自腹をしやすい小学校教員

この章では、質問紙調査の結果のなかから職種や学校種による自腹行為の違いが見いだせる点などに特に着目したい。

これまでのところで、自腹の負担が重いということはすでに明らかになってきている。しかし、それでもなお、自腹の発生率は高い。どんな人が自腹をしているのだろうか。そして自腹をすることにどんな思いをもっているのだろうか。今回の調査のなかでは仕事観

図表37 小）正規教員 仕事観と授業に関わる自腹

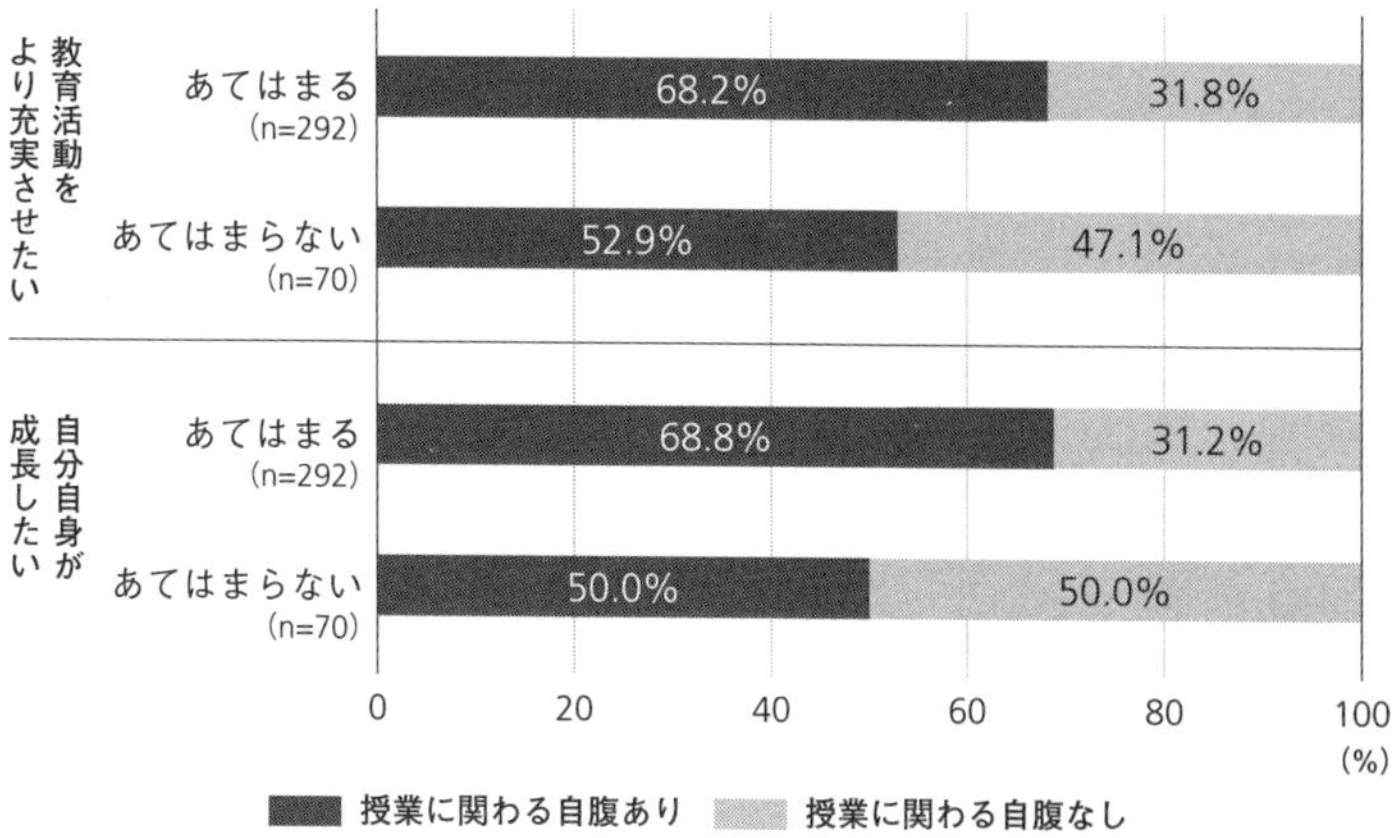

やお金観なども問うているため、自腹の発生率とこれらの関係について量的分析を行った。

小学校教員における授業に関わる自腹の発生率は高い（466人中304人、65・2％）。では、どんな仕事観をもつ人が授業に関わる自腹をしているのか。

じつは「教育活動をより充実させたい[*43]」かどうかについて「あてはまらない」と回答した小学校正規教員の授業に関わる自腹の発生率は52・9％（70人中37人）にとどまるのに対し、「あてはまる」と回答した人の発生率は68・2％（292人中199人）にも上る（**図表37**）。「自分自身が成長したい」についても、「あてはまらない」と回答している人の発生率が50・0％（70人中35人）であるのに対し、「あてはまる」と回答した人は68・8％（292人中201人）になっている。つまり、小学校の

図表38 小）正規教員
職場の人間関係に対する考え方と授業に関わる自腹

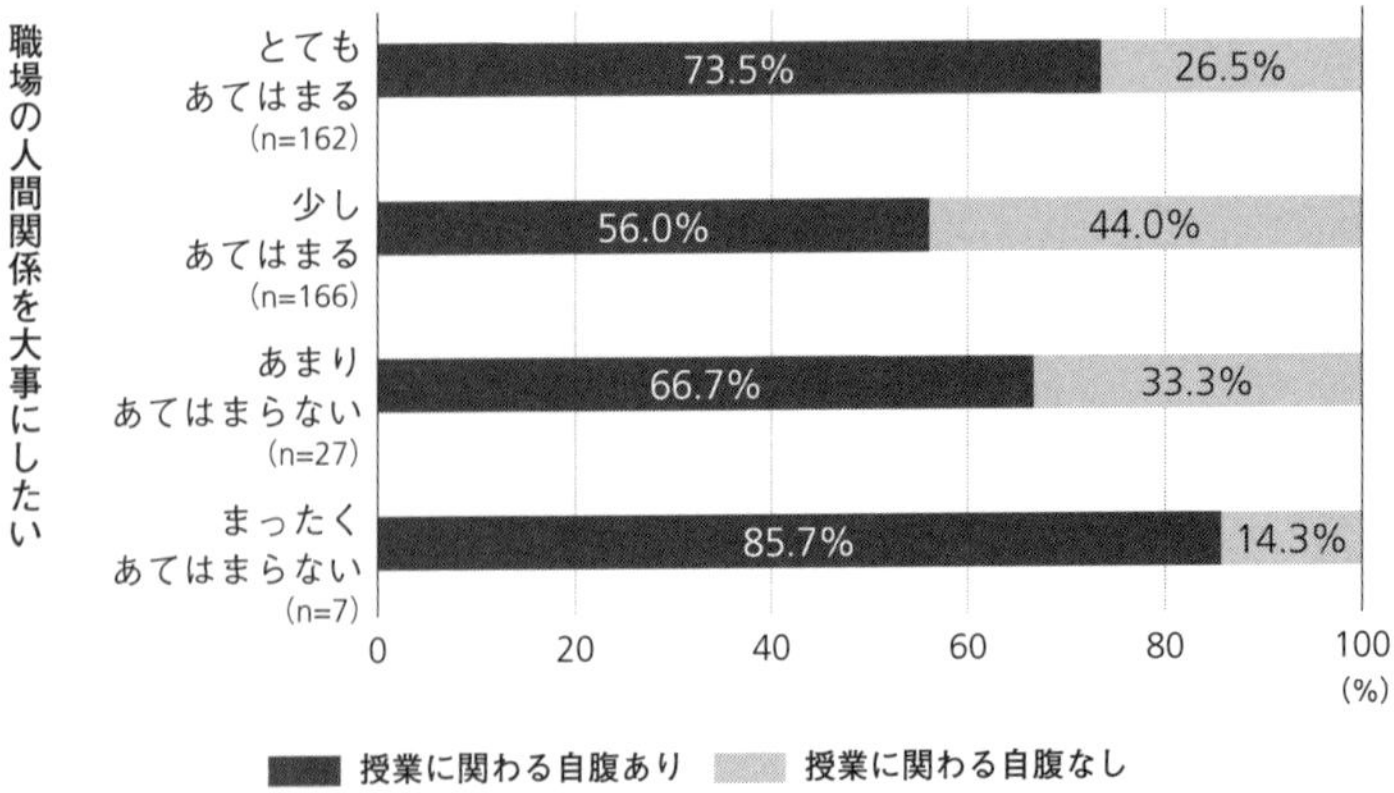

正規教員の場合、授業に関わる自腹と教育活動に関わる研鑽・修養がつながっており、よりよい教育活動を子どもたちに提供するためであれば自腹も許容するという捉え方があるのではないだろうか。許容というより積極的に自腹を切っているともいえる。

また、「職場の人間関係を大事にしたい」かどうかについての回答をみてみると、362人中328人（90・6％）が「とてもあてはまる」ないし「少しあてはまる」と回答しており、ほとんどの人が職場での人間関係を大事にしたいと考えていた。そこで、「とてもあてはまる」と「少しあてはまる」と回答した人の間にある違いに着目してみる。「少しあてはまる」と回答した人のうち自腹をしていた人は56・0％（166人中93人）だったのに対し、「とてもあてはまる」と回答した人の場合は73・5％（162人中119人）だった*44（図表38）。職場の人間関係を大切にしたいと思っているのは多くの正規教員に共通しているが、その思いがより強い人ほど授業に関わる自腹をしているのだ。本来こうした思いは肯定的なものであるが、ここでは、職場の人間関係を大事にするためにこそ周囲に合わせて自腹をしたり、あるいは公費での予算執行を申し出ることができずに自腹をしたり、ということが起こっている可能性がある。たとえば事務職員に対して公費での購入を要求すること自体が職場の人間関係を悪くすると捉えられている可能性があるが、もしそうならばこうした捉え方自体にマネジメント面の弱さが表れているともいえる。本来なら、要求行為、それに対応する購入の決定や却下の行為のいずれもマネジメントの範囲内であって、人間関係とは無関係に考えられるべきだ。

　授業に関わる自腹は、一つひとつの経緯をみてみると「時間がない」「手続きが煩雑」などがきっかけで行われているが、**その背景には、教師としての使命感や向上心がある。他方で、職場での人間関係を重視する考え方が自腹行為を促している側面**もある。

---

*43―「とてもあてはまる」と「少しあてはまる」を「あてはまる」とし、「あまりあてはまらない」と「まったくあてはまらない」を「あてはまらない」として2値に変換した。今後特に断りがない場合は他の項目についても同様である。

*44―ちなみに、「あまりあてはまらない」と回答した人のうち自腹をしていたのは66・7％（27人中18人）、「まったくあてはまらない」と回答していた人のうち自腹をしていたのは85・7％（7人中6人）だった。

第2節 部活動に関わる自腹を切る中学校教員の特徴

調査前から想像がついていたことではあるが、中学校での部活動に関わる自腹は小学校に比べて発生率が高い。そもそも小学校での部活動はそれほど活発ではないことから、小学校正規教員では7・5％（362人中27人）であるところ、中学校正規教員では45・6％（362人中165人）と、中学校正規教員の自腹発生率は小学校正規教員の約5倍に及ぶ。そこで、どんな中学校だと部活動に関わる正規教員の自腹が生じるのか、調査から明らかになったことを確認していこう。

まずは、「経済的に豊かな家庭が多い」に「あてはまる」と答える教員ほど、部活動に関わる自腹をしている。自身の学校が「経済的に豊かな家庭が多い」学校に「あてはまる」と回答した教員の56・7％（127人中72人）が部活動に関わる自腹をしているのに対し、「あてはまらない」と回答した教員の自腹発生率は39・6％（235人中93人）にとどまっている（**図表39**）。

部活動はそもそも部により、学校により、必要な物品や活動の日数・時間、校外での練習試合・大会・コンクールの頻度などが異なり、これに参加する子どもの保護者が負う経済的負担も同様に、部により、学校により大きく異なる。[*45] 団体競技・団体種目のある部であれば、すべての部員に経済的負担が増えるし、強豪ともなれば遠征や大会参加も頻回となり、週末ごとに遠方に行くこともある。こうした経済的負担に耐えられる家庭が多くなければ、その部は継続的に活動をすることすらままならないだろう。そのため、「経済的に豊かな家庭が多い」ということは部活動が活発になる土壌があるということである。

そうした中学校においては、顧問をする教員の指導負担が高まり、公費負担や保護者負担されない部分が教職員の自腹によって賄われるようになる。それが、第2章や第5章で取り上げたように、顧問自身が使用する道具や衣類、遠征や大会出場のための交通費、審判資格を得るための費用などで、経済的に豊かな家庭が多く部活動が盛んであれば、教員の部活動に関わる自腹が増えるのは明らかだ。[*46] 保護者に求められると活動を縮小しづらか

＊45―別所（2019）によれば、北海道のある中学校の2・3年生の年間の部活動費用は平均3万8，010円、同じ中学校の1年生の4～9月の部活動費用は平均3万3，660円だった。2・3年生のほうには、年額25万円と39万円の高額支出者を含んでいる。

＊46―青柳ほか（2017）によれば、中学校・高等学校の運動部活動の顧問がしている経済的負担は、飲食費・交際費、交通費、ウエア・シューズ等の衣類、宿泊費、スポーツ用具、教本・DVD等の教材費などを全部まとめて、年間平均で13万6，491円に及ぶという。

図表39 中）正規教員
子どもの家庭環境と部活動に関わる自腹

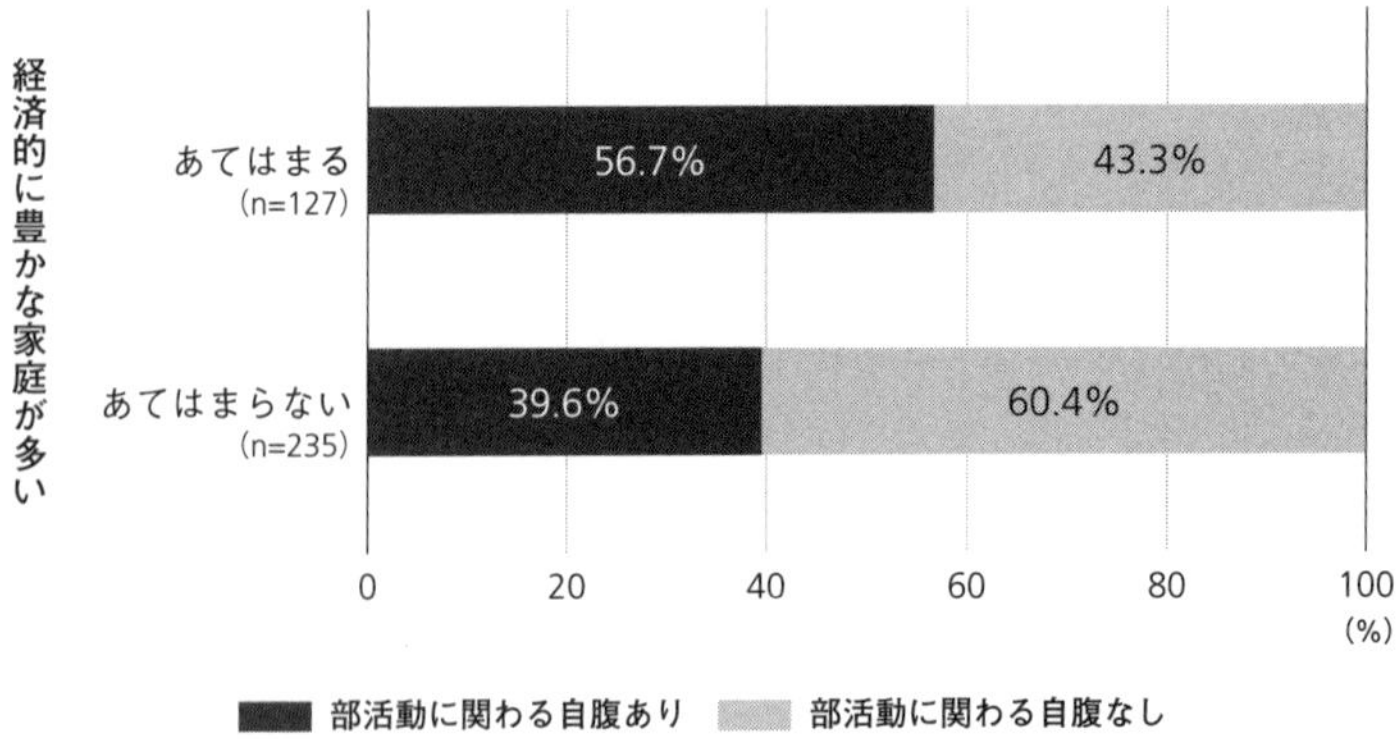

ったり、より活動を活発化する教員の評価が高まったりする状況も想像でき、より自腹が増えていく可能性もありそうだ。

　また、勤務校の「教職員の団結力が高い」に「あてはまらない」と回答した教員ほど、部活動に関わる自腹をしている。自身の学校が「教職員の団結力が高い」学校に「あてはまる」と回答した教員の41・4％（232人中96人）が部活動に関わる自腹をしているのに対し、「あてはまらない」と回答した教員の自腹発生率は53・1％（130人中69人）となっている（図表40）。

　これはどういうことか。教職員が団結せず個人主義的に行動している学校ほど、各部の活動の熱心さが異なり、顧問をする教員が時間的負担や経済的負担をどれほどにかけているかに互いに無頓着になっているのかもしれ

図表40 中）正規教員
教職員の団結力と部活動に関わる自腹

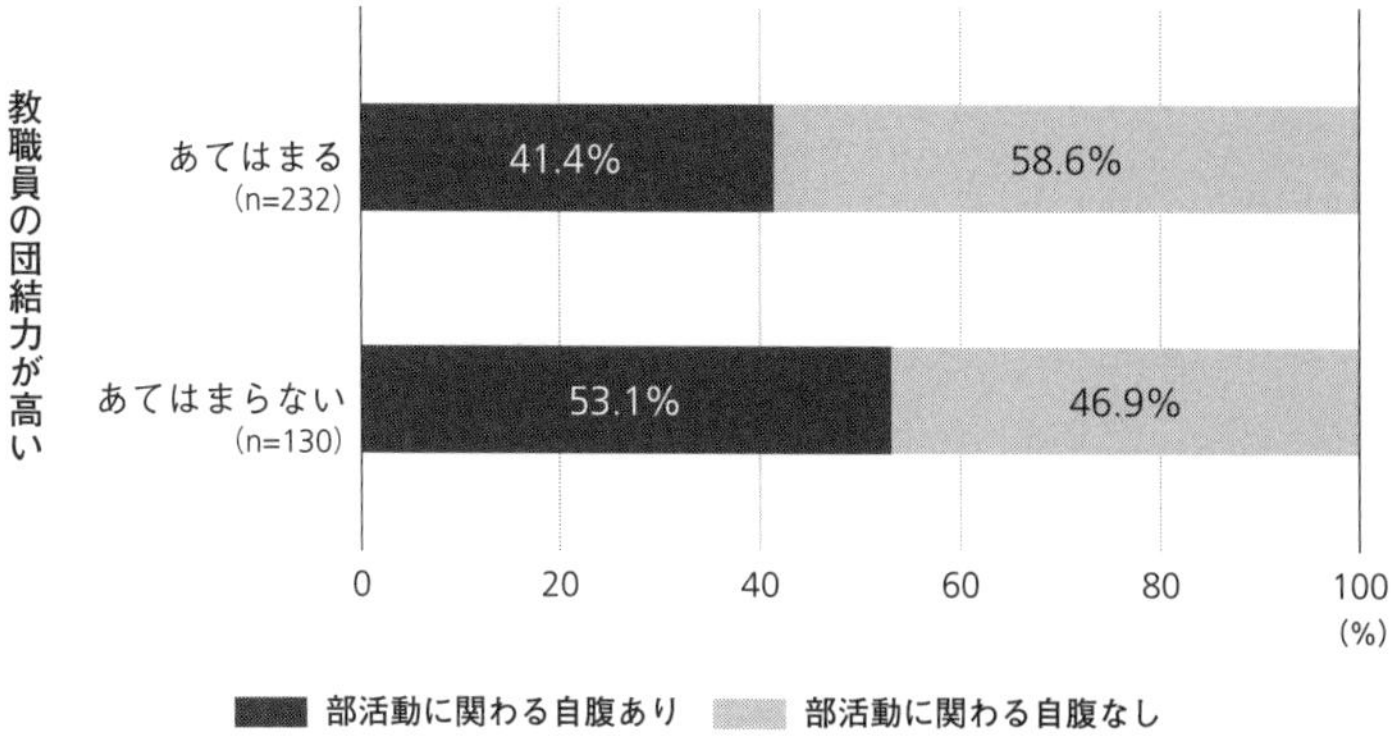

図表41 中）正規教員
保護者に対する意識と部活動に関わる自腹

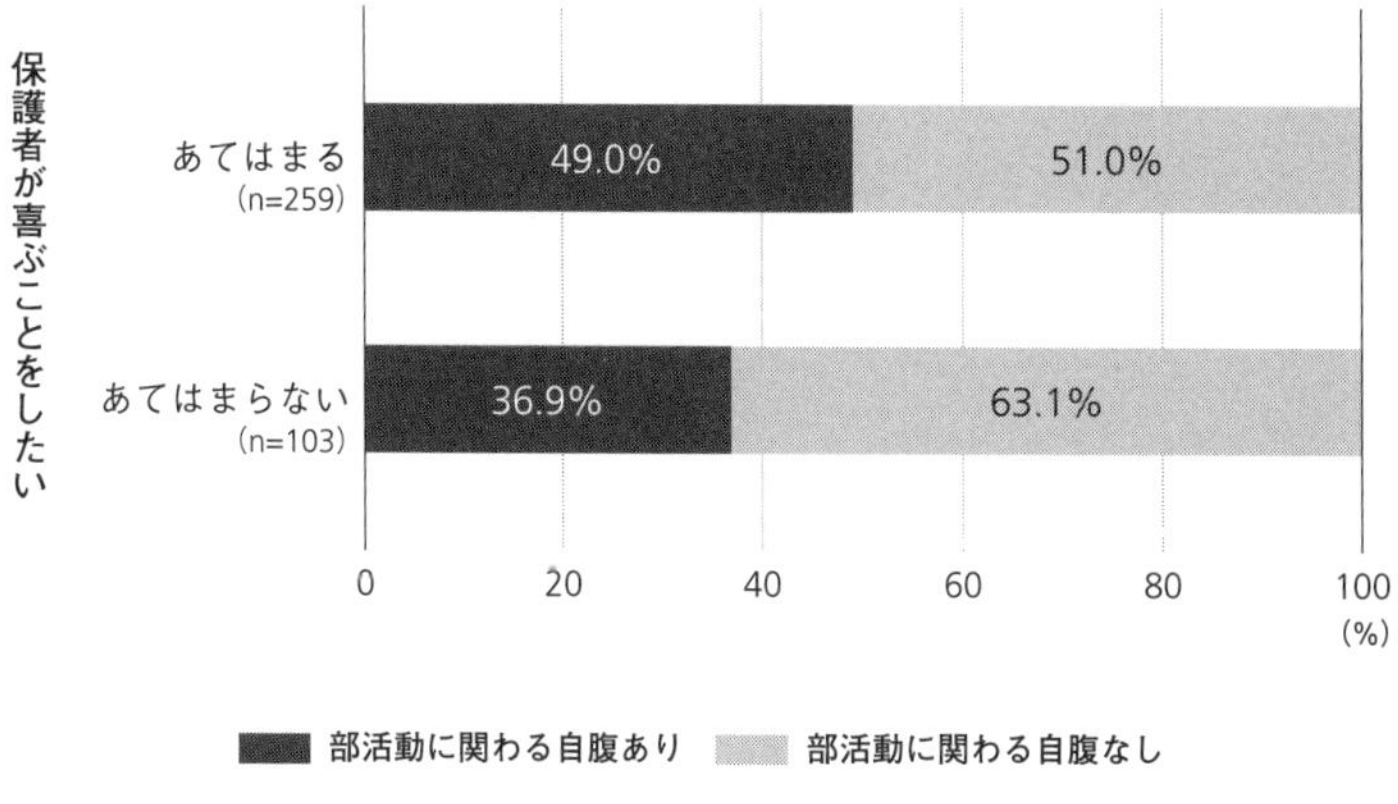

ない。あるいは教育課程や学校行事など教職員全体で取り組む物事についての連携が不十分な状態においては、学校財務そのものが成り立っておらず、その結果、各部の活動において教職員の自腹が発生しやすいともいえるだろう。いずれにせよ、部活動や自腹が「その人個人のこと」という認識が強ければ、どれだけ熱心に部活動に取り組んでも、自腹をしていても、それを制止する、なだめる力は弱くなる。こうした認識が背景にあると思われる。逆に、自腹をしてでも部活動を活性化させるべきと思っている人からすれば、それについてこない他の教職員は「団結力」が弱いとも捉えられるかもしれない。

さらには、「保護者が喜ぶことをしたい」という考え方をもっている教員ほど部活動に関わる自腹を行っている傾向がある。「保護者が喜ぶことをしたい」と思っている教員の49・0％（259人中127人）が部活動に関わる自腹がある一方で、思っていない教員の場合は自腹があったのは36・9％（103人中38人）だった（図表41）。

部活動に関わる自腹が、教員本人が使う衣類や道具だけではなく、練習試合や大会などに伴う交通費や宿泊費、子どもたちにふるまう飲食費なども含んでいるという事実から考えると、自腹をしてでも部の活動を実施し、ときには子どもたちにも還元することで、喜ぶ保護者がいる、という背景もありそうだ。[*47] ここでは、教員が自主的に、もしくは教員が受動的に自腹を切る状況を、部活動に関しては保護者が一定の支持をしている可能性が浮上してくる。先の「経済的に豊かな家庭が多い」に「あてはまる」と回答する教員ほど部活動に関する自腹をしている、ということと合わせると、**経済的に豊かな家庭の多い地域の中学校では、活発な部活動をしてくれる部活動の顧問が喜ばれ、そうしたことを肯定的に捉える教員**が、部活動に関わる自腹をしているのだろう。やはり、この2点は部活動に関わる自腹を促進しているといえるのではないか。

＊47――内田（2022）は、運動部活動の顧問教員への意識調査と実際の部活動の時間とを調査した上で、「休日において、保護者からの期待と立会時間の長さとの関係性が顕著である」ことを明らかにしている。その上で、「管理職や同僚といった身近な学校内の関係者ではなく、学校外の保護者からの期待を強く認識しながら長時間にわたる練習がくり広げられている」としているが、このことは、保護者の支持を背景に休日を長時間部活動に費やす傾向があるということである。その結果、部活動に費やす経済的負担、すなわち自腹も拡大するという関係がうかがえる。

第3節　管理職層で多い自腹

小・中学校合わせた校長ら管理職層の自腹発生率は、旅費に関わるものでは45.2%（104人中47人）、弁償・代償のための自腹が15.4%（104人中16人）であって、小学校・中学校という学校種による傾向の違いはほぼない。旅費は正規教員と同水準ではあるが、非正規教員や事務職員よりは発生率が高く、弁償・代償のほうではどの職種よりも発生率が高い。なぜこのようなことが起こるのか。校長・教頭・副校長・主幹教諭・指導教諭を一くくりで論じることは難しいため、ここでは校長を例にとって考えてみたい。

校長の1日の業務は、学校関係者以外はもちろん、たとえ学校関係者であってもなかなかイメージが難しい。旅費に関わる自腹が正規教員と発生率が同水準であることから、出張の回数は比較的多い。ある高等学校の校長の1日の行動を丹念な記録で明らかにした研究によれば、出張に伴う会合への「参加・列席」は5.4%（年間15万7,715分中8,530分）、出張先への「移動」は10.0%（年間1万5,740分）、関係者との「会食」は3.4%（年間5,290分）だという。[*48] いわば全体の2割ほどが校外への出張を占めているということであり、これに基づけば、学校ごとに配当された旅費が、年度末に足りなくなり、自腹になることが増えるのではないだろうか。

もう少し詳しくみてみると、本調査では、正規教員の旅費に関わる自腹は家庭訪問等の近距離のものが多かったが、校長ら管理職層の旅費に関わる自腹では、宿泊を伴う遠方への出張やタクシーを利用した場合、そして出席しなければいけない会合に付属している会食などがみられた。全国大会などは都道府県からの参加人数を割り当てられていたり、輪番制であったりして、意に反した参加が強制されることもある。そのため、旅費が足りないことやいいだしづらいこともあるかもしれない。つまり、正規教員の旅費に関わる自腹と、校長ら管理職層の旅費に関わるそれとでは、少し性格が異なるといえ、発生率は同水準であるが、自腹額については管理職層のほうが高額になりがちだろう。

他方で、弁償・代償のための自腹が他の職層よりも管理職層で多いのはなぜだろうか。これもすでに第5章で指摘したことだが、校長などが自ら関わった事案について弁償や代償をしている例も含まれつつも、これとは別に部下である教職員の自腹を肩代わりした事

＊48―森（2023）の論文は著者自身の記録に基づくもので、分析対象は一人、学校段階は高校であるため、本書が対象としている公立小・中学校の校長の働き方として一般化することは困難であることは申し添えておく。

案が自腹の発生率を押し上げているとみられる。担任や担当者であるからといって保護者の未納分や破損した備品の修繕費用を負担させるのを忍びないと思う校長らが、これを代わりに負担しているパターンではないだろうか。ヒアリングしたなかでは、管理職手当をもらっている責務だと語る校長もいた。

さらにもう一つあり得る自腹のパターンは、学校での保護者負担金の管理の側面に属する。多くの小・中学校では教材費や修学旅行の費用はもちろん、給食費についても保護者から集金したお金を校長個人名義の銀行口座で管理していることが多い。この方式を私会《しかい》計《けい》という。この私会計による徴収金の管理方式を採っていると、保護者の未納分があっても、校長個人名義の銀行口座から教材代や修学旅行の代金、給食の食材料費を支出することになる。その結果、年度末まで未納が続くと、残高不足の状態となり、支払いができなくなる。未納を回収するか自腹を切るかという選択を迫られる（コラム「校長の自腹」も参照）。

このようにみてくると、校長ら管理職層になっても、職務の変化と合わせて自腹の種類は変わりながら自腹はなくならないままであることが推測できる。[*49] しかも校長ら管理職層はその行動範囲が広く、所掌する職分が広くなる分自腹の金額も上がりやすいのだろう。**一般の教員にとってだけでなく管理職層にとっても自腹は切実なものであること**がわかる。

＊49—参考までに、旅費及び弁償・代償のための自腹の職別の理由について一覧表を掲載する（図表42〜43）。

図表42［注49参照］旅費に関わる自腹の理由（職別）

	経験者数	手続きが不要で気軽	意義を感じる	校内に「自腹」を当然とする雰囲気がある	やむを得ない事情があった	強制があった	その他
小）管理職層	24人	12件 50.0%	2件 8.3%	3件 12.5%	8件 33.3%	1件 4.2%	4件 16.7%
小）正規教員	122人	45件 36.9%	4件 3.3%	47件 38.5%	28件 23.0%	15件 12.3%	11件 9.0%
小）非正規教員	9人	0件 0%	0件 0%	4件 44.4%	3件 33.3%	2件 22.2%	1件 11.1%
中）管理職層	23人	9件 39.1%	7件 30.4%	6件 26.1%	8件 34.8%	1件 4.3%	4件 17.4%
中）正規教員	175人	53件 30.3%	13件 7.4%	78件 44.6%	34件 19.4%	14件 8.0%	19件 10.9%
中）非正規教員	12人	3件 25.0%	0件 0%	2件 16.7%	5件 41.7%	0件 0%	3件 25.0%
事務職員	19人	6件 31.6%	2件 10.5%	4件 21.1%	10件 52.6%	0件 0%	1件 5.3%
合計	384人	128件 33.3%	28件 7.3%	144件 37.5%	96件 25.0%	33件 8.6%	43件 11.2%

図表43［注49参照］弁償・代償のための自腹の理由（職別）

	経験者数	手続きが不要で気軽	意義を感じる	校内に「自腹」を当然とする雰囲気がある	やむを得ない事情があった	強制があった	その他
小）管理職層	9人	2人 22.2%	0人 0%	1人 11.1%	5人 55.6%	2人 22.2%	0人 0%
小）正規教員	25人	10人 40.0%	1人 4.0%	7人 28.0%	11人 44.0%	2人 8.0%	1人 4.0%
小）非正規教員	5人	2人 40.0%	1人 20.0%	1人 20.0%	2人 40.0%	0人 0%	0人 0%
中）管理職層	7人	3人 42.9%	1人 14.3%	1人 14.3%	4人 57.1%	0人 0%	0人 0%
中）正規教員	20人	6人 30.0%	1人 5.0%	7人 35.0%	8人 40.0%	0人 0%	0人 0%
中）非正規教員	0人	- -	- -	- -	- -	- -	- -
事務職員	3人	2人 66.7%	0人 0%	1人 33.3%	0人 0%	0人 0%	0人 0%
合計	69人	25人 36.2%	4人 5.8%	18人 26.1%	30人 43.5%	4人 5.8%	1人 1.4%

第4節　非正規教員の自腹の実態

公立小・中学校における非正規教職員は、2021年度の時点で教職員全体の17・5％を占めているとされる。*50 今回の調査では全体の1割しか非正規教員に回答いただくことはできなかったが、実態としては非正規教員の自腹の存在はもっと重要視されてよいはずだ。第5章で、非正規教員の授業に関わる自腹の発生率が、学校種により大きな差があることを指摘した。具体的には、小学校の非正規教員の場合は82・7％（52人中43人）であるところ、中学校の非正規教員では46・2％（52人中24人）である。小・中学校共通の背景としては、非正規教員、特に非常勤の場合は、そのために、公費の執行や要望提出に関わる手続きが十分に周知されておらず、公費での教材や材料購入について知識がない、ということが考えられる。しかし、それでもなお、これだけの自腹発生率の格差がなぜ生じるのか。中学校の場合は、基本的に教科担任制で、非正規教員であっても常勤であれば自身の専

＊50―山﨑（2023）149ページを参照のこと。

門教科の教科部会に所属している。なかには、非正規教員であっても教科主任を担当しているケースもある。そのため、たとえば1年生の理科の授業で行う実験で使用する試薬や消耗品などはその教科部会であらかじめ計画され準備される。そこで一人だけ実験のために自腹を切る余地は生まれにくい。いわば、中学校では非正規教員がこうした教材整備や学校財務マネジメントの手続きのなかに組み込まれる度合いが高いため、相対的に自腹が起こりにくいのではないか。

他方で、小学校の場合は、基本的に学級担任制で、非正規教員が学級担任をしているか否かにかかわらず、その授業の準備が非正規教員自身に委ねられるところが大きいことがその背景にある。学級担任をしている場合、担当学級の基本的にすべての教科の授業を計画し、実施していく。あらかじめ家庭から費用を徴収していたり必要な物品の持参を求めていたりすればよいが、それが間に合わない場合には自ら自腹を切って準備すれば授業に間に合わせることができる。他の学級の教員も、学級間に極端な格差が生じることであれば指摘するだろうが、そうでなければ他の学級での授業の内容・方法には口出しをしないだろう。学級担任を行っておらず、専科などのような形で働いている場合は、家庭から自由に費用を徴収できない分、より自腹の誘因は高まる。また、「管理職には専科教員が使えるお金を出して欲しいと訴えているが改善なし、言い難い雰囲気である」（小学校・正規教員、女性）という自由記述にあるように、専科を担当するだけで学校財務マネジメントからはじき出される学校もあるようだ。

　こうしたことから、自腹発生率が小学校のほうが高まりやすいのだと考えられる。しかし、正規雇用の教員と異なり、非正規教員の場合は低賃金となることが多く、そこに自腹が重なると雇用・労働形態によっては、相当負担感は重くなるだろう。なかには「備品で購入すると異動の際持って行けないので、自費で購入した」（小学校・非正規教員、女性）との声もあるが、異動後に同じ学年、同じ教科で同じ時期に授業を担当できるかどうかは保証されていない。そう考えれば、**非正規教員こそ公費の使用法が十分に周知され、学校財務マネジメントの主体の一人として組み込まれてしかるべき**ではないだろうか。

第5節 高額自腹の中身

今回調査で、これまでの教職員人生における自腹のトータル額、その最高は「2,500万円」(中学校・正規教員、男性)だった。他にも、「1,000万円」の人は1名(中学校・管理職層、男性)、「500万円」の人は学校種、職種、性別を超えて9名だった。一番高額だった方を仮にA先生としよう。

「2,500万円」の自腹の内訳や経緯がどのようなものか、A先生の回答だけからは十分に明らかにできないので、他の高額自腹となっている回答も併せつつ、「高額自腹の教員は、何に自腹を切っているのか」を明らかにしていきたい。

まず、A先生は2022年度の自腹の事例でどんなことを挙げているか。授業に関わる自腹では「デッキ」(1万円以上5万円未満)、部活動では集団演技や集団演奏以外の文化部を担当して、「楽器」(5万円以上)を購入しているようだ。旅費では「タクシー」が必要となった場面でその費用を負担している(500円以上1,000円未満)。確認しておかなければいけないのは、これはあくまで一つの事例に過ぎず[*51]、2022年度で一番高い自腹とも限らないし、一番頻度が高い自腹とも限らないことだ。これ以外にも事例として挙げられていない、A先生自身が思い出せない自腹があって当然である。それらをすべてくくったときに、「これまでにおよそ2，500万円を負担している」とA先生自身が思ったので、この回答になったと考えられる。

その他の高額自腹といえるような回答内容をみていくと、授業に関わる自腹でもレーザーポインターや高性能タブレット、CDラジオなどのデジタル機器、子ども一人ひとりに対応した教材や手作りの教材などを準備する際の費用、そして図書や研修関係費用の自腹は半数近くの高額自腹の回答者が挙げていた。「パソコンもCDも買ってきた。パソコンは個人でも使うがほとんどが、仕事用だった。今まで7台以上買い替えている」（小学校・非正規教員、女性）という具体的な自由記述もあったが、こうした例はきっとこの回答者だ

＊51―質問紙調査では「Q10 昨年度（2022年度）におけるあなたの『自腹』についてお聞きします。あなたが昨年度に『自腹』をしたものを以下の選択肢からすべて選んでください。（いくつでも）1．授業 2．部活動 3．旅費 4．弁償・代償 5．その他 6．『自腹』はなかった」と質問し、2022年度の自腹経験の有無をカテゴリ別に答えてもらった。この質問で「自腹の経験あり」と答えた人については、その具体例（名目）を挙げてもらった上で「〔前問〕で答えた○○に関わる『自腹』のおおよその金額を教えてください」「〔前問〕で答えた○○に関わる『自腹』の経緯を教えてください」と質問し、2022年度の自腹の事例を一つ思い出して答えてもらった。

けではないだろう。よりよい授業や専門性の向上をめざしていけばいくほど、経済的負担がかかるのだ。

部活動に関わる自腹では、挙げられている事例にはあまり共通項がみられず、部活動や練習のための本人の衣類・用具、部活動で部員らが使用する物品、練習試合や大会への交通費、審判の資格取得のための費用、部員にふるまう飲食物の購入費など多岐にわたっている。回答のなかでは挙がってこなかったが、X（旧Twitter）上の「#教師のバトン」投稿や筆者が聞いたなかでは、部活動の引率や荷物の運搬のため「ワンボックスカー」を買う、引率のために「レンタカーを借りたら」と促される、業務中にぶつけられたりした場合も含め車の購入・維持・メンテナンスなどの全て、引率のための「大型免許取得費」などの自腹経験が語られている。それこそ、車を購入し維持をしていくことを考えればそれだけで数百万円にかけることの台数分の自腹が発生することになる。

旅費に関わる自腹も、その事例は多岐に上る。家庭訪問や研修、部活動のための交通費などはもちろんだが、「遠距離通学生徒が通学用バスに乗れないときの送り」や「病気の生徒を家まで送り届ける」など校区が広い場合や突発的な事態で自家用自動車（ガソリン代や駐車場代）を使っている事例が目についた。*52 特に校区内など距離が近いとそもそも旅費が支給されない仕組みのところが多いために、「不登校生徒の家庭への訪問」「問題行動があった児童への放課後の指導」など日常的あるいは非日常的な家庭訪問や指導における交通費や駐車場代などがすべて自腹となっていることが高額化につながっているようだ。それに加え、遠方への研修や会議への参加のための交通費・宿泊費・参加費が多い人、修学旅行やその下見などの機会が多く、そこで自腹が発生する人は、旅費だけでもかなり多額の自腹額になる。

弁償・代償のための自腹は高額自腹者でも２０２２年度の事例は少数だったが、「生徒同士のトラブルによる物品破損弁償」や徴収金未納者分の代償などが挙げられている。今回の調査では２０２２年度間の弁償・代償のための自腹発生率自体はそれほど高いものではなかったが、ＳＮＳ上ではかなり高額な事例が報告されている。「調理実習費」で20万円立替、徴収金未納４万円分を立替なども十分高額だが、やはりプールの漏水について担当教職員に数百万円の弁償を教育委員会に求められたような事例は自腹額の桁が違う。[*53] 弁償・代償のための自腹は浮き彫りになりにくいということもあるだろう。しかし、何らかの理由で経済的損失が発生すれば、それを自ら補填している教職員が実際にいるようだ。

以上のように高額自腹の例を並べてみると、Ａ先生の「２，５００万円」という額が決

＊52―本来は教職員の自家用自動車に子どもを乗車させること自体が服務上、大きな問題と指摘され得る。
＊53―ＮＨＫ「川崎 小学校プールの水出しっぱなし 教員へ賠償請求どこまで？」（https://www.nhk.or.jp/shutoken/yokohama/article/015/94/）２０２３年９月22日。数十万円から数百万円に及ぶ弁償が行われた事例が示されている。

してあり得ないものではないということがわかる。**日常的に生じる立替払い、突発的に負担せざるを得なかった費用、通勤や給食などでも日々生じるお金に加え、デジタル機器だけでなく車や機材など大物物品の購入を始めれば自腹額は増え続ける**のだ。

〈参考引用文献〉

- 青柳健隆ほか「運動部活動顧問の時間的・精神的・経済的負担の定量化」日本スポーツ産業学会『スポーツ産業学研究』27(3)号、2017年、299-309頁。
- 内田良「統計から見る部活動指導者の意識」東海体育学会『スポーツ健康科学研究』44号、2022年、1-9頁。
- 別所孝真「中学校における部活動にかかる費用についての一考察」北海道大学大学院教育学研究院・教育福祉論研究グループ『教育福祉研究』23号、2019年、63-91頁。
- 森均「高等学校の校長の働き方について——1年間にわたる『校長の行動日誌』の集計結果を示したアンケート結果をもとに」『摂南大学教育学研究』19号、2023年、37-48頁。
- 山﨑洋介「非正規教員とは誰のことか？　どのように増えているのか？」山﨑洋介ほか編『教員不足クライシス——非正規教員のリアルからせまる教育の危機』旬報社、2023年、149頁。

校長の自腹　管理職という立場と自腹

「とりあえず、わたしが立て替えます」。そうするしか選択肢がなかった。結果としては一時的かもしれないけど、戻ってくる保証のない自腹は30万円にも及んだんです――。A校長は、息を荒らげながら当時を振り返ってくれた。

校長としては初めての着任校であった。その高額自腹を切ったB校に着任して1年目の年度末、職員室では補助教材費の決算処理が進んでいた。1・2年は修了式まで、3年はそれより前の卒業式までに決算を保護者に示す必要がある。A校長が自腹を切ることになったのは、3年の未納分を補填するためだった。

A校長は続ける。

「その学年は未納と真剣に向き合わず、みてみぬふりをしていたんです。その結果がこれですよ」

どうやら、その学年は1年のときも2年のときも〈未納金と向き合わず〉〈集金した残金も返金せず〉に3年間を終えようとしていたようだ。当然、残金を繰り越すだけでなく、〈未納金〉も繰り越されている状態にあり、それは大きく膨れ上がっていた。収拾がつかなくなったのは、卒業式の前週……。しかも該当学年からではなく、一緒にB校へ着任した事務職員からの報告であった。その事務職員曰《いわ》く、年末辺りから学年主任と未納情報を共有しながら、回収の必要性と逼迫《ひっぱく》性を訴えていたようだが、学年職員にはその危機的状況が伝わっていなかったようであった。

迫る卒業（期限）に向けて、どうしていくべきかという手段を考えていた矢先のこと。

A校長の顔は険しくなる。

「とりあえず、学年主任を呼び出し、状況を確認したんです。そしたら、なんとわたし（校長）の決裁を経ずに保護者へ決算書を配付してしまっていたことが発覚した。それだけでも問題なのに、未納金が納入された状態＝ある意味理想（想像）の決算書を通知していたのです」

　それには各家庭への返金額も書かれているし、振込日もある。当然、未納状態ではそれを実行できない。決算書の訂正を配付しようとも考えたが、卒業式も迫っていた。また、完納している家庭への返金を待たせるわけにもいかないし、卒業後に口座を解約されてしまっては返金手続きも困難になると考えた。結果、キャッシュカード片手に30万円を引き出した。後日談だが、学年職員総出による未納回収で、十数万円は戻ってきたが、残りはうやむや……。

「こんなことになってしまうなんて。わたしはあのとき、どう対応していたらよかったんでしょうか……」

　A校長はうつむいた。

第3部

自腹の解決策

柳澤靖明　埼玉県川口市立青木中学校事務主幹　執筆

第7章 学校財務マネジメントの確立と意識改革

第1節 学校財務マネジメントとは

第2部で確認したように、本調査の回答者1，034人中784人（75.8％）が一年間で自腹を経験していた。8割弱となる自腹を解消するには、学校財務*54をマネジメント*55することが必須であると考える。本章以下では、その方法を述べていきたい。

具体的には、今までみてきた各種事例や調査結果から解決策を探ってみよう。それらをおおまかに要約すると「欲しいものがあっても買ってもらえない」「お金がないと断られる」

「保護者に負担させるようなものでもないから自腹を切るしかない」「どこまで事務職員にお願いしていいかわからない」などということがわかった。

ここから物品購入における手続きの体制が確立されていないこと、令達予算[*56]や校内予算編成の過程が明らかにされていないこと、公費[*57]と私費[*58]の執行に関する考えが共有されていないこと、などの校内事情が想像できる。このような状態から自腹は発生していく。そのため、逆にこの状態を改善すること＝**マネジメントの視点を取り入れることで自腹は抑制できる**だろうと考える。

＊54―学校財政（学校における収入と支出）の事務をいう。本書の射程としては、補助教材や部活動にかかる費用及び旅費の収支事務である。

＊55―事務を処理するだけではなく、評価や分析、改善などの視点を取り入れること。具体的には、経営資源（ヒト・モノ・カネなど）を効率的・効果的に活用し、目標（学校でいえば、学校教育目標）の達成をめざすことである。

＊56―各学校は自治体の財政当局から直接予算が配当されるわけではなく、教育委員会に分配された予算のなかから使用可能な額が通達される。その執行について命令された予算のこと。

＊57―「公」的なお金、財源は税金である。

＊58―「私」的なお金、財源は保護者負担金を主とするが、教職員の自腹もここに含まれる概念である（柳澤２０２２b：１２６頁）。

1　学校財務マネージャー

まず、学校財務という業務はだれが担うべき校務分掌[*59]なのかという話から入ろう。財務という名称から「事務職員は、事務をつかさどる[*60]」と法律で規定されている事務職員が担うべきだと単純に導くこともできる。また、文部科学省が通知している「事務職員の標準的な職務の内容及びその例」を使った説明も可能である。[*61]そこでは「財務」（大分類）の職務に「予算・経理に関すること」という小分類を設け、具体的には「予算委員会の運営」「予算の編成・執行に関する事務」「契約・決算に関する事務」「学校徴収金に関する事務」「補助金・委託料に関する事務」「監査・検査に関する事務」と例示している。また、それとあわせて「総務」（大分類）の職務として「旅費に関する事務」も定められている（**図表44**）。

＊59―校務をつかさどるのは校長である（学校教育法第37条第4項）。その校務を「調和のとれた学校運営が行われるためにふさわし」く「分掌」する「仕組みを整える」ことが定められている（学校教育法施行規則第43条）。
＊60―学校教育法第37条第14項。
＊61―文部科学省「事務職員の標準的な職務の明確化に係る学校管理規則参考例等の送付について（通知）」令和2年7月17日（https://www.mext.go.jp/content/20200717-mxt_syoto01-000001234_4.pdf）

図表44
文部科学省
「事務職員の標準的な職務の内容及びその例」の一部

区分	職務の内容	職務の内容の例
1 総務	就学支援に関すること	就学援助・就学奨励に関する事務
	学籍に関すること	児童・生徒の転出入等学籍に関する事務 諸証明発行に関する事務
	教科書に関すること	教科書給与に関する事務
	調査及び統計に関すること	各種調査・統計に関する事務
	文書管理に関すること	文書の収受・保存・廃棄事務 校内諸規定の制定・改廃に関する事務
	教職員の任免、 福利厚生に関すること	給与、諸手当の認定、旅費に関する事務 任免・服務に関する事務 福利厚生・公務災害に関する事務
2 財務	予算・経理に関すること	予算委員会の運営 予算の編成・執行に関する事務 契約・決算に関する事務 学校徴収金に関する事務 補助金・委託料に関する事務 監査・検査に関する事務

（文部科学省通知、別表第一より）

これらのことから、学校財務は事務職員が担う分掌（校務分掌）とされていることが一般的であるといえる。しかし、それはマネジメントをしていることと必ずしも同義ではなく、財務に関してもマネジメントの部分は、校長や教頭といった管理職が担っている可能性も考えられる。その辺りを次の書籍から検証したい。

たとえば、学校マネジメントという総則論理に対する各則として、学校財務のマネジメントを語ったり（末冨 編、２０１６）、制度や政策とそれをあわせて語ったり（本多 編、２０１５）している書籍もあるが、多くの書籍ではマネジメントに関しても事務職員が主導していくことを想定して書かれている（現代学校事務研究会 編、２０１２・２０１４／柳澤、２０１９／藤原ほか 編、２０２２／柳澤 編、２０２２bなど）。また、事務職員についてお金などの教育資源を活用する「リソースマネジャー」（藤原、２０２０、３頁）と表現されることもある。

以上のことから、本書では事務職員が学校財務を担当し、マネジメントも担っている（いく）ことを前提にして、学校財務マネジメントと自腹抑制の関係を提案していく（学校財務担当者&学校財務マネージャー＝事務職員であるという前提で実践を構成する）。

本書の読者が事務職員ならマネジメントをそのまま参考にしてほしい。それ以外の教職員であるならば、事務職員へ提案したり、ともに実践を進めたりしながら自腹の抑制に役立ててほしい。管理職の場合は、学校マネジメントとの関わりを考えたり、事務職員の働き方を見直すきっかけにしたりしてほしい。また、教育行政の担当者であれば、教育財政*62との関わりや学校財政を監督する立場から現場への指導助言に役立ててほしい。

学校財務をマネジメントすることにより、**学校から自腹をなくす基礎条件が確立し、公費の効率的・効果的な執行、そして私費負担（保護者負担分）の抑制にもつながっていくことが期待できる**と考える。

2　学校財務マネジメント

「R-PDCAサイクル＋B」によるマネジメントの方法

それでは、学校財務マネジメントの方法を説明していこう。前述した書籍にもさまざまな方法の紹介はあるが、本書では拙論を基本に子どもの「教育を受ける権利を保障するために『主体的・対話的で深い』」実践モデル（柳澤、2019・2022a）＝学校財務マネジメントの実践モデルを紹介していく。しかし、主語を事務職員に置いた個人的な実践紹介で

＊62―学校だけではなく生涯学習の領域、文化やスポーツ振興にかかる財政を含めた概念として使用している（教育委員会が所管するすべての業務にかかる財政）。

はなく、あくまでもモデルケース＝普遍的に再現性を重視しながら紹介していくため、各学校の状況に合わせて調整してほしい。

まず、事務職員に対する意識づけである。「主体的・対話的で深い」とは、事務職員に学校財務を通して教育活動を支えているという認識とその「主体」性をもたせ、同時に事務職員の独りよがりな実践とさせないように授業担当者や管理職、保護者や地域住民との「対話」を重視させることが基本ベースとなる。

学校財務実践を「①予算・②執行・③教材評価・④活動評価・⑤決算」と整理した場合、このうち①・②・⑤の実践は各地にみられるが、③と④の「評価」実践は少ないことが明らかにされている（福嶋・柳澤、2020）。そのため、「評価」実践を加え、それを定着させることで「深さ」が加わると考える。この一連の学校財務マネジメントモデルを「主体的・対話的で深い実践」と呼んでいる。これは、「主体的・対話的で深い学びの視点」からの授業改善をめざした現行学習指導要領、そのマネジメント方法を説明した「カリキュラム・マネジメント[*63]」にも通じていることであり、同時に提案されているその実施手順[*64]にも近い視点がある。

カリキュラム・マネジメントにおいても「評価」の重要性は語られているため、学校財務マネジメントとしても「深さ」を加えることは、カリキュラムとの牽連性などからも意義深く、効果も高いと考える。具体的には、ＰＤＣＡサイクルを精緻化した「Ｒ－ＰＤＣＡ

サイクル＋B」（柳澤、２０１９、18-19頁）による実践の展開である。
図表45のように調査［Research］から派生した計画［Plan］、執行［Do］、評価［Check］、改善・調整［Action・Adjust］というマネジメントセクションと、そのサイクル全体を支える土台［Base］づくりを加えた実践であると説明できる。

「R-PDCAサイクル＋B」のスケジュール[65]

それでは「R-PDCAサイクル＋B」の実践スケジュールを俯瞰《ふかん》していこう。4月に人事異動が実行され、学校（教職員）は新しい体制に生まれ変わる。校長から教育目標[66]の提案とその実現に向けた経営計画が述べられ、それと同時に各種年間計画（国語科年間指導

＊63―「児童や学校、地域の実態を適切に把握し、教育の目的や目標の実現に必要な教育の内容等を教科等横断的な視点で組み立てていくこと、教育課程の実施状況を評価してその改善を図っていくこと、教育課程の実施に必要な人的又は物的な体制を確保するとともにその改善を図っていくことなどを通して、教育課程に基づき組織的かつ計画的に各学校の教育活動の質の向上を図っていくこと」（『小学校学習指導要領（平成29年告示）』18頁）

＊64―『小学校学習指導要領（平成29年告示）解説 総則編』43-45頁。

＊65―詳細は、柳澤（２０１９、18-44頁）を参照。

＊66―教育基本法第2条「教育の目標」ではなく、それらを受けて定める「学校教育の目標」――［かんがえる子、やさしい子、たくましい子］――いわゆる知・徳・体に沿った目標のようなものである。

計画や学校保健全体計画など）がそれぞれの担当から提案され、検討されていく。ここで、事務職員から「R-PDCAサイクル＋B」に沿った、学校財務全体計画の提案とともに物品購入希望調査［Planに対するResearch］を実施する。このとき、前年度の残された課題や購入を見合わせていたものなど（前年度からの引継ぎ）も同時に共有しておく（教科指導等における財務面の引継ぎ）。その後、調査結果を基にした予算執行計画［Plan］の素案を作成し、予算委員会[*67]などの校内組織による検討を経て、職員会議などを利用し、全体に提案する（5月）。そして、執行段階［Do］では、その執行に対する説明や想定される効果などを果たせるよう、公費と私費を計画的・効率的に執行していく（通年）。また、同時に研修を実施したり、「財務だより」（柳澤、２０２３、58-59頁）などを利用し、執行状況の共有や情報の発信をしたりしていくことで知識や情報の定着を促し、実践の土台［Base］を形成していく（随時・通年）。

前期の教育課程が終了した10月頃、中間ヒアリング［Planに対する評価］を実施する。子どもの実情に合わせて指導計画と財務計画（予算執行計画）を見直し、予算の補正が必要な

＊67―企画（運営）委員会や生徒指導委員会などと同列で学校財務領域を扱う組織である。前述した文部科学省通知「事務職員の標準的な職務の内容及びその例」では、その運営を事務職員が担うとされていたり、一般社団法人日本教材備品協会ＪＥＭＡが作成している「教材整備促進リーフレット」（http://www.jema.or.jp/publish/tmp）でも、予算委員会の設置は推奨されていたりしている。

図表45 学校財務マネジメントの概念図

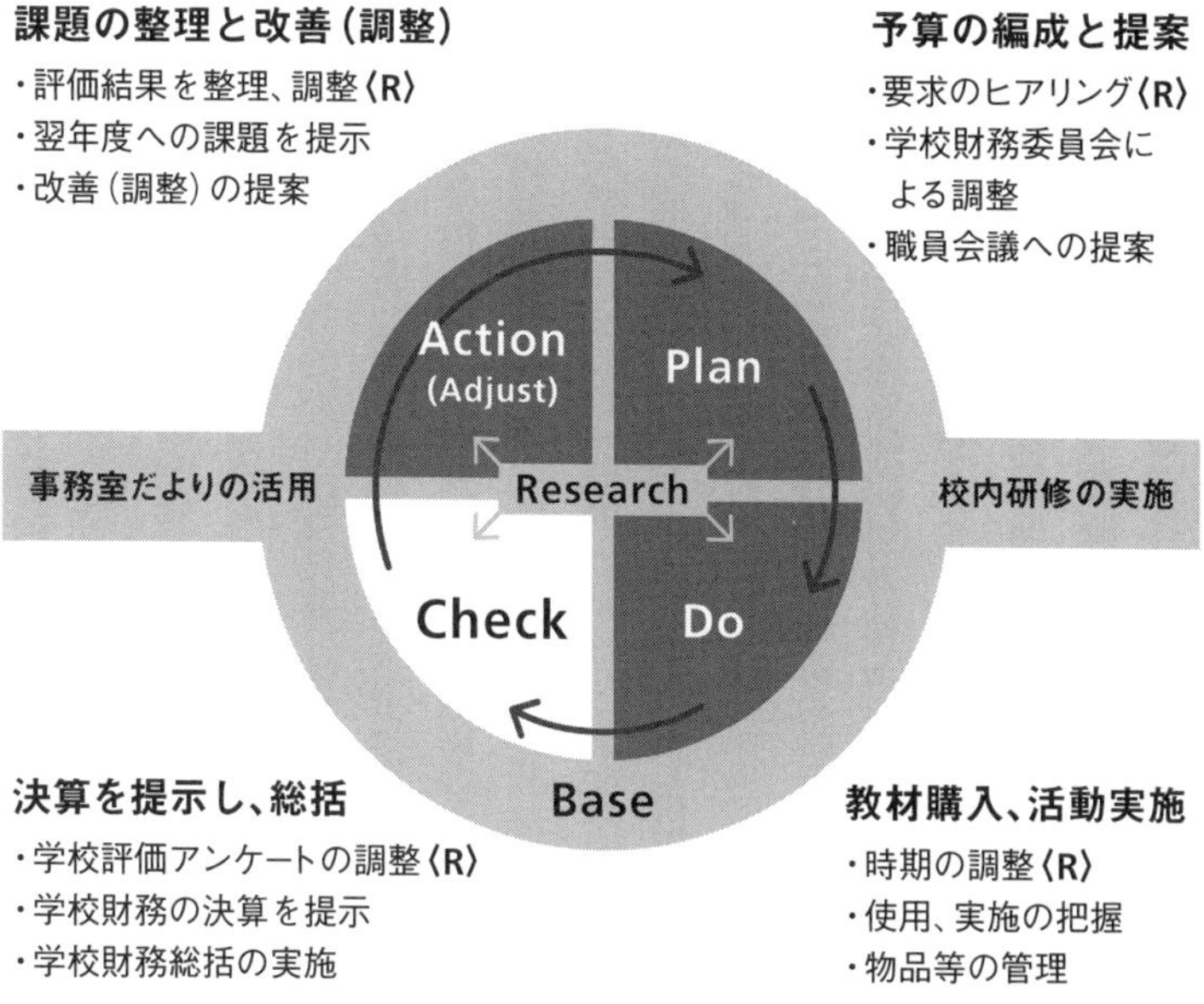

「CAP-D（キャップドゥ）サイクル」（田村、2016、69頁）による
「R-PDCAサイクル＋B」・筆者作成

場合は検討する作業である。また、別の視点として、翌年度に向けた予算要求のヒアリングも同時にしておく。12月前後から、執行段階の評価［Doに対する評価］を始めていく。まず、すべての学校で実施されている学校評価を活用して財務の総合的な評価と結果の検証、概括的な改善策を提案していく［Action・Adjust］（自己評価に向けた教職員アンケートや保護者アンケート、子どもアンケートなども活用できる）。*68 2月前後には個別的な評価、すなわち購入した物品すべてに対する効果の検証「教材等費用対効果検証」（柳澤、2019、109-110頁）を実施する。

年度末には、学校財務を総括する［Check → Action・Adjust → Plan］。評価実践で抽出された課題を改善（調整）し、翌年度の計画（素案［Plan］）を立て職員会議や校内研修で提案する。それと同時に、客観性・透明性を高めることなどを目的に学校関係者評価*69とも関連づける［Checkに対する評価：メタ評価］。

以上、「R-PDCAサイクル+B」の展開により、学校財務領域がマネジメントされ、その価値が「スパイラルアップ」（田村、2016、68頁）されていく（図表45）。

学校財務をマネジメントサイクルに乗せることで、**個別ヒアリング、組織による検討の機会や過程を確保できる**。その結果、教職員の協働性が高まり、実践も深まる。この学校財務マネジメントは、補助教材費や部活動費を中心に捉えたモデルケースであるが、このことは旅費に関する事務をマネジメントする場合でも同様に考えられる。

3　旅費に関する事務への置き換え
——「R-PDCAサイクル＋B」旅費の場合

旅費に関する事務を「R-PDCAサイクル＋B」にあてはめてみよう。基本的には、「2 学校財務マネジメント」で説明した補助教材費や部活動費の方法で読み替えが可能であるため、旅費に特化した部分のみ説明を加えていく。

まず、前年度ベースでおおまかな旅費所要額を調査［Research］する。その後、予算執行計画［Plan］の作成、校内組織を経て全体に提案する（5月）。執行段階［Do］では、旅行方法や行程に注意しながら旅費の計算や支給をしていく（通年）。早いうちに研修の時間を設け、旅費に関する規則や規程、実際の計算方法などを周知したり、執行状況の共有などをしたりすることで、土台［Base］づくりができる（随時・通年）。10月には前期の検証

*68—文部科学省「『学校評価ガイドライン』の改訂について」(https://www.mext.go.jp/a_menu/shotou/gakko-hyoka/1295916.htm)

*69—注68によれば「保護者、地域住民等の学校関係者などにより構成された評価委員会等が、自己評価の結果について評価することを基本として行う評価」をいう。

と後期に向けた調整をヒアリング〔Planに対する評価〕し、旅行命令権者（校長など）と共有しながら、増額申請や減額補正をしていく。部活動に関しては、上位大会への進出により、年度初めでは所要額が把握できないイレギュラーな出張も出てくる。それが原因で予算不足になることもあるだろう。学校の実情に合わせた計画の見直し、予算の補正が必要になってくる。旅費も公費であり、無尽蔵にあるわけではないが、消耗品費などと比べて増額申請に対応してくれる自治体もある。学校の実情を正確に示すためにもマネジメントは重要になってくるし、事務職員だけでは知り得ない情報を得ながら進めていくためにも学校全体として取り組むこと、マネジメントの一環に旅費も加えて捉える意識が必要である。

そして年度末には、執行段階の評価〔Doに対する評価〕を実施する。このとき、修学旅行などの校外活動について旅費（公費）だけではなく、同時に家庭負担の部分（私費：修学旅行積立金など）についても振り返る（評価する）ことで、翌年度への改善・調整案を同時に検討し、抽出することができる〔Action・Adjust〕。最後に、旅費に関する事務の総括〔Check→Action・Adjust→Plan〕として、旅費の決算を示し、学校関係者評価に乗せていく〔Checkに対する評価〕。

以上のように、旅行命令に従事する形で右から左へと請求を流していくだけではなく、**マネジメントサイクルに乗せることで、みえにくい出張に伴う費用（交通費のみならず、そ**

れに付随しているが自腹となっている費用など）がみえてくることもある。また、**慣習によって自腹をしている意識がなくなっている状態からのリカバリー効果として、自腹をしているという当事者意識の回復にもつながる**だろう。その結果、旅費に関わる自腹に対する感覚も変化し、その抑制機能や歯止めとしての効果が高まると考える。

第2節 マネジメント効果による自腹の抑制

本節では、学校財務マネジメントを機能させることにより、自腹の抑制にどのような効果が期待できるのか検討していく。具体的には、「R-PDCAサイクル+B」の各段階と自腹の抑制効果をまとめていこう。

①Researchの効果（調査↕要求・要望という手続きを組み込んだことによる効果）、②Plan・Planに対する評価の効果（令達予算や校内予算編成の過程を明らかにしたことによる効果）、③Baseの効果（研修などにより、情報を発信したり知識を補ったりしたことによる効果）、④Check・Checkに対する評価の効果（振り返りや検証の重要性を意識づけ、定着させたことによる効果）に整理し、自腹に至る経緯とその抑制効果を考えていく。

マネジメント機能により抑制できる自腹は、積極的自腹（満足した自腹）と消極的自腹（不満が残る自腹）の一部であると考える。

1　Researchの効果
――手続き体制の確立

一般的には、欲しいものや必要なものがあるとき、それを買おうとしてそれが販売されているお店に向かうだろう。現代社会では、わざわざ足を運ばなくとも自宅からインターネット検索し、手元操作による発注も可能となっている。一人暮らしなら、必要なときに必要なものを購入できるが、生計をともにしている他者がいるときは場合によって、その人たちとの購買コンセンサスも必要だろう。

このように、私生活で必要なものを手に入れたいと考えたとき、そのルート（手順）とルール（約束）は一般化されている。しかし、学校に置き換えた場合、そのルートとルールは確立されているだろうか（手続き体制）。確立されていない場合に起こり得ることとして、自腹という選択肢が出現する。自腹が発生してしまうパターンとして、生活上必要なものの購入と同じルートとルールにより、買い物をしてしまう場合が考えられる。公費の執行ルールとして、基本的には現金による事後精算はできないし、ルートとして決裁手続きも必要である。*70

この自腹は、校内で物品購入に関する手続き体制が確立されていない（調査と要求・要望という行為が満たされていない）場合において、必然的に起きてしまう。欲しいものや必要なものがあるにもかかわらず、校内でその調査もなく要求・要望も叶わないからである。本調査では「手本を見せるための絵具は、やっぱり自分で用意しておかないと……と思って自分で買った」「模擬授業をする際の教材を買った」「自分で予習用、子供に見せる用に買った」という回答があった。

義務教育諸学校であれば、校内に購買所があるところは少ないだろう。仮にあったとしても授業で必要なもの（文房具以外の教材など）が売られているとは考えにくく、校内で準備することは叶わない。インターネットにつながる校務用のパソコンくらいは学校にありそうだが、インターネットショップを自由に使える状態になっていない限り、決済（支払いの完了）ができない。学校名でアカウントが登録され、学校名義のクレジットカードも登録されている――そんな状況は考えられない。そのため、自分のアカウントでログインし、買い物をしてしまう＝自動的に自腹が発生してしまう。それは自宅でも、自分のスマートフォンでも同じことではある。

物品購入におけるルートとルール（手続き体制）が確立されていないこと――それが、自腹を引き寄せる第1段階の問題といえる。ルートとルールがあったとしても事務職員とその周辺、広げても管理職とその周辺のみで展開されているだけでは、自腹を抑制させている可能性は低いといえるだろう。

学校財務マネジメントが確立していれば、**調査［Research］という行為が保障されるため、要求・要望の機会が確保される**。どのようなルールに従えば、自分の欲求を満たすことができるかというルートも共有されている状態である。さらに、共有されているルールやルートに乗らないようなイレギュラーが発生したとしても、学校財務全体計画の提案者＝事務職員というつながりが共有されていれば、相談窓口も確立されていることとなり、自腹を切る前にワンステップが踏めるだろう。

自腹の抑制、その入り口（第1段階）としてルールとルートを確立することにより、〈欲しいから自分で買う〉という自腹を促進させてしまうベクトルだけではなく、〈欲しいから担当者に相談する〉という自腹を抑制させるベクトルが誕生するのである。

第1段階といえるこの問題は多くの学校でクリアされていると想像できるが、次節（第3節「ヒト、モノ、カネへの意識改革」）の「意識」と絡めて考えると、表面上だけクリアされている可能性がなくもない。たとえば、ルートやルールが厳しすぎること（決裁ルートやルールの煩雑さや厳しさなど）による自腹の選択も考えられる。ルートやルールの問題は、他

＊70——序章でも述べているが、詳細は「第8章　学校財務制度の改善と教育行政との連携」第1節「自腹を誘引させる学校財務制度」を参照してほしい。

の問題と複雑に絡み合う可能性があるのだ。

旅費でも同じことがいえる。一般的には、旅費[*71]から拝観料や入場料などの支払いはできない。そのため、教育委員会に対して校外学習の承認（届）手続きと合わせた拝観料などの請求が必要となる。[*72]このルールやルートが確立されていない自治体もあると聞く。また、ルールやルートがあったとしても旅費担当者の周知不足や教員側の忙しさを理由に請求が間に合わないこともある。その場合、拝観料などを旅行当日に窓口負担するしかなくなり、それがそのまま自腹となってしまう。この手続きは、資金前渡[*73]で実施されることが多く、事後精算は不可能な場合がほとんどであろう。一般的なルールやルートではない事前手続きは知らない（教えない）とできない。

2 Plan・Planに対する評価の効果
——予算とその編成過程の明確化

事務職員や管理職に「もう、お金がありません」といわれた経験はあるだろう。「お金がない」という最終判断的な言葉にもかかわらず、年がら年中飛び交っている場合もある。お金がなければ欲しいものも買えない。それは周知の事実であるし、学校の予算は潤沢であるともいえない。本調査でも、教材や部活動など問わず「予算がない」という回答が目立っている。本当にお金がない可能性もあるし、数百万円もする高額な備品を二つ返事でOKすることは普通ないが、数千円程度であればどうなのか、本当にお金がなくて買えないのか……？　と首をかしげてしまうこともあるだろう。

このように、「1 Research の効果──手続き体制の確立」で説明した手続き体制が確立されている場合でも、購入可否の判断における根拠が示されず、事務職員の感覚的判断とも捉えられてしまうような状態では、やはり納得できないだろう。そこで納得できる説明を要求していくことこそ必要であるが、煩わしくなり、それが自腹を誘引してしまう事態となる。大切なことは、予算編成過程を理解した上で（これだけの予算があり、こういった目標に沿って執行計画を立てている結果）、それを買う「お金がありません」、その購入費を捻出することは難しい……というように、納得してもらうための情報を共有していくことが必要である。

＊71──たとえば、埼玉県が定めている職員の旅費に関する条例によれば、旅費とは「鉄道賃、船賃、航空賃、車賃、日当、宿泊料、食卓料、移転料、扶養親族移転料、旅行雑費及び死亡手当」とされている（第6条）。
＊72──校外で活動するときに、市内の場合「届」それ以外の場合「承認」が必要とされている自治体は多い。
＊73──事前に必要な経費を申請し、現金を前渡しして支払いをさせる制度である（地方自治法第232条の5第2項）。

こんな話を聞いたことがある。旅費の予算が底をつきそうになったときのこと。本来なら旅行方法（徒歩や自家用自動車など）は、旅行者本人が申請して旅行命令権者が認める流れである。しかし、旅費がなくなりそうだという話を聞いた校長は、お金のかからない旅行方法（徒歩や自転車）でしか旅行命令を発しないという話だ。そのため、実際は自家用自動車でガソリン代をかけた出張をしたにもかかわらず、自転車＝旅費なし＝自腹の発生となった。[*74] また、遠方で開催される研修については予算の検討もせず、お金がないからという理由で休暇による参加を強いているという校長の話も聞いたことがある。本調査でも「出張旅費が出ない研修」や「研究会」の旅費、「宿泊研修」では全額が支給されないという回答や「夏休みの民間研究団体への参加は、その年に出張が割り当てられる者以外には割り当てられないので、はらわざるを得ない」という枠が絞られている事例もあった。学校に還元される研修にもかかわらず、自腹の強制が生まれてしまうのだ（この問題も次節の「意識」と関係が深くなってくる）。第2部でも述べられているが、旅費に関わる自腹は、授業に関わるそれに次いで発生率が高くなっている。

物品購入の希望や旅費の執行における客観的な可否判断資料（予算やその予算編成過程の明確化）とその執行状況が説明（共有）されていない――それが、自腹を引き寄せる第2段階の問題である。事務職員と管理職、広げてもその周辺のみで展開されているだけでは、自腹を促してしまう。

学校財務マネジメントが確立されていれば、**予算編成［Plan］の段階で事務職員や管理職といった個々の感覚ではなく組織的な理解を経て、全体にその目的と効果が共有されている。**いわば、〈全体のコンセンサスを得ている予算〉という状態であるため、急に高額な備品が欲しい（遠方への出張がしたい）という要望は比較的起こりづらいと考える。また、そういった場合でも可能な限り中間ヒアリング［Planに対する評価］による調整の機会が確保されていると考えられる。全体で編成した予算を全体で執行していくという感覚が芽生えていけば、自腹を切りそうになったときでも〈自分がよければよい〉という理論に陥ることなく、その行為を抑制していけるだろうと期待できる。

3 Baseの効果
——情報や知識の共有と定着による土台の形成

それでは、第3段階の問題に移ろう。第2段階をクリアしたことで、客観的根拠がある

＊74——もちろん、届けた旅行方法（自転車）と違う旅行方法（自家用自動車）による旅行をしたという、別次元の問題もある。

説明をされたことにより納得し、予算的に購入が難しい状況は理解できた。しかし、それでも必要なものは必要という論理で自腹をしてしまうことも予想できる。本調査には、「自分で用意したい」「自分で持っておきたい」「100均でぱぱっと買いたい」「買ってもらうのがめんどう」「注文すると高いし時間がかかる」という回答も多い。これが、自腹を引き寄せる第3段階の問題として大きく立ちはだかっている。この問題を緩和させるためには、土台の形成［Base］が重要になってくる。

第2段階による根拠（予算の編成や執行状況）が納得できたとしても、個人的に自腹をしてしまう現象をどのように制止するかは難問であろう。それは、教員個人の専門性をどのように担保するかということと衝突するからである。教師の教育権には補助教材を選定する権限＝補助教材選定権が含まれるとされている（福嶋、2022）。そのため、教員の専門的知見で選定した補助教材などを使い、その専門性が発揮された授業を実施していくべきだという論理が起こる。しかし、そのすべてを実行できるほどの予算規模ではない。それは述べた通りであるが、そのために自腹をさせるわけにもいかないという葛藤もある。本調査から現状を整理すれば、自腹の経験者数が最多なのは授業に関わる自腹である。しかも、「ほぼ毎日」と回答した人も1・0%であるが6人も存在した。このように、第3段階の問題は第2段階までがクリアされていたとしても解決が難しい問題なのである。

旅費の事例

この問題は、旅費でも起こり得る。本調査では、指定された経路（もっとも安価）だと授業をしてからでは到底間に合わない出張命令があり、授業を優先するために違う経路で参加したため自腹が生じたという事例や、「時間が足りなく、タクシーを使わざるをえなかった」「時間を節約するために高速道路（筆者注：不支給）を利用した」という事例が報告された。

また、その他にも研修に参加するとき、公共交通機関を利用する行程だと6限の授業を自習にしなくてはならない。しかし、公共交通機関より旅費が高くなり、駐車場もコインパーキングの使用を想定しつつ、自家用自動車で向かえばギリギリまで授業ができる。公共交通機関で出張することと命じられているため、その方法なら自腹を切ることなく出張を終えられるが、授業を優先したいがために自家用自動車で出張をした、という場合は、満額が支払われない可能性は大いにある（さらに、虚偽の申請や命令違反まで上乗せされてしまう）。この場合も〈子どものため〉という伝家の宝刀が抜かれているとはいえないか。

「児童の最善の利益」[*75]を考えることは重要な視点であるが、それとこれとは別次元の問題だということを理解しておく必要がある。この問題は、虚偽の申請や命令違反に加えて自腹まで発生してしまう。学校は子どものためにある。しかし、〈子どものため〉や〈授業優先〉だから仕方がないと自腹や命令違反を正当化するのではなく、状況を整理して旅行方法を相談し、無理のない旅行命令に変更してもらうなどという行為も〈子どものため〉につながる。学校財務マネジメントが確立されていれば、管理職も相談に乗ってくれるだろうし、教員も相談という手段に気がつくと考える。

部活動の事例

第3段階では部活動に関わることも別にふれておこう。部活動には私費（保護者）負担が多い（柳澤・福嶋、2019）。それを後押ししている一つの理由に、部活動は教育課程外*76という立ち位置が影響していると考える。教育課程の外にあることだから、公費ではなく私費＝受益者負担という前提で保護者が負担する費用も多くなっているのだろう。そもそも部活動費という形で公費が保障されていないことも多く*77、それが私費負担を助長している。その関係から、教員の自腹も連なって発生している可能性は高い。また、専門（好きな）分野の顧問をしている場合は、自腹も惜しまないという話をよく聞く。

本調査でも「副顧問なので学校から交通費等は支給されないが、子どもたちの活動を手伝いたかったので、自分の意思で遠征に同行した。自分が希望して同行したので、学校から交通費を出してほしいと申請するつもりはない」「研究してきた経緯から、学校にはないスキーのワックスや道具を買って、よりよい環境で大会参加をしたかった」「強くさせたい」という考えがあったり、「部活動は趣味の領域」という回答もあったりした。

それでは逆に、不本意ながら顧問を任された場合は、どうだろうか。「未経験にもかかわらず、市内大会や上位大会では審判をしなければならない。そこで、審判服の着用を求められるが、支給はなく自腹である」という回答があった。さらに、「教員に審判資格がないと大会に参加できないのに、お金の出所がない」「支給されないから仕方なく」「子供の活動するための道具費、教員の指定された服装、教員の道具、試合会場への交通費など、大会に出場するために必須の道具代全てをまかなってもらえず、仕方なしに自腹を切りつづけている」――このように、そもそも使える予算がないという記述もある。積極的自腹から一気に消極的自腹へとその自腹感覚が激変していくだろう。もちろん満足しているとしても自腹は推奨されない。

＊75―外務省「児童の権利に関する条約」第3条第1項「児童に関するすべての措置をとるに当たっては、公的若しくは私的な社会福祉施設、裁判所、行政当局又は立法機関のいずれによって行われるものであっても、児童の最善の利益が主として考慮されるものとする」。

＊76―部活動は学習指導要領上の教育課程には含まれない。しかし、教育課程と「関連が図れるように留意」することという記述もあり（総則）、ややこしい立ち位置である。

＊77―しかし、たとえば埼玉県川口市では、「部活動助成金」という形で公費の保障がある。他の自治体でも、楽器運搬費用や指導者の賃金を公費で保障する取り組みがある。

以上のように第3段階では、個人の感覚――よくいえば個人の専門性が前面に出てくる（詳細は、次節の「ヒト、モノ、カネへの意識改革」で検討）。

組織的ベースアップへの期待

学校財務マネジメントが確立されていれば、**土台の形成［Base］段階から研修や日々の対話により、個人的な感覚（専門性の発揮）と集団的な感覚（予算執行の限界）を折衷《せっちゅう》するための知識や論理を共有していくことができる**だろう。自分の実現させたいこと、それと集団で実現させなければならないことが整理できると考える。

教育権の問題では、個人的な権限を集団化させる[*78]（兼子、1963、140頁／堀尾、1971、332頁／兼子、1978、278頁）きっかけにもなるだろう。そのためにも、研修ではレクチャーとあわせてワークショップを取り入れ、参加者の主体性を重視することが重要になる。レクチャーでは、教育権における個人の価値と同時に集団性についての重要性や必要性にふれたり、個人と個人の教育権を衝突させることで相乗効果を生むようなワークショップを企画したりすることが求められる。特に、ワークショップにおける相乗効果が集団性の高まりを助長し、個人の自腹という教育権の行使ではなく集団的に公費保障を求めていくべきだという思考の整理につながることも期待できる。また、副次的な効果として集団的な教材研究の時間も確保でき、教科内ＯＪＴにもつながるだろう。

小学校は基本的に全教科等を一人で担当するということもあり、横のつながりを保ちやすく集団化にも適応しやすいと考える。中学校では、特に音楽科や美術科といった単数配置が基本となっている教科の担当者は、その専門性における校内のつながりを得ることが難しい。この場合は、校外で開催される主任会や教科会などを活用し、校外における集団化をめざしていくことができるだろう。このような取り組みは、学校財務マネジメントという校内マネジメントだけではなく、自治体財務マネジメントのように設置者単位でマネジメントを進めたり、研修を企画したりすることが必須だろう。このことは部活動でも同様に考えられ、小規模校の場合は、一つの部活動に一人の顧問ということもままある。

旅費も研修によるレクチャーやワークショップから、〈制度の限界と子どもの最善〉を調整することができるだろう。中学校より小学校は、いわゆる空き時間が少ないこともあり、貴重な空き時間に旅行者の後補充[*79]を組まれては気が重いかもしれない。しかし、研修により相互理解を促していくことで、時間に余裕をもった旅行のため、お互いさまという

＊78―たとえば、教師の補助教材選定権を個人で捉えるのではなく、教師集団として補助教材の選定権を行使する考えである。国語科の教員が一人で補助教材を選定するのではなく、国語科部会などといった校内組織で決定することである。

認識の土台［Base］が形成されていくだろう。そのことから、制度外の旅行方法や行程による旅行が見直され、結果的に自腹も抑制させることができると考える。

また、旅行方法としてタクシーの使用は認められていないことが多い。しかし、緊急性などある一定の条件を満たす場合は認められることもある。本調査でも「家庭訪問等の外出は申請制度がない、またはわからない」という回答があった。これも、基本的には校外業務であり、校長が認めることで出張となる。当然、旅費も支給される。このような知識を共有することで、ケースバイケースの対応ができるようになり、旅費に関わる自腹も抑制できる。

このように制度を知ることで、校長や実際に旅行をする教職員などの認識も変化していく。それらの知識により、旅費請求事務を担当している事務職員に相談ができるかどうか、そこに気がつくかどうか、それにより自腹になるか公費負担になるかという差が生じる可能性は否定できない。

4　Check・Checkに対する評価の効果
――振り返り、検証行為の定着

早い話が反省――いや振り返りである。自腹を切ってしまったことを責める……というわけではないが、みつめ直すきっかけをつくることが自腹の抑制、その仕上げ段階であるともいえる。しかし、振り返るタイミングや時期を限定的に捉えることもない。そのため、この効果を第4段階と表現せず、他の段階とは別次元で考えたほうがわかりやすいかもしれない。

自腹を切ったことに気がつかないという人はさすがにいないだろうが、その行為を振り返り、検証をしているなら自腹問題は消滅しているか、最小化していると考えたい。しかし、第3段階までをクリアしても自腹が残っている場合、学校財務マネジメントだけでは拭い切れない問題か、どこかの段階が不十分である可能性も否めない。その検証を進めることにより、各段階で不足している点や自腹を切ってしまう本人の課題が抽出できるだろう。そのことこそが、自腹の抑制に向けた改善策［Action］やそれに向けた調整［Adjust］につながる。別次元としたこの段階では、マネジメントのなかでもセルフマネジメント機能を高めることにねらいを絞ることができる。

＊79―校内に残っている人が旅行者の後を自習などにより、補充すること。初任者が初任者研修へ出かける旅行（出張）に限り、非常勤講師が法律によって配置される（地方教育行政の組織及び運営に関する法律第47条の3）。

学校財務マネジメントが確立していれば、**評価［Check］の段階で振り返りや検証行為が必然的に組み込まれている。**自らの意思でそれを実施しなくとも、学校としてのサイクルに組み込まれていることで年に1回はその過程を経ることができるし、校内で一斉に評価時期という雰囲気を醸《かも》し出すこともできる。それを継続的な実践にしていくことでマネジメントサイクルは「スパイラルアップ」（田村、2016、68頁）していき、その過程でセルフマネジメント機能も高まり、さらには評価の制度や効果も高まっていく。

しかし、自腹で購入したものは事務職員を経由していないため、振り返りのきっかけを与えること＝自腹購入物を把握し、提示することが難しい。そのため、思い出せるような工夫が必要である。

事務職員を経由している正規ルートの購入物（自腹で購入された物品以外は、公費や私費の財源を問わず、事務職員はその情報把握が可能）なら、購入データを基に各教科や領域ごとの「振り返り用検証シート」が容易に作成できる。それを用いて授業者などが評価をする過程で【自腹購入リスト】などという欄などを設け、自腹の申告をしてもらう方法が考えられる。もちろん事後精算はできないが、自腹に至った経緯をヒアリングしておくと、学校財務マネージャーとして、各マネジメント段階における弱点を検証することにつながるだろう。

第3節　ヒト、モノ、カネへの意識改革

事務職員を中心に教職員全体で協働する学校財務マネジメントというデバイスとは別に、教員自身による意識改革を促すためのデバイスも自腹の抑制には重要な要素である。いやそれどころか、最終的には後者の作用が直接関係してくるため、個々人がそれぞれ抑制を意識していくことこそが大切であり、必須である。極端な話、バレないようにすれば自腹はみえてこない＝自腹がなくなったようにもみえる。意味があるかどうか不明だが、箝口《かんこう》令《れい》が敷かれてしまえば闇に埋もれるのが自腹問題である。

しかし、本調査によりその問題は明らかになった。自腹を「規制すべきだ」という回答は（「規制すべきだ」という考えに対して、どちらかといえば近いという人も含めて）58・7％と半数を超えている。また、意義を問うた回答でも「意義がない」（同条件）64・7％、そして「なくすべきだ」（同条件）では78・8％であり、問題意識は高いのだ。たとえ、それが積極的なものだとしても――解消していくことが求められる。

本節では、特に消極的な自腹や強迫的な自腹について意識という視点から改善策を提案

していく。

1 ヒトへの意識改革

自腹を抑制するためには、ヒトへの意識を変えることが必要である。

本調査では、「自分が壊したから」弁償した、「集金できず、業者への支払いに間に合わなかった」という回答がある。前者は自身の過失を受け入れた自腹であり、後者もそれに近い状況に陥っていることがわかる。

また、この現象には他者からの圧力が関係してくることもある。わかりやすい事例として挙げられるのが、強迫的な自腹である。たとえば、「お前が負担しろ！」というような強迫的な自腹が発生する状況は、パワーバランスが均衡ではなく、一方が強く、もう一方が弱い場合であり、パワーハラスメントとなる事例が多くなる。しかし、それがパワハラや恐喝的という問題になりにくい理由を挙げるなら、自腹を強要されたほうにもそれなりの自腹を切るべき理由がある――ように思えてしまうからだと考える。本人が完全に悪いとはいえなくとも、その強要された自腹の経緯や背景を考えていくと、本人にとっても責任があいまいになってくるようだ。

よくある（あってはならないが）強迫的な自腹現象としては、未納金の代償や遺失物の弁償が多い。学校給食費を回収できなかった場合、業務を遂行できなかったという事実で管理職から責められ、決算処理が遅れるなどという時間的制約も事務職員がもち出し、反論ができなくなる。また、授業中にデジタルカメラを落としてしまい壊したという事例なら、自分の不注意であるという事実から後ろめたさもあり、それだけで反論ができなくなる。このように、だれかに責任を押しつけ、解決させる自腹は〈ヒトへの意識改革〉により抑制していけると考える。

冒頭で、パワーバランスが均衡ではない状態において強迫的自腹が発生しやすいと書いた。これは、管理職と一般教員の間に多く生じている。もちろん、学年主任とその学年を構成する教員ということもあるし、パワーバランスとは関係ないが事務職員と教員というパターンも聞く。

それでは、解決に向けた意識改革を考えてみよう。

代償の事例

まず、未納金の代償であるが、そもそもその業務を見直すことも視野に入れるべきである。いわば、行政（職員＝ヒト）に対する意識改革である。学校における働き方改革の流れから文部科学省は「未納金の督促等も含めた学校徴収金の徴収・管理については、基本的には学校・教師の本来的な業務ではなく『学校以外が担うべき業務』であり、地方公共団体が担っていくべきである。仮に、学校が担わざるを得ない場合であっても、地域や学校の実情に応じて事務職員等に業務移譲すべきであり、教師の業務とすることは適切ではない」[*80]と通知している。

このことからも、徴収業務の主体を学校から自治体へ移行させるべきであり、それが推奨されている。この改革が達成されることで「未納金の督促」も自治体の主管課（学校給食や債権回収の所課）が担当することになる。自治体に仕事を押しつけたいわけではなく、回収できなかった分を自治体は各種法令に従って処理を続けることができるし、自治体職員が自腹を切ることなく、暫定的に税金で補填することも可能になる。これを公会計と呼ぶ。

しかし、現状では学校給食費を公会計化している自治体は全国の31・3％である。[*81] 補助教材費のそれは調査されていないが、管見するかぎり全国で数件である。[*82] まだまだ、校長と保護者の契約によって費用を徴収している状態（＝私会計）が多い。この状態では強迫的自腹が発生してしまうかもしれない。

当面、**管理職に対する意識改革が必要**だろう。未納金が回収されないと決算処理ができないし、保護者への返金手続きも止まってしまう。――とはいえ、コラム（「校長の自腹」）に書かれていたような〈正しくない決算書〉を配付し、お金が回収できたような体裁で手続きを進めることはよくない。いや、やってはいけない行為であり、解決にはやはりお金が必要（＝未納金の回収）である。その回収業務を個々人に任せるのではなく、組織による対応を促していくことが第1の解決方法だろう。一人で抱え込むことで、責任が個人に転嫁されやすいし、担任一人で十数件もある場合は負担が大きい。そのため、学校財務担当者である事務職員や学年内の連絡調整・指導助言を担当する学年主任、福祉的な立場からスクールソーシャルワーカーなどの力を借りることも想定できる。もちろん管理職も自分事として対応していく必要があり、収支の経過をチェックしておくことも必要である。

また、別の切り口として教育扶助《ふじょ》や就学援助などの就学支援制度[*83]も活用できる。未納金が大きくなる前に、支払い能力があるのかどうかを確認し、経済的に困窮しているようなら制度を利用してもらうことも第2の解決方法となるだろう。両制度ともに、認定された

＊80—文部科学省「学校における働き方改革に関する取組の徹底について（通知）」（https://www.mext.go.jp/a_menu/shotou/hatarakikata/__icsFiles/afieldfile/2019/03/18/1414498_1_1.pdf）平成31年3月18日。

＊81—文部科学省「令和3年度学校給食費に係る公会計化等の推進状況調査の結果について」（https://www.mext.go.jp/b_menu/houdou/2022/mext_01223.html）令和4年12月23日。

＊82—たとえば、東京都町田市がある（https://kosodate-machida.tokyo.jp/soshiki/5/1/gakkoukyouzaihitou/11306.html）。

＊83—学齢期の場合は「就学援助」制度が一般的である。文部科学省「就学援助制度について（就学援助ポータルサイト）」（https://www.mext.go.jp/a_menu/shotou/career/05010502/017.htm）。

場合は学校給食費の免除、学用品費などの援助が受けられる。多くの自治体では、所得基準による機械的な判定が多いため、極論1円でもボーダーを超えると不認定になる。そのような場合、家庭の状況を再調査し、学校（校長）の意見書などを付して再申請——ということもできなくもない。[*84]

就学支援制度を利用することにより、支払いが免除されることもあるため、「払わなければならない」という教員に対する意識改革にもつながるという改善策である。

弁償の事例

続いて、弁償問題の解決方法を考えよう。この件も、弁償させるべきという管理職の意識改革が必要であると同時に**教員自身の意識改革も求められる**。弁償の場合はケースバイケースで自他ともに判断する（される）こともあるだろう。子どもが壊したものを教員が弁償するパターン、それと教員自身が壊したものを自ら弁償するパターンが想定できる。

前者は過失の有無にかかわらず公費で対応するべきだと考える。それが、子どもの成長発達を見守り、保障していく立場としての学校であろう。そんな意識であれば、弁償に対する自腹は発生しない。しかし、万が一に校長がそういった方針ではないとしても、そもそも教員が弁償をする法的根拠はない。民事上の問題としてもその保護者に責任が問われることになるだろう（この意識改革は推奨したくないが……）。

同じく、後者に対しても授業中などの破損は公費対応が必要だと考える。それでも自分の過失を責め、弁償したいと申し出てくるような意識の教員に対してはそれを否定しないことはある（人によって対応を変えるのはよくないが……）。

代償と弁償、いずれにしてもヒトへの意識改革で抑制できる部分はあるだろう。また、第2部でも述べられていたように授業に関わる自腹の18・4％（約5件に1件）は、「校内に『自腹』を当然とする雰囲気がある」という理由から発生している。さらに、部活動に関わるそれは30・3％、旅費に関しては37・5％にも上っている。このこともヒトの意識改革で抑制していける部分であろう。

2　モノへの意識改革

自腹を抑制するためには、モノへの意識を変えることも必要である。こだわりの緩和ともいえる意識改革——砕けて説明すれば〈これじゃなきゃダメ〉を見直す改革ともいえるだろう。ここでは、積極的な自腹が中心になる。積極的な気持ちが自

＊84——行政不服審査法に基づき、個人的な「不服申立て」も可能である。

腹という負担感を凌駕《りょうが》するため、なかなか厄介な自腹である。

ボールペン1本をとっても、事務室に常備されているボールペンではなくお気に入りのマイボールペンが欲しいという場合もある。本調査では「学校から支給されたものでない自分の好きな文房具を使うと効率化できる」という回答がある。しかし、これは完全に自分のこだわりであるから前節で説明した学校財務マネジメントの「手続き体制」が確保されていたとしても、事務職員に相談することではないという判断もあり得るだろう。みえない自腹ともいえるが、正直この事例は多いし、大きな問題とはいえない事例かもしれない。逆に自腹をなくすため、すべての人の好みに合わせた文房具をそろえることはやりすぎだろう。さじ加減が難しいし、事務職員も悩む。

モノへの意識改革として、例を挙げて説明しよう。

さじ加減、改まった表現をするなら査定の基準として〈業務に必要な条件〉で判断することを勧めたい。通知表の所見を記入するという業務、そのためのボールペンがわかりやすいと考える。現在は、校務支援システムの導入により電子化されている場合も多いが、通知表の〈小さい所見欄に数行の文字を収める（＝業務に必要な条件）〉ためには、先の細いボールペンが必要だという話である。

事務職員は所見を記入することがないため、そのことには気がつかず、学校には0・7ミリのボールペンしか置いていなかった。そのため、業務に必要だが自腹で購入していたということである。学校財務マネジメントが確立されていない場合、その業務に必要な条件を発信する場面がないため、自腹で条件を満たすことになってしまう。この件は、その必要性を訴えることで事務室に「所見用ボールペン」が常備されることはある。逆に、業務で必要な条件ともいえないような高性能なボールペンを使いたいこともあるだろう。それは、終章でふれるが〈「なくすことが難しい自腹」ではなく、「なくならなくともよい自腹」〉として、積極的な自腹を超えた概念となるであろう。

逆に高額なものはどうだろうか。学校に数台しかない書画カメラを職員室で貸し出しているという学校がある。毎時間のように使うわけでもなく、他のクラスで同時に使用することも想定し、それでも不足することがない数は用意されていた。しかし、借りたり返したりという時間が無駄であるという理由から、自分専用の書画カメラが欲しいという主張を題材に、モノへの意識改革を考えてみよう。1万円前後もするそれなりに高額な備品が一人1台必要だという主張に対して、すぐに用意することは難しい。しかも、同時使用が可能な台数はそろっている。時間の有効活用という主張も、働き方改革の切り口で要望されると一刀両断するのも難しい。こんなやりとりの最中、しびれを切らして自腹で買ってしまったという事例である。働き方改革としては正しいかもしれないが、自腹による改革を容認することは違う。これは、積極的な自腹＝「満足している可能性もあるが、積極的寄りの消極的な自腹＝不満も残っているような事例」だと考える。

代替への考え方

それでは、解決に向けた意識改革を考えてみよう。

まず、現在の学校環境をある程度は受け入れることが必要であろう。モノへの意識改革として、書画カメラ以外を使用する余地がないのか検討する必要もある。学校財務マネジメントが確立されていれば、研修や教科内OJTによるアイデアが生まれてくるだろう。たしかに、書画カメラは実物投影機と呼ばれ、その装置さえ準備すればその場で実物を投影できる優れものではあり、他の類似教材よりも便利かもしれない。

しかし、そこは**学校の現状を優先し、代替方策を検討することも必要**である。たとえば、GIGAスクール構想により整備されたタブレット端末も使えるだろうし、教科書を投影したければデジタル教科書が代わりになる。もちろん、タブレット端末を介する場合は多少なりともデータの準備が必要だし、学習者用のデジタル教科書が整備されているとも限らない。そのため、書画カメラの代替として必ずしもこの方法が適当であるといえるわけではないが、ここで提案したいことは、モノへの意識改革である。少し視野を広げ、自分の授業で必要なものや欲しいものを再検討することにより、校内に現存するもので代替できたり、整備可能なものに変更したり、すぐではなくとも計画的に整備を進めたりすることもできる。それこそが、学校財務マネジメントである。

中間的価格層の対応

最後に、1本100円程度の所見用ボールペンなら公費対応もあり得るとし、高額なものは現状下で代替の検討が必要であると提案したが、その中間の想定も必要だろう。中間的価格層（数千円程度）のもので、それを利用して負担が減ったり、便利になったりする場合なら自腹を促進してしまうという例もある。ＧＩＧＡスクール構想の話題に即した事例を紹介すると、よく聞くのがＨＤＭＩケーブルである（本調査でも類似品：ＩＣＴ機器を接続するためのケーブルやコードという自腹があった）。タブレット端末に自分専用のケーブルを付けておきたいから一人1本欲しいという話だ。自腹とは関係ないが、学校ではよくケーブル類が行方不明になる。そのため、貸し出し記録などというような、借りるほうも貸し出すほうも面倒な作業が生まれている。しかし、それでもなくなるときはなくなる。たとえ全員に貸与したとしても、人事異動を経ると数が合わないこともよくある……なぜかなくなるのだ。

それなら、自腹で対応してもらうほうが気楽である――という論調も出てきそうであるが、モノへの意識改革を進めることにより、便利さだけでは語れない、その弊害部分としての自腹を否定的に捉える必要がある。絶対に買わない！　といっているわけではなく、学校財務マネジメントに乗せて検証し、公費保障への道を検討するべきである。しかし、有線ケーブルより無線接続のほうが便利だ！　あのクラスには、担任が自腹で購入した無線ＨＤＭＩ装置（1万円前後）があって便利そうだ!!　……また書画カメラレベルの問題に戻っていくこともある。モノへの意識改革は難しいが、それでも自腹問題としては最重要案件であるため、無視はできない。

3　カネへの意識改革

自腹を抑制するためには、カネへの意識を変えることも必要である。

カネを保護者から集めるから未納者への督促業務は生まれ、代償という消極的・強迫的な自腹が発生する。学校にカネの配当が少ないからマネジメントを怠り、各種自腹を引き起こしてしまうし、十分なカネがないことで同様な現象が起こっている。

そもそもカネの負担はどうあるべきだろう——「義務教育は、これを無償とする」（日本国憲法第26条第2項後段）の検討から始めよう。教育が完全に無償化（＝公費化）されたあかつきには、学校であろうと自治体であろうと徴収業務がなくなるため、当然「未納金の督促」業務もなくなる。さらに学校で使えるカネが増えれば、自腹も減っていくと考える。教育にかかるカネの意識を原点から捉え直していくことが必要だ。

現在、義務教育期間で無償性が実現している身近な費用は、授業料と教科書代である。

日本国憲法には「無償」の範囲が書かれていないため、法律によってその具体が決められている。1964年に最高裁判所の判決で「普通教育を受けさせるにつき、その対価を徴収しないこと」が無償の意味であり、「教育提供に対する対価とは授業料を意味する」とされたことから、無償＝授業料という判例が生まれた。学説においても、基本は授業料と捉えている学者もいる（奥平、1981、376-381頁）。しかし、他にも有力な学説として修学に必要な費用はすべて無償である＝全部無償と唱えている学者もいる（永井、1985、91-103頁）。

同法同条第1項には、すべての国民に対して「教育を受ける権利」を保障していることから、無償の範囲を限定的に捉えることでそれが疎《おろそ》かになる可能性もある。教科書は無償配付されるとはいえ、公立学校でも国語ワークや計算ドリルなどを購入するために補助教材費を徴収しているが、それに対する家庭の負担は大きい。すべての国民に「教育を受ける権利」を保障するため、無償性の規定が置かれているにもかかわらず、教室には教科書が置かれた机と椅子という最低限の授業が「聞ける状態」を保障している程度に無償性の実現領域が矮小化されている。

この通り、実際には保護者から徴収しなければ公立学校でも教育活動を実施していくことが難しい状態だ。事実、学校運営費の約8割（学校給食費や補助教材費、校外活動費など）を保護者から徴収している実態がある（八重樫、2017）。逆にいえば、学校運営費に限定すれば、約2割しか学校の設置者は負担していない。学校教育法第5条では、設置者が学校の経費を負担することと定めている。日本国憲法では無償とされ、法律にも設置者負担と書かれている。保護者が負担するという規定は学校給食費（学校給食法第11条第2項）とスポーツ振興センター共済掛金（独立行政法人日本スポーツ振興センター法第17条第4項）を除けばどこにもない。[*85] それにもかかわらず、保護者が約8割の費用を負担している背景は、受益者負担論が根底にある。この論理は、法律でも何でもなく、1960年代から高等教育において言及され（中央教育審議会）、1970年代には義務教育段階にも流れてきた（都道府県教育長協議会）ものだ。[*86] いわゆる利益が個人に還元されるものは、受益者に負担させるという内容である。

学校生活において子どもたちは学力をはじめとするさまざまな力を得ることができ、それは子どもにとっての受益とも考えられるが、それと同時に社会全体の利益でもある。**受益者とは特定の個人ではなく、国民のすべてが受益者になり得る**のだ（正の外部性）。このように考えれば、受益者負担論によって保護者の負担を固定的に捉えるのではなく、あくまでも財源不足を補うものとし、保護者の負担を限定的に捉え直すという〈カネへの意識改革〉が必要である。

大風呂敷を広げてしまったが、理念として捉えておくべき到達点であろう。しかし、現実的には学校現場で「未納金の督促」などによる自腹が起きていることはすでに説明した通りである。校内で見直せるカネへの意識改革としては、**集金そのものを減らすこと**である。前節で紹介した学校財務マネジメントモデルを参考に全国各地では、教員と事務職員の協働により、授業の質を下げずに保護者の負担する費用を減らしている実践は多い。[*87] 教育にかかるカネは、教員の自腹でも保護者が負担するものでもなく、公費で負担すべき性格の費用であり、「義務教育は、これを無償とする」べきである。

＊85—それであっても文部科学省は、2018年の第197回国会で、この条文により学校給食費の無償化が違法になるわけではないという答弁をしているし、スポーツ振興センター共済掛金を公費化している自治体もある。

＊86—「受益者負担政策の導入」（井深、2004、342頁）とされたのが、1971年の中央教育審議会答申だとされている。そこでは、「教育投資総額のうち、義務教育以外の学校に関する授業料等の受益者負担額を控除したものを公費負担額とし、そのような受益者負担の水準に対応する奨学事業の規模を求める」と書かれた。都道府県教育長協議会については序章の注8を参照。

＊87—拙著『学校徴収金は絶対に減らせます。』（柳澤、2019）は、そのど真んなかの実践であり、成果ともいえる。ぜひ参考にしてほしい。保護者の負担する費用そのものを減らし、未納になりにくい状態をめざすというカネへの意識改革も必要である。また、『本当の学校事務の話をしよう』（柳澤、2016）もあわせてお読みいただけると事務職員の仕事や立場が理解できる。

〈参考引用文献〉

・井深雄二『近代日本教育費政策史――義務教育費国庫負担政策の展開』勁草書房、２００４年。
・奥平康弘「教育を受ける権利」芦部信喜 編『憲法Ⅲ人権（２）』有斐閣、１９８１年、３６１‐４２１頁。
・兼子仁『教育法』有斐閣、１９６３年、１４０頁。
・兼子仁『教育法〔新版〕』有斐閣、１９７８年。
・現代学校事務研究会 編『学校財務（学校マネジメント研修テキスト３）』学事出版、２０１２年。
・現代学校事務研究会 編『学校財務改革をめざした実践事例――自主的・自律的な教育活動を保障するために』学事出版、２０１４年。
・末冨芳 編著『予算・財務で学校マネジメントが変わる』学事出版、２０１６年。
・田村知子「マネジメントサイクルによるスパイラルアップ」田村知子、村川雅弘、吉冨芳正、西岡加名恵 編著『カリキュラムマネジメント・ハンドブック』ぎょうせい、２０１６年、68‐76頁。
・永井憲一『憲法と教育基本権〔新版〕』勁草書房、１９８５年。
・福嶋尚子「教師の自立性（教師の教育権）」中嶋みさき、中井睦美 編著『教師論 第2版』学文社、２０２２年、30‐31頁。
・福嶋尚子、柳澤靖明「学校財務実践の展開状況――学校事務職員へのアンケート調査から」『日本教育事務学会年報』7号、学事出版、２０２０年、61‐64頁。
・藤原文雄『スクールビジネスリーダーシップ研修テキスト1』学事出版、２０２０年。
・堀尾輝久『現代教育の思想と構造――国民の教育権と教育の自由の確立のために』岩波書店、１９７１年。
・本多正人 編著『公立学校財務の制度・政策と実務』学事出版、２０１５年。
・八重樫まどか「公教育の無償化は未来への希望――学校給食費、学校徴収金の現状と展望」新日本婦人の会 編『月刊 女性&運動』２０１７年7月号（４１９号）、２０１７年、13‐16頁。
・柳澤靖明『本当の学校事務の話をしよう――ひろがる職分とこれからの公教育』太郎次郎社エディタス、

２０１６年。
・柳澤靖明『学校徴収金は絶対に減らせます。――年間１万円以上の保護者負担を削減した事務職員の実践ノウハウ』学事出版、２０１９年。
・柳澤靖明「学校財務マネジメントの確立」藤原文雄、谷明美、福嶋尚子、吉村由巳 編著『スクールビジネスリーダーシップ研修テキスト３ カリキュラム・学校財務マネジメント』学事出版、２０２２年ａ、１０１-１０８頁。
・柳澤靖明「学校財務を担当するために必要な知識」柳澤靖明編著『学校財務がよくわかる本――仕事の仕方から必要な知識、具体的な取り組み例』学事出版、２０２２年ｂ、１０２-１３３頁。
・柳澤靖明『事務だよりの教科書』学事出版、２０２３年。
・柳澤靖明、福嶋尚子「部活動のつみかさなる負担」柳澤靖明、福嶋尚子『隠れ教育費――公立小中学校でかかるお金を徹底検証』太郎次郎社エディタス、２０１９年、１４１-１６７頁。

第8章 学校財務制度の改善と教育行政との連携

第1節 自腹を誘引させる学校財務制度

自腹は、自治体の制度（規則など）が影響している場合もある。公費を執行するためには、法令に基づいた手続きが必要となり、市区町村が定める条例[*88]や規則[*89]、要綱[*90]とも深く関わってくる（柳澤、2022）。

たとえば、後述するが、学校現場では消耗品や備品の発注ができないような制度もある。この制度下では、必要なときに必要なものが手に入りにくい。他にも備品よりも消耗品が欲しいという学校の実情にもかかわらず、消耗品費の令達が少なく備品費から流用できない不自由があり、現物を確認しながら買いたいものがあったとしても、学校の近くに購入可能な店（登録業者）がないことであきらめてしまう。また、公用自動車がなく自家用自動車を使用した出張も一般的であるし、交際費が使えない教職員は地域の行事や活動に対して自腹を切ることもある。本調査でも「（筆者注：自腹を切らなくてはならない）制度が、おかしい」「自腹を切らないようにする制度が必要」という言及も多い。

本節では、自腹を誘引させる制度の状態とその解説、さらに問題の洗い出しをしていく。そして、次節の「自腹を解消させるために教育行政と連携できること（事例・改善）」につなげていく。そのため、制度の状態を理解していただきたく、本節は少々難しい話にもなることをお断りしておく。

＊88—議会の議決により制定される例規（○○市学校給食条例など）をいう。
＊89—自治体の長などが制定する決まりや手続きを定めた例規（○○市立小中学校管理規則など）をいう。
＊90—業務を執行するときの手続きや処理方法などを定めた内規（○○市立学校財務取扱要綱など）をいう。

1 学校現場に購入権限がない問題

物品などの購入を決定できる権限、その説明は法律に根拠が規定されている。それでは、地方自治法[*91]（以下、条文番号のみ記された条文は「地方自治法」とする）をみていこう。本法には、その自治体の「事務を処理するために必要な経費」は、その自治体が「経費を支弁する」という基本的な部分から定められている（第２３２条）。教育とは自治体の自治事務であり、それに必要な経費は自治体が金銭を支払うという規定である。そして、支弁するためには、支出負担行為（第２３２条の３）と支出命令（第２３２条の４）という2段階の決裁を経なければならない。

第1段階の支出負担行為とは、「法令又は予算の定めるところに従い」「支出の原因となるべき契約その他の行為」をさす専門用語である。支出負担行為の権限をもっているのは、自治体の長[*92]であるが、金額により専決権[*93]が部下に付与されている。たとえば、「事務専決規程」や「予算事務規則」により50万円以下は課長の専決としたり、「学校財務取扱要綱」により30万円以下は校長の専決とされていたりする。支出負担行為の権限が校長（学校現場）の専決とされていない場合、学校現場から消耗品程度の物品だとしても購入することを決められない（極論、ボールペン1本）。その場合は、権限が専決されている教育委員会事務局担当者に対して「購入伺書」という方法によらなければならない――この状態を〈学校現場に購入権限がない〉と説明する。そして、全国で44・1%の自治体がこの状態[*94]であるとされている。

また、購入を伺える時期や回数が決まっている場合もある。備品の伺いは、1年に1回6月頃という場合や11月までなら予算がある限りで伺いを認めるという場合もある。備品ならまだしも、消耗品も各学期に1回だけという話を聞いたことがある。前述した通り、ボールペンの購入伺いが4か月に1回しかできないということである。ボールペンなら必要見込み数を予測できるかもしれないが、授業でも使うような色画用紙や模造紙などは算出が難しいだろう。そこから、公費は使い勝手が悪いという印象になり、私費（保護者の負担や教員の自腹）への流れを加速させてしまう。

＊91―「地方自治の本旨に基いて、地方公共団体の区分並びに地方公共団体の組織及び運営に関する事項の大綱を定め、併せて国と地方公共団体との間の基本的関係を確立することにより、地方公共団体における民主的にして能率的な行政の確保を図るとともに、地方公共団体の健全な発達を保障すること」（第1条）を目的とした法律である。

＊92―市町村においては市町村長、いわゆる首長である。

＊93―本来は首長の権限であるが、その部下に決定権を与え、首長の名で決定をさせることをいう。

＊94―全国公立小中学校事務職員研究会「平成28年11月期調査」による（会員のみ閲覧可能な資料。承諾を得て掲載）。

もちろん前章で説明した学校財務マネジメントによる解決も可能ではあるが、「授業は生ものだ」とよくいわれるように、4か月に1回では見込めないものもあるし、学校の外に及ぶ決裁では、納品までの時間も多くかかってしまう。〈明日使いたいから帰りに買ってくる〉という行為を容認するわけではないが、学校現場（校長など）に支出負担行為の権限がないと、スムーズな教育活動が展開されない（されている場合には「私費」が見え隠れしている可能性は高いだろう）。

念のため、公費執行の決裁ルート第2段階も説明しておこう。これは、自治体の会計管理者に対して工事や物品購入にかかる費用を支払わせるための命令である。第1段階の支出負担行為と同様に自治体の長が権限をもち、それを専決させている。この権限は、購入を決めた後の支払い命令であるため、校長に支出命令権が専決されている場合は教育委員会事務局などの上位機関を経由しない決裁ルートとなっている。そのため、支出命令権のみが校長に専決されることは考えづらいし、管見の限り聞いたことはない。

つまり**自腹問題では、支出命令権よりも支出負担行為の権限が重要**になってくる。

2 令達予算の流用ができない問題[*95]

予算は、自治体の長が調製[*96]し、年度が始まる前に議会の議決を経なければならない（第

２１１条）。予算とは予定額を示すものであり、収入と支出は同額となる。また、予算に計上していない支出は原則として認められない。予算の基本となっている部分は、歳入歳出予算＝収入と支出である（第２１５条）。

予算には、款項目節という太い枝から細い枝へと分かれていく区分がある。それに従って大分類としての款《かん》（教育費など）、款を分類する項《こう》（小学校費など）という形で編成する必要がある（第２１６条）。さらに項を分類する目《もく》（学校管理費など）、その下に節（需用費など）という分類も設けられている（地方自治法施行令第１５０条第２項）。款と項を〈議決科目〉といい、予算を流用（この場合、正確には移用）するためには議会の決議が必要となる。しかし、目と節は執行科目であり、議会の決議を要することなく流用が可能である。たとえば、款〈教育費〉―項〈小学校費〉―目〈学校管理費〉―節〈需用費〉などの区分は、地方自治法施行規則第15条に定められ、ほとんどの自治体で援用され、節の下に細節を設け〈消耗品費〉や〈修繕料〉という説明を加えている（**図表46**）。

法令に従うなら、目間と節間は流用が可能である。たとえば、〈学校管理費（目）：会議

＊95―詳細は栁澤（２０２２）を参照。
＊96―規則などに沿って、つくること。

図表46 款項目節の例

教育費（款）――― 小学校費（項）――― 学校管理費（目）――― 需用費（節）
――― 教育振興費（目）――― 需用費（節）
――― 備品費（節）
――― ………（節）
――― 中学校費（項）――― 学校管理費（目）――― 需用費（節）
――― 教育振興費（目）――― 需用費（節）
――― 備品費（節）
――― ………（節）

議決科目	執行科目
予算流用（移用）には決議が必要	予算流用に決議は不要

用テーブルなど〉を減らして〈教育振興費（目）：大型コンパスなど〉を増やしたり、〈需用費（節）：印刷用紙などの消耗品〉を増やすために〈備品費（節）：自転車などの備品〉を減らしたりすることが可能となる（**図表47**）。しかし、法令で認められている流用だとしても、冒頭で紹介した「備品より消耗品が欲しいにもかかわらず、消耗品費の令達予算が少なく備品費から流用できない」というように、全国で52・3％の自治体が流用を認めていない状態[*97]であるという。地方自治法上、予算は自治体の方針によって執行していくことが基本であるため、議会の決議が不要である目と節に対しても流用は最小限に留めるべきではあるが、その決定に学校の意向がどの程度反映されているかということもある。

学校の意向が反映されていない場合、公費の効果的な執行ができず、ここでも私費（保護者の負担や教員の自腹）への流れを加速させてしまう。**流用可否が自腹発生に与える影響は大きい**ともいえる。

3　買いに行ける店がない、使える業者が限られている問題

公費で買い物をするためには、その店（業者）が「掛[*98]」で取引をしてくれなければなら

＊97──全国公立小中学校事務職員研究会「平成28年11月期調査」による。

図表47「会議用テーブル」をあきらめて、その分で「大型コンパス」を買うための流用イメージ

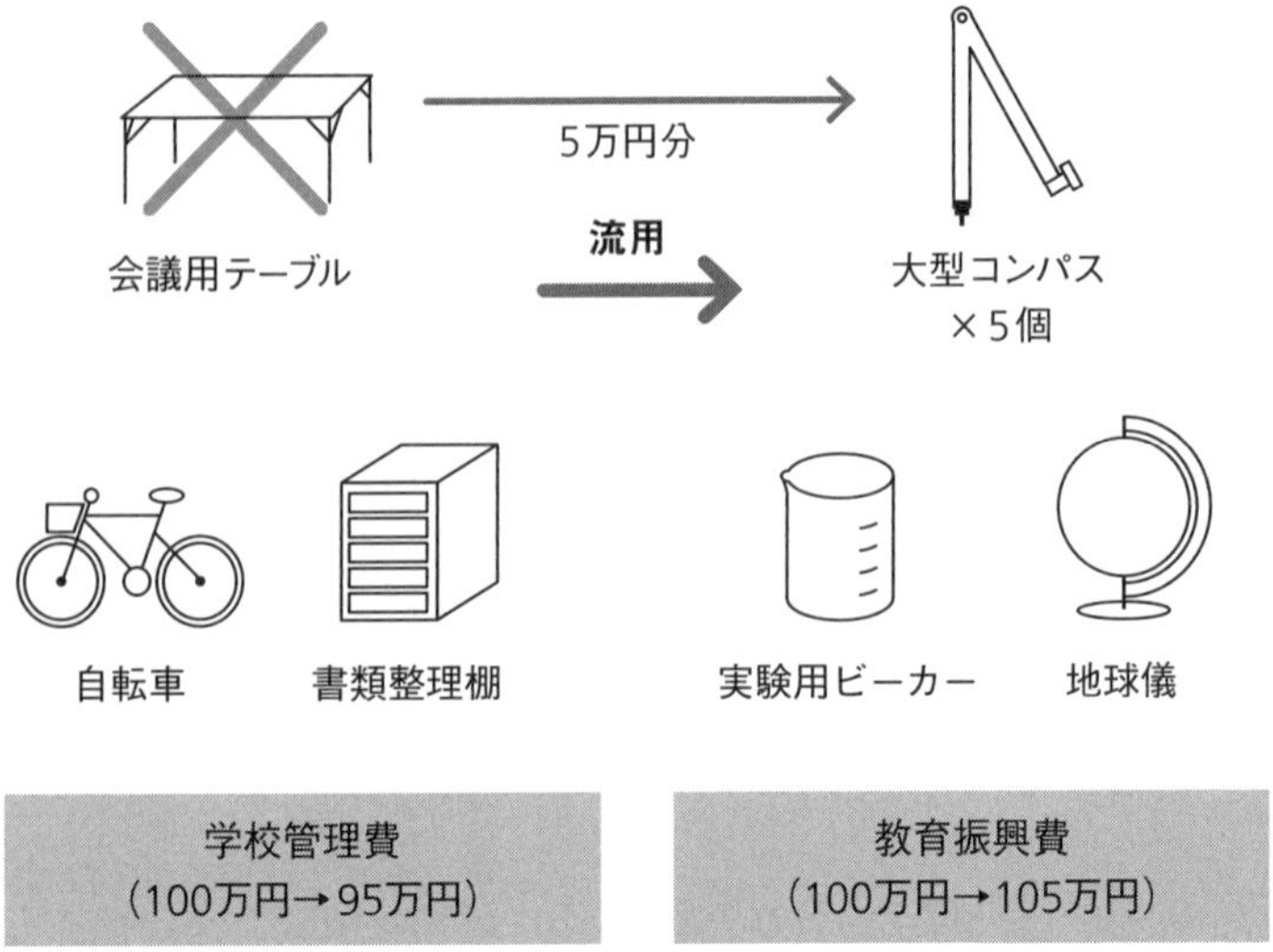

ない。学校に公費は令達されるが、それは書類上のことであり、現金を保有しているわけではない。そのため、支出負担行為や支出命令といった手続きを経て自治体の会計担当所課は、定められた期日までに業者へ代金の支払いをする。しかし、一般に担当者が店まで出向き現金で支払いをするわけではなく、口座振込であるため、業者は口座番号や名義人の登録が必須となる。この登録を債権者登録といい、基本的にはそれがされている店（業者）から購入する（限定業者の問題）。また、地域振興との兼ね合いで学校と同一自治体内に住所がある業者を優先し、利用してほしいという通知を出している場合もある（優先業者の問題）。

学校では、「すぐに使いたい」「今買いに行く」ということがたまに起こる。しかし、近くのディスカウントショップやコンビニエンスストア、１００円ショップは債権者登録をしていないことが多い。本調査でも「急に必要になった」「すぐに欲しかった」「学校の帰りなどに、ついでに購入した方がてっとり早い」から自腹を切ったという回答も多い。このことは、**直前の要望に応えられないという状況と合わせて現物を確認して買い物ができないこと**も表している（現物確認不可の問題）。

＊98―商品の引き渡しと同時に代金を支払うのではなく、決められた期日までに支払う約束をした取引のことをいう。信用が前提にあるため、信用取引と呼ぶこともある。

このような二重苦、三重苦を回避し、欲しいものを欲しいときに——という欲求が自腹を引き起こすのだ。

4 公用自動車がない問題

学校には公用「自動車」がない——といい切ることはできないが、あまり聞かない。たとえば、埼玉県川口市では荷物運搬用の軽トラックが置かれている学校もある。そして、その他の学校には公用「自転車」はあるが、「自動車」はない。そのため、教職員は公務に自家用自動車を使用するため、それを公用車[*99]として登録する必要がある。これも一種の自腹だろう。ガソリン代は支給されるが、その他の保障はなく、公務で10万キロ乗ったとしても、タイミングベルトやウォーターポンプを公費で交換してくれることもない。

インターネットで「公用車登録」と検索をかけるだけで、登録や使用に関する要綱がぞくぞく出てくる。このことからも全国的に自家用自動車を公用自動車として使うことは珍しくないと考えられる。GIGAスクール構想の前後で教育界でも使われるようになった「Bring Your Own Device」ならぬ「Bring Your Own Car」といえる現象だろう。

埼玉県の要綱[*100]をみていこう。まず、趣旨として「職員が公務により旅行する際に、自家用自動車を使用することに関して必要な事項を定めるもの」（第1条）とされている。少し消極的な書き方になっている理由としては、旅費条例[*101]にその答えがある。第18条に「自家用自動車使用の場合の旅費」という項目があり、基本的には例外措置であることが読み取れる。しかし、学校現場では原則と例外が逆転している。

例外としての自家用自動車による出張を一般化せざるを得ない状態であり、公用車登録を経てまで、ある意味で自腹的な措置による出張が実施されている。

おそらく部活動に関わる内容であると思われるが、本調査には「大型バスを運転するための自動車学校費用」という回答もある。たとえ、大型公用バスがあったとしてもその免許がないと取得のために自腹が発生するという事例である。しかし、部活動であっても子どもを同乗させることは禁止――という規定を設けている自治体もある。

5　地域活動に対する参加の自腹問題

地域活動といえば、町会の催し物が中心だろう。納涼祭やソフトボール大会、文化的な

＊99―自治体などが業務で使う自動車のこと。民間企業でいえば社用車。
＊100―職員の自家用自動車の公務使用に関する取扱要綱。
＊101―職員の旅費に関する条例。

行事もあるかもしれない。そこに学校（教職員）として参加するとき、無料ならば問題ないが、参加費や傷害保険料という名目で個人に費用負担が生じる場合もあるだろう。そのときに、交際費という公費を使うことができない教職員は、自腹を切る可能性が高くなるという問題である。また、参加費が無料だとしても勤務日ではない場合は通勤手当や旅費の範疇外であり、交通費に自腹が発生する。本調査でも「勤務日ではない日に地域の行事への参加を依頼された」「地域とのつながりなどから、やむを得ない」という自腹発生の回答もある。

たとえば、埼玉県川口市では交際費を「行政執行のため、教育委員会を代表して外部と公の交渉をするために要する経費であり、その執行に当たっては、社会通念上妥当と認められる範囲内で、必要最小限にとどめるべき」[*102]費用と定め、教育委員会交際費と教育長交際費に限定している。そのため、校長を含めた教職員には交際費の執行権限がないし、予算もない。念のため、執行基準の例を挙げておくと「会合への参加費」（実費）や「大会の祝金（限度額1万円）などに使用可能である。しつこいが、教職員は使えないため、それらの支払いを主催団体から求められた場合には、**「拒否するか自腹か」の不快な2択に迫られる。**

傷害保険料なら、自分の身を守る費用なので自腹やむなしという考えもあるかもしれない。しかし、そもそも勤務なのかということもある。地域活動は、勤務日ではない休日にあることが多く、そもそもサービス出勤である（給料が発生しないため、ある意味の自腹勤務）。校長が認めればその日を勤務日とし、振替休（代休）を取ることが可能である。この措置により、サービス出勤（自腹勤務）ではなくなるが、逆に強制的な参加となれば費用負担が生じ自腹も強制されてしまう。

6　部活動周辺の自腹問題

部活動にはみえにくい自腹が多い。本調査では「ルールブック」「救護用具費」「お別れ会のプレゼント」「研究費」「自分の練習道具」などの回答があった。遠征に対する費用は、旅行命令が発生した場合に旅費を請求できるが、一般的に休日や祝日の部活動に対しては、旅行命令を発しないことが多い。その場合、部活動手当として3時間程度[*103]の活動で2,700円が支給されるだけである。埼玉県条例[*104]には「教員特殊業務手当[*105]」として「学校の管理下において行われる部活動（・・）における児童又は生徒に対する指導業務で週休日等

*102—川口市「川口市教育委員会交際費の執行基準」

*103—学校の休業日の活動時間については、スポーツ庁「運動部活動の在り方に関する総合的なガイドラインについて」(https://www.mext.go.jp/sports/b_menu/shingi/013_index/toushin/1402678.htm)。

*104—埼玉県「学校職員の特殊勤務手当に関する条例」第6条第1項第4号

に行うもの」とし、同規則[*106]で「二千七百円」とされている。

この2，700円は手当とされ、賃金[*107]ではあるがある意味〈部活動にかかるある程度の個人費用負担分〉が内包されている状態とも考えられる。そのため、遠征などに出かけてもその旅費は支給されないことが多い。旅費負担2，700円以下なら自腹は発生しないと考えられなくもないが、2，700円満額を受け取って部活動に従事したことの対価となるため、旅費が発生した時点で自腹も発生している。休日や祝日に校内で3時間活動しても、県外遠征で往復3時間の移動を含み6時間従事しても同額である。

他にも部活動の自腹を誘引する制度がある。たとえば、「○○部活動運営費」や「○○部活動会」というような顧問が組織する会の会費である。ある意味、PTAのような組織であり、(おそらく)任意加入制は敷かれているが、顧問会議などで(ほぼ)強制加入＝強制支払いとなっている。用途や執行基準はその組織に任され、さまざまとなっているようだ。大会時の昼食代や傷害保険料などを支払っているところもある。必要不要といった賛否両論もあるだろう。基本的には、PTAへ公費助成がないことと同じく、こういった任意団体には公費の支給はされないことが多い。

運動部では、ユニフォームや道具も自腹になることがある。本調査でも「ベンチ入りするスタッフもユニフォームを揃えなければいけない」とあり、顧問も同じユニフォームを着用していないと試合が成立しない、監督として扱ってもらえないなどという制度上の壁がある。また、本調査にも顧問が審判を担当する場合も多く、そのための資格を自腹で取得するというコメントがあった。また「審判をするため、ルールブックは必要であると地域の役員に言われたため購入」「審判服、帽子、スラックス、スパイク、ベルトやバットなど、キリがない」――もちろん、制度上は顧問用のユニフォームや道具を公費で購入することも可能だが、子どもの教育活動にかかる費用を優先にすると後回しになっているのが正直なところである。

＊105―ちなみに一般職員の特殊勤務手当として「放射線取扱手当」（1日320円）や「遺体取扱手当」（1体800円）などがある。
＊106―埼玉県「学校職員の特殊勤務手当に関する規則」第5条第4号
＊107―賃金とは労働の対価である。ちなみに給与とは給料＋諸手当を表す。

第2節 自腹を解消させるために教育行政と連携できること（事例・改善）

第1節では、自治体の学校財務制度が要因となり、自腹を引き寄せてしまう状況を説明した。本節では、そのような状況のなかでも自腹抑制に有効だと考える教育行政の取り組みや制度そのものの改善案を提案していく。このことにより、学校財務制度の改革熱が高まり、自腹の解消に向けて教育行政側と学校側が連携し、制度改善に取りかかることを期待したい。

1 学校現場に購入権限がない問題への改善案

これは、前節で説明した**支出負担行為の権限を学校現場へ委譲することで解決できる。**さすがに専決をせず、法令上の規程である首長が支出負担行為をしている自治体はないだろうから、学校現場に購入権限がないとされている場合、教育委員会事務局（学校財務を担当している所課長など）にある場合が多い。

まずは、だれにその権限があるのかを調べる。学校現場で学校財務を担当している事務職員に聞けばわかることである。さらに、なぜその担当にその権限が付与されているのかを調査することも必要になってくる。特に理由がなく、古くからそうなっている規則で運用されている場合は変更へのハードルがある程度低い。学校現場（校長や副校長などの管理職が適当）に支出負担行為の権限を与えることで、教育行政の仕事も軽減されるし、そのことで事務職員や管理職の仕事は増えるだろうが、自腹を切らせる可能性は減少するだろう。そのインセンティブを示すことが有効だと考える。

専決規程や予算事務規則などでその権限が定められている場合は、議会決議が不要であるため、改定のハードルは低い（条例の改正は、議会決議が必要）。その担当所課長や部長などが規則の改正原案を作成し、首長決裁が原則になる。[*108] そもそも、行政内部の分掌を定めたものであるため、内部で調整が済んでいれば改定は容易である。

＊108―地方自治法第15条には、「普通地方公共団体の長は、法令に違反しない限りにおいて、その権限に属する事務に関し、規則を制定することができる」ことが定められている。また、教育委員会も規則を定めることができる。その根拠は、地方教育行政の組織及び運営に関する法律第15条「教育委員会は、法令又は条例に違反しない限りにおいて、その権限に属する事務に関し、教育委員会規則を制定することができる」にある。

しかし、何らかのハッキリした理由により、学校現場へ権限を付与していない場合はその要因を解決させる必要性があるため、2段階の課題がそびえ立つ。自腹の解消をめざす取り組みとしてはマイナスファクターであるが、少しずつでも前進させていくべきだ。たとえば、金額の問題であれば5万円や10万円などのように少額から権限委譲をしていく方法もある。それだけでも現場に購入権限があるなら、自腹の減少は期待できる。

2　令達予算の流用ができない問題への改善案

学校令達予算は、「宛てがい扶持」と「フレーム」という方法がある（図表48）。前者は、流用制度が認められていない場合、備品費から消耗品費への移動はできなく、自腹を促進させてしまう可能性が高い。後者は、フレーム（枠）で予算が令達される方式である。いわゆる学校現場で、備品費と消耗品費の配分を決めることができる方式ともいえる。フレーム方式であれば、その年の重点目標と合致した予算執行計画を立てることが可能となり、自腹を抑制させることができるだろう。

款項目節という区分、目と節は議会の承認を得なくともそもそも流用が可能であることを説明した。流用を制限している規則や要綱を変更するだけで問題は解決する。しかし、自治体によって流用手続きの煩雑さは違う。気軽に流用を認めることは、その自治体の予

図表48「宛てがい扶持」と「フレーム」の違い

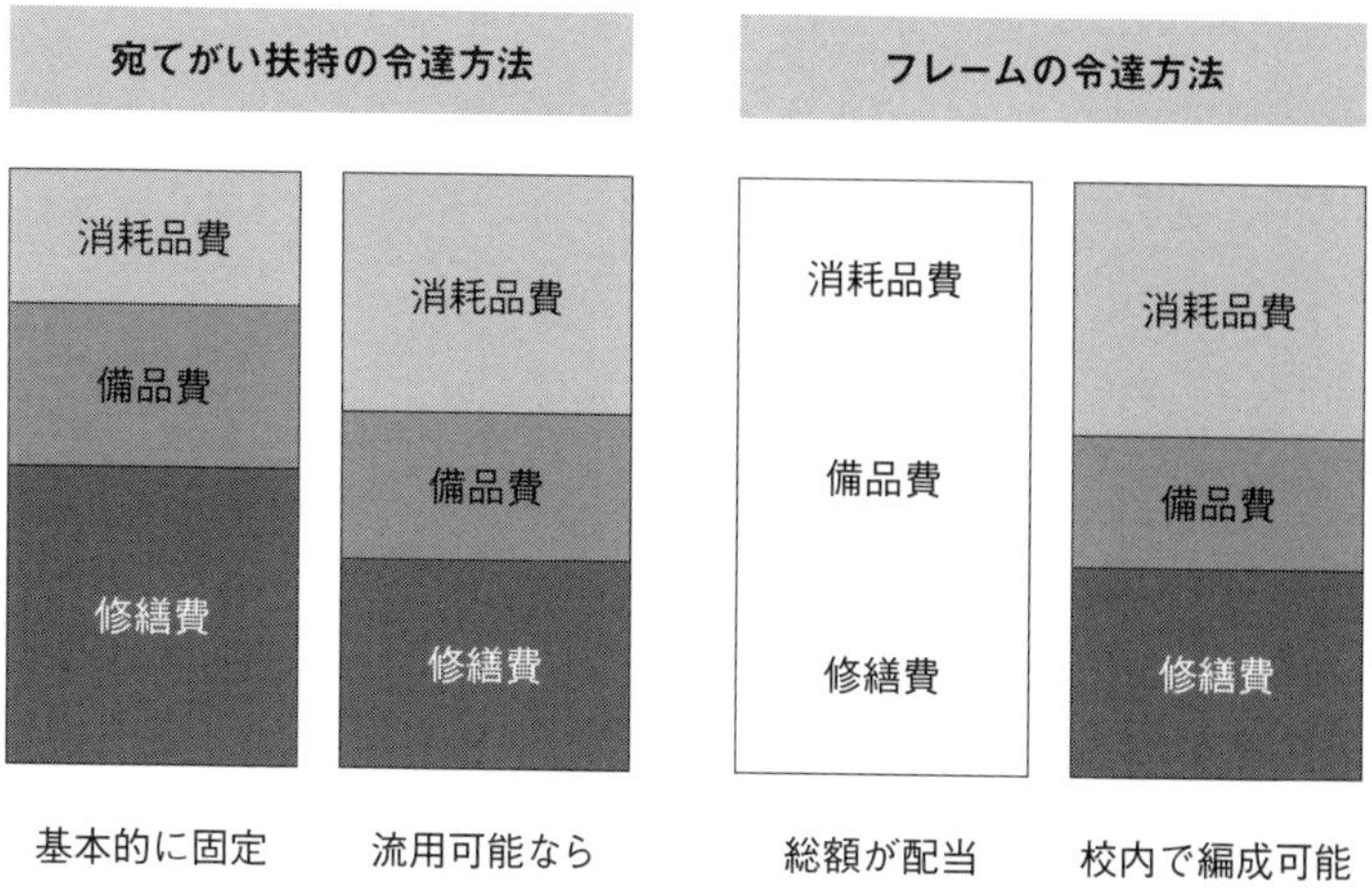

算編成方針に反することもあるだろうが、自腹の抑制に向けた取り組みとしては必要不可欠な機能といえる。事前申請を条件としている自治体もあるし、その必要性も理解できるが、なるべくなら現場で流用ができる金額やその範囲を定めておき、必要な手続きは校内決裁のみに留めることがベストであろう。

流用も必要な制度ではあるが、それ以前に宛てがい扶持ではなく、**基本的に流用しないことを前提としたフレーム方式の導入を進めたい**。この制度によれば、教育委員会は令達内容を細かく計算し、決定しなくともよくなるため令達に関する事務の負担は減る。逆に、学校現場ではフレーム令達された予算を自校の教育課程と照らし、予算を編成していく必要が生じるため負担は増える。「負担が増える」とは表現したが、裁量が大きくなったという表現のほうが正しい。このことにより、第7章で説明した学校財務マネジメントの効果は飛躍的に高まり、自腹の抑制にもつながっていくだろう。

予算の令達方法は、法令上に定めがない。そのため、各自治体の規則などで定めることになる。なかには規則もなく、児童生徒数割や学級数割などの方法が書かれた令達マニュアル的な文書を根拠に、機械的な割り当てをしている自治体もあるようだ。このように、自治体の慣習によるところが大きく、流用や令達方法に関する改善は制度自体の改善と捉えれば、決して困難な道のりではないと考える。

3　買いに行ける店がない、使える業者が限られている問題への改善案

登録業者の拡大

まず、**公費で買い物ができる業者を増やす取り組み**である。

現物を確認しながら買い物ができる店は、管見の限りで少ないが、それでもホームセンターやドラッグストア、家電量販店にみられる。一定の規則性はないが、法人営業部などが官公庁との取引契約（掛取引）をしている店舗は可能になる。ホームセンターなどの側から官公庁に対し、取引を促すようなパンフレットが店舗に置かれていることもある。このように、業者側にその間口を開いてもらえば、学校は量販店などでも買い物が可能になる。

ホームセンターで多いのは、その法人営業部と自治体が契約（債権者登録など）をした上で、利用したい学校は身近な店舗のサービスカウンターなどで契約し、法人カードを得るという仕組みである。[*109] そのカードが学校の信用となり、通常の買い物と同じような流れで、キャッシュレス決済が可能になる。キャッシュレスではあるが、その行為のみで支払いの決済を完結させることはできないため、請求書などを基に事務職員が通常の決裁ルートに乗

せた支払い手続きを進めていく。

掛取引には、業者側のリスクも多少ある。たとえば、学校や行政の手続きが遅延した場合は支払いも遅れ、業者への入金も遅れる。その場合、仕入れに対する支払いの問題が出てくる可能性はなくもない。*110 そのため、現金決済を望む業者もある。しかし、その辺りは行政からも働きかけ、可能な範囲で理解していただいたり、信用を売り込んでいったりすることもできるだろう。

また、学校から要望が出せるような制度もあると便利である。某バーコード決済アプリでは、「使いたいお店リクエスト」機能がある。このように、学校からのリクエストを受けつけて、行政が業者にアプローチしていくことも期待したい。新年度を迎えた4月の休日には、100円ショップで教員らしき人物をみかけることが多い。100円ショップでも公費が使えると、喜ぶ教員は多いだろう。*111 自腹を切らずとも現物を確認しながら買い物が可能になる一つの例である。

資金前渡制度

もう一方で、**現金決済を広げる取り組み**が考えられる。公費の場合、現金を学校で扱うためには、〈資金前渡制度〉が活用できる。しかし、管見の限りでは、資金前渡制度それ自体は自治体で規定されていても学校現場への適用は限定的である。たとえば、校外活動の施設入場料に限定されていることが多い。しかし、京都市の場合は物品購入も可能にしている。[*112] この規則により、債権者登録をしていない業者や店舗でも買い物が可能となる。

さらに京都市はもう一歩先も実現している。資金前渡制度は、施設入場料に限定している自治体が多いと書いた理由は、前渡額が見込めるからである。一人1,000円の入場料で10人の引率であれば、1万円を前渡すればよい。しかし、京都市は〈予定額〉でも前渡が可能である。一般的な買い物と同様に、店舗で購入するものを決めることができる。調理実習の材料費を概算し、その資金を前渡してもらう手続きにより現金が手に入る。それを持参し、スーパーで公費による現金買いができるのだ。ただし、すべての物品を購入できるわけではなく、「現金による即時支払いしか対応できない」場合に限られたり、申請の時期が限定されていたりする。

---

*109—「コメリカード」(https://www.komeri-card.com/card/kankou_card/)、「ひらせいパブリックカード」(https://www.hirasei.net/hirasei/publiccard/publiccard.html)、「コーナン」(https://www.hc-kohnan.com/business/)などで実施を確認した。

*110—いわゆる自転車操業状態（一般に「借金を返済するために、別の金融業者から借金を繰り返すような状態のこと」。自転車は、漕ぐのをやめると倒れる——仕入れ代を払うためには売上代が必要）の場合である。

*111—教員が100円ショップで買い物をする場合に自腹を切っていることも多いが、補助教材費や学級費といった保護者の私費を使っている可能性もある。公費が使えるようになることで、教員の自腹はもちろんのこと、それらの私費削減にもつながる可能性がある。

このような京都市の制度を拡げ、さらに拡大適用（主に、現金の使途を限定しないことと、時期の限定を外すこと）をしていくことで、自腹の抑制になると考える。学校現場に現金があれば、[*113] 掛取引は不要であり、業者のリスクもなくなる。なお、資金前渡制度を利用した場合、一時的に現金を保管することにもなるが、その期間を最小限となるように工夫したり、金庫などを用意したりすることで、現金管理の問題は解決できる部分もあるだろう。

学校に現金が与えられることで、ディスカウントストアの利用や緊急時の対応ができ、現物を確認しながらの買い物も可能となる。その反面で価格比較（見積り合わせ）などが困難となり、学校財務マネジメントの視点から考えると決裁ルートに関する問題は生じてしまう。そのため、**現物を確認しながらの買い物が必要な場合や緊急時の対応に限定した、制度の改善**を進めていくことが推奨されるだろう。

4　公用自動車がない問題への改善案

公用自転車のみならず、**公用自動車を置くことの検討を勧めたい**。もちろん、地域性にもよる。真に自動車が必要な地域もあるし、その場合であっても安易に自家用自動車を公用車登録する規則は、見直すべきだと考える。

各校に1台がベストであると考えるが、市区町村役所に学校も利用可能な公用自動車を置き、それをシェアする方法も考えられる。しかしその場合、役所まで向かうための足が必要だし、現実的ではない自治体もあるだろう。そのため、買取式ではなく貸借式が現実的かもしれない。備品購入費（節）ではなく、使用料・賃借料（節）で予算を確保する。

自治体によっては、カーシェアリング事業を活用した公用車の確保がある。特定の自動車を共有し、利用者が利用したいときに使用できるサービスを「カーシェアリング」という、レンタカーよりも気軽である。公用車を住民とシェアするカーシェアリング事業と一般企業が実施しているカーシェアリングサービスに自治体が会員登録し、その車を公用車扱いとしている場合があるようだ。*114

このように民間企業と連携し、学校敷地内の一角で官民共同カーシェアリングサービスを提供したらどうだろうか。教職員は公用車として利用ができ、地域住民も会員であれば

＊112―京都市会計規則第57条「令第161条第1項第17号の規定により、次に掲げる経費については、その資金を職員に前渡することができる」という条文に伴い、その具体で定めた第8号「即時支払をしなければ契約の締結が困難又は不利となる経費」による適用である。この条文自体は珍しいものではないが、この規則を学校現場まで適用している自治体は珍しい。

＊113―公費としての現金である。私費では、現金を扱っている。しかし、それはあくまでも公費不足を一時的に補うための私費であり、保護者に負担していただいているお金である。公立学校は、本来すべてを公費で負担した教育活動を展開するべきであると考えている。

利用することができる構想である。自治体の管財所管課が車検などを管理する必要はなく、使用料の支払いとすることでその辺りの負担も減るし、教職員は自家用自動車を公用車に登録して使用するような、その意味での自腹を回避することができるだろう。

しかし、自分の車ではないため、いつでも自由に使えるわけではなくなる。便利と自腹は表裏一体という事実もある――。

5　地域活動に対する自腹問題への改善案

教職員の交際費を予算化させることは、現実的に難しいかもしれない。せめて、管理職用に多少なりとも予算を付けるべきではないか、というのが第1案である。そして、同時に**管理職以外の参加は任意とする方針**を校長が示す。

第2案は政策課題として取り上げる。コミュニティ・スクールや地域学校協働活動などの教育政策により、地域と学校は不可分一体として捉えられている。そのため、学校として地域活動を無視できる立場ではない。しかし、自腹を切らせてまで参加させることも違う。教育政策として「地域とともにある学校」を掲げるなら、この辺りの課題も解決するか、行政から地域への説明は必須であろう。行政が町会長会議などを招集したり、通知を出したりすることにより改善されることも期待できる。

別案として、祝金関係のやりとりを規制する方法もある。まだまだ、学校に地域として――逆に学校から地域へという祝金の〈いってこい〉[*115]があると聞く。埼玉県川口市に編入合併となったが同県旧鳩ヶ谷市では、行政からの通知により、祝金関係のやりとりすべてを撤廃していた。やろうと思えばすぐにできる実践だろう。

予算を付けるという第1案よりも、地域と相談する第2案と同時に**出費そのものをなくしていくという別案の実行**も望まれる。

6　部活動周辺の自腹問題への改善案

2023年6月、鳥取県鳥取市が部活動に対する「顧問教員の自己負担」を調査する方針を示した。

前節で説明したように、鳥取市でも公式な大会以外は出張扱いにされず、教員の交通費

*114―東京市町村自治調査会ウェブサイト「公用車へのカーシェアリング導入について」(https://www.tama-100.or.jp/contents_detail.php?co=ser&frmId=1042)、タイムズカーウェブサイト「官民連携によるカーシェアリング普及の取り組み」(https://share.timescar.jp/public/)。

*115―学校の入学式で地域から祝金をいただき、地域の盆踊り大会で学校は祝金を出すようなプラスマイナスゼロの動き。

は自腹であるという。そのために、その現状を調査し、実態を把握した上で公式な大会（鳥取県教育委員会主催）以外の大会などは、その主催者と連携していくそうだ。[*116] それがどんな解決策になるのか、この調査結果が自腹の抑制にどうつながるかは現時点で不明だが、**自腹はみようとしないとみえてこないことが多い**。みてみぬふりをするのではなく、その調査に踏み切った価値は高いと考える。

部活動の地域移行が叫ばれている昨今、学校教育の外として自腹は残るかもしれない。「残る自腹」については終章でふれていこう。

〈参考引用文献〉
・柳澤靖明「学校財務を担当するために必要な知識」柳澤靖明編著『学校財務がよくわかる本——仕事の仕方から必要な知識、具体的な取り組み例』学事出版、２０２２年、１０２-１３３頁。

＊116——教育新聞「大会の交通費など部活動顧問が自己負担か　鳥取市教委が調査へ」（https://www.kyobun.co.jp/article/20230622-04）２０２３年６月22日。

学校財務担当者の葛藤

事務職員の自腹

――高額な自腹ですか？　そうですね、やっぱりパソコンでしょうか。わたしが採用されたときの話をしましょう――って年齢がバレるから詳細は伏せま……あ、年齢もなにも匿名でしたね。正確には、22年前のお話です。

新採用にもかかわらず、個室が与えられるという噂に胸を躍らせたあのときの話です。赴任前に、引継ぎとして事務室を訪れました。その部屋には、文房具一式が勢ぞろい＆一人なのに机が2台と椅子が2脚ずつありました。さらに、ノートパソコンとプリンターも置かれていて、ちょっとした社長室でした。しかし、です。なんとそのパソコンは前任者の私物だというじゃないですか。当然、赴任した日にはプリンターあれど肝心のパソコンがないという始末――にもかかわらず、引継ぎはフロッピーディスクですよ。あ、3・5インチ。パソコンがないと仕事にならない状態ですね、はい。職員室でも、私物パソコンを使っている教員が数人いるくらいで、共用のパソコンすらありませんでした。忙しくキーボードを叩いている教頭に声をかけても、ないものはない——撃沈。

どうしようもないこの状態を突破するには、自腹で買うしかなかったんです。まだ給料ももらっていないし、学生に毛も生えていない状態の新採用です。当時20万円くらい注ぎ込んでパソコンを買いました。今思えば、それは初任給より高かった自腹です。このように、まだまだデキル教員が自腹で買ったパソコンを持ち込んでいたような時代です。それにもかかわらず、事務職員はパソコンがないと仕事にならない状態ともいえました。ある意味で強制的な自腹が発生したようにも感じています。

さて、葛藤の話をしましょう。想像できなくもないと思いますが、本書の第7章第1節で説明されているような学校財務マネジメントが確立されているとしても、事務職員が自分で要望を出し、それを自ら査定するようなことって雰囲気的に難しいんですよね。たとえば、事務室の整理をしようと思って、本棚やレターケースが欲しくても〈自分のために公費を使っている〉と思われたくないので、自腹で買ってしまうことはよくあります。他にも、照度が足りなくて天気の悪い日は薄暗い事務室もありました。もちろん、労働安全衛生法上でも改善が必要だし、職場環境を整備することは、むしろ肯定されるべきことです。でも、「あれ？　事務室が明るくなってる！　いいなぁ♪」なんていうことをいわれたら気まずいという〈葛藤〉があります。だからといって、さすがに照明器具を自腹で取り換えることはしませんけど……。

パソコンの件にも近いんですが、事務職員が事務職員のためだけに（たとえ公務で使うとしても）公費を使いづらい雰囲気はありますね。もちろん、コソコソやるんじゃなくて教科などで使うものと同じように必要性や用途を説明すれば問題ありませんけど、やっぱりちょっとしたことくらいなら自腹を切っちゃいますね。今、事務室を思い出しても、あれやこれや自腹で買ったもの多いですね……。

終章　自腹からの解放

最後に、終章として自腹問題をどのように総括し、解放させていくか考える。

ここでは「解決」ではなく「解放」という言葉を使っている。その意図の説明として、結論を先に述べておこう。自腹の「解決」とは、自腹がなくなることを想定するだろうが、それに対して「解放」とは、自腹を「解」き「放」つことである。しかし、放任ではない。自腹を自由に認める――という意味でももちろんない。

第1部と第2部で自腹の現状を確認し、第3部ではその解決策を論じてきた。そのすべてを実行に移すことで、必ず「なくせる自腹」は抽出できるだろう。しかし、本書の解決策だけでは「なくすことが難しい自腹」もある。さらには、「なくならなくともよい自腹」を残すことによる解放も同時に提案していく。終章ではこの3領域を整理していくことで、自腹を解放に近づけていきたいと考えている。

本書からも確認できるように、自腹問題を俯瞰すると、教員や管理職、事務職員などの教職員間、さらには学校と保護者や地域住民との対立を生んでしまう可能性もみえてくる。しかし、当然ながら関係者は対立を望んでいるわけではない。すべての関係者が望むことは、〈子どもの教育を受ける権利〉の保障である。むしろ、それが思いのすべてであろう。その目的を再度踏まえながら、順を追って自腹の「解放」策を考えていこう。

第1節　自腹問題をどう考えるか

まず、本調査では「自腹はなくすべきだ」と考える回答者は、「考えが近い」と「どちらかといえば考えが近い」の割合を合算すると78.8％に上っている。しかし、このことを正確に捉えれば「なくすべき」という理想論であって「なくなる」ということではないし、「なくせる」という趣旨でもない。回答者の考えであり、自腹が不要だと考えている人の割合である。もちろんこのことを否定的に捉えたいわけではなく、その気持ちこそが自腹を解決に近づける第一歩であり、受動的ではなく能動的に解決へ近づけたいという回答者の意思を汲みとりたい。当然ながら無関心では何も変わらないし、行動にも移せない。知識は認識を変える——本調査に基づいた本書の知見を利活用し、自腹への認識を変え、解決に向かう行動を期待したい。

それでは、終章でもかんたんに自腹問題と向き合ってみよう。

序章にも書かれているように、そもそも教職員の自腹を想定した制度はないし、逆に具体的な条文でそれを禁止している法令もない。肯定すべきではないが否定もしづらく、その境界は不明確かつあいまいなのが自腹問題における制度的側面といえる。しかし、学校教育法第5条「設置者負担の原則」を素直に解釈すれば、学校に要する経費はその設置者が負担すると説明ができる。その例外規定もあるが、自腹をその例外としているわけではない。

設置者が法律に基づき負担している＝学校に令達している予算の総量や執行方法をどのように考えるべきか――、このことは第7章を中心に述べてきたので再掲するつもりはないが、教職員のコンセンサスを経て編成し、法令に基づいて執行している。また、公費とは別に私費もある。設置者負担分（公費）の不足を例外として、受益者負担分（私費）で補っているという構造になる。

このような論理で、公費と私費（保護者負担）を合わせた学校を運営するための費用（「学校運営費」と呼ぶ）を事務職員が調製し、職員会議などの機会でコンセンサスを得ている。管理職層であろうと、その編成された予算を効率的・効果的に執行し、教育活動を実施していく主体の一人に変わりはない。

しかし、少々厳しい言葉を使えば、自腹はこのコンセンサスを崩す行為であり、組織で決めたことを個人の論理で崩す行為である。たとえ、その学校の財務マネジメント過程が実態に合わなかったり、極端に少ない予算で窮屈な学校運営を余儀なくされたりしても、そのこと自体が問題であって、自腹を切る行為に直結させることはそうした問題を解決することにはならない。

今述べてきたことは、筆者が学校財務マネージャーである事務職員として、調製した予算が軽視されている状態に対して憤っているかのように映るかもしれないが、そうではない。本章の冒頭で確認したように対立を望んでいるわけでは毛頭なく、子どもの教育を受ける権利保障にも影響してくるという点を示唆したい。自分がよければそれでよいのではなく、その行為が周辺にも影響を及ぼしていることもある。

それは、本調査によれば自腹の原因として「職場環境」や「雰囲気」という回答があることからも確認ができる。**自腹は、本人がよければよいという性質のものではない。**また、そのことに本人が気づいていないことこそが問題[＊117]なのであり、さらに自腹を広げるきっかけにもなってしまっている。再度、全体の奉仕者たる視点で「子どもの権利保障」を捉え直す必要があるだろう。

第2節　自腹問題解放に向けた自腹類型の整理

本書では、なるべく広角的に自腹を扱ってきたつもりである。しかし、本調査の自由記述には紙幅の関係で扱い切れなかった自腹も多くあるし、その経緯もさまざまな角度からふれられていた。そのすべてを紹介し、検討できなかったことは残念である。残された課題として継続的な研究材料としていきたい。

集められた自腹の事例を整理していく過程に、筆者の事務職員経験も踏まえた視点を加え、「自腹問題」解放に向けた**〈自腹3類型〉**①**「なくせる自腹」**、②**「なくすことが難しい自腹」**、③**「なくならなくともよい自腹」**に分類した。

＊117—日本国憲法第15条第2項「すべて公務員は、全体の奉仕者であって、一部の奉仕者ではない」、地方公務員法第30条「すべて職員は、全体の奉仕者として公共の利益のために勤務」。

①「なくせる自腹」とは、学校運営費の総量を数倍にすることとその執行方法（使い勝手）をよくすることで「なくなる」と期待できる自腹である。前者には、公費と私費（保護者負担）が混在しているため、教職員の自腹が「なくなる」ことを引き換えに保護者負担が増えてしまうことは本末転倒である。そのため、数倍とする射程は公費に限る。後者は、第8章で述べたように制度設計を再検討し、学校現場の裁量を高めることにある。

②「なくすことが難しい自腹」とは、公費の確保が難しい費用負担分である。たとえば、教職員分の学校給食費や親睦会の会費などが第1に想定される。第2として、公費執行のルートとルール（第7章参照）に乗せていない費用である。前者は、本調査でも自腹当然という立場などの肯定的な意見もあり、そもそも自腹として認識していない可能性も高いし、特に親睦会費などは公務員なら当然という社会的認知もあるだろう。後者は、緊急性に伴う自腹（現金買いのレシート精算不可など）として本調査でも顕在化されたが、適正な手続きは最重要事項である。税金が財源である公費に対しては、一般企業のような領収証による経費精算はなじまないと考える。自治体の方針のみならず、納税者にも客観的な説明と理解を得るためには見積りの徴取なども必要であろう。以上の理由から「なくすことが難しい」と分類した。

③「なくならなくともよい自腹」とは、子どもの教育を受ける権利保障に直接的な関わりが薄く、個人的な満足が濃い費用である。保護者や地域住民もたまにみかけるだろうが、

運動会で教職員が仮装をして走ったり、赤組なら帽子から靴まで赤いアイテムを全身にまとったりしていることは多い（全国的な慣習か、地域限定かは不明だが、筆者二十数年の事務職員経験ではよく出会う光景）。もちろん、子どもたちの活動を鼓舞するために必要だといわれればそんな気もしなくはないが、それは本質といえるのだろうか――と事務職員である筆者は考える。しかし、今まで公費で購入した経験はないし、その費用を要求されたこともない。このように、自腹であったとしても「なくならなくともよい」と分類できる領域はあるだろう。他にも、卒業式でいえばタキシード（校長）や袴・着物（卒業学年担当教員）を自ら望んで着ている場合なども同様であろうか。しかし、他者への影響は考慮しなくてはならない。

以上のように、自腹の性質を分類することにより、自腹の解放が実現できる部分もあると考える。筆者らは、自腹のすべてを〈悪〉としているわけではない。次節では、この辺りを含めた〈自腹問題からの解放〉を出口にして本書の終わりとしたい。

第3節　自腹問題からの解放

①「なくせる自腹」で挙げた解放の方法は、公費の数倍増しと使い勝手の向上であった。前者については本書でその方法を述べていないため、ポイントだけ紹介しよう。

まず、**「なくせる自腹」を切らないことである。**……それは、公費が増えた結果としてなくなるのでは？　と思った読者も多いと思う。ここで、コペルニクス的転換をお願いしたい。公費が増えれば「なくせる自腹」はなくなる――これは正しいが、「なくせる自腹」分の公費を増やすには、「なくせる自腹」分の公費が足りないことをアピールしなければならない。そのため、まず「なくせる自腹」を切らないことを提案したい。本書の出版にも一定の効果はあると考えるが、自腹問題を発信することで公費不足が露《あら》わになり、問題意識が広がれば公費増額も夢ではない。

一例を紹介しよう。学校運営費不足をＰＴＡがその会費を使い恒常的に補っていたという名古屋市立学校の事例が報道された。私費の類型で説明すれば、ＰＴＡ会費は保護者負担である。この問題は保護者負担に頼っている（本書の問題に置き換えれば、教職員の自腹に頼っている）現状をメディアが報道した（２０２３年、東海テレビ）。このように、公費がそもそも足りていないことを保護者やＰＴＡで密《ひそ》かに補填する（本書の問題に置き換えれば、公費がそもそも足りていないことや使い勝手が悪いことを密かに自腹で補填する）ことにより、問題が表に出てこないという問題自体の問題も隠れているのである。報道を受け、名古屋市長は、これを改善が必要な案件として重く受け止め、数か月後には翌年度の学校運営費（公費）を「大幅増額」させることが報道された（各校に対して約１０３万円増）[*118]。公費不足が露わになることで、公費増額につながった。

③「なくならなくともよい自腹」を定義したこと自体も、自腹を解放に近づけることになる。ある意味、この部分は**不自由な規律で縛り切ることは得策ではない**だろう。他者に影響を与える職場環境や雰囲気の促進は歓迎できないが、現時点では個人的な考えと分類せざるを得ない費用（子どもの教育を受ける権利保障に直接的な関わりが薄く、個人的な満足が濃い費用）に応じられるほどの予算規模は見込めないし、自腹を切っている本人もその問題意識の外にあり、あえてこちらに引き込むこともないと考える。これも一種の解放であろう。

＊118―東海テレビ「15年ぶり大幅増額…名古屋市が学校運営費として58億円余りを新年度予算案に計上へ 1校当たり約１０３万円増」（https://www.tokai-tv.com/tokainews/article_20240126_32443）２０２４年１月26日。

②「なくすことが難しい自腹」の解放は、教育現場だけではやはり難しい。**社会的なコンセンサスと大規模な予算が必要**になるだろう。しかし、本書の出版が小さなうねりとなり、それが社会的なうねりを呼び起こしていくことを展望し、筆者一同たゆまぬ努力を続けていきたい。そして、少しでもこれらを「なくせる自腹」へと近づけたい。教員不足が叫ばれて久しい現代の教育界、公務員の福利厚生をどこまで充実させるべきかという議論もあるだろうが、学校給食費はそのきっかけになるかもしれないと筆者は考える。

給食指導は教育課程に位置づけられているし、文部科学省も「学校における食育の生きた教材となる学校給食[*119]」と説明している。「給食」も他の授業、たとえば理科で使うビーカーや社会科の地球儀などと同じく「教材」(=教えるための材料)と捉えられなくない。演示実験や資料提示が自腹であることは、前提にないだろう。そう考えると、給食指導をするクラス担任の給食を公費で準備するという選択肢もないことはないと考える。

しかし、ビーカーや地球儀は食べることはないし、破損しない限りは使い続けることができる(給食は、食べてなくなる)という違いはあるが、家庭科における演示調理ではどうだろうか。調理後に食べることはあるが、それだけが目的ではない。実情、クラス担任をしていると給食を食べないという選択の自由がほぼないし、給食の時間は休憩時間ではなく、給食指導という勤務時間でもある。

それでも学校給食費を②「なくすことが難しい自腹」とした理由は、保護者が負担する学校給食費の無償化は少しずつ実現してきているが、管見の限りで教職員に広がっている事例はないし、自分で食べたものだから自腹が当然という主張も多いからである。

公教育の無償性を実現し、子どもの教育を受ける権利を保障する——これは筆者のライフテーマであるが、少しずつ自腹の解消と保護者負担の撤廃を進めていくことで、私費に頼らない可塑性に富んだ公立学校が再建されていくだろう。

その先には、無償性が実現し、子どもの権利が真に保障された学校がみえる。

＊119——文部科学省「学校における食育の推進・学校給食の充実」(https://www.mext.go.jp/a_menu/sports/syokuiku/)。

小学校教員・ミカ先生のノー自腹な1日

出勤したミカ先生は、昨日、終えることができなかった単元テストの採点を始めた。昨日は、下の子を保育園に迎えに行く時間が近づいていたため、途中で切り上げざるを得なかったのだった。ミカ先生は採点のとき、「採点ペン」と呼ばれる赤のサインペンを使う。インクカートリッジを入れ替えて使うタイプだ。隣のクラスの岸川先生は0・7㎜のボールペンがお気に入りのようだが、幸いなことに、この学校では「文房具置き場」があり、インクが切れたらそこにもらいに行けばいい。事務職員の高井先生が管理してくれていて、少なくなってきたら補充してくれる。何より自分で買いに行く必要がないのがありがたい。採点の大きな丸がかすれてきた。インクカートリッジをもらってこよう。

「文房具置き場」は職員室の端、事務室よりの角にある。まるでそこが100円ショップのような品ぞろえだ。訪問してきた他校の先生や指導主事が、みな羨ましがる。ちょっとした書類やプリントを渡すためのクリアホルダーやステープラー、クリップや、セロハンテープ、ガムテープ、養生テープ、色画用紙や模造紙、シールも何種類もある。そこにないけれども使いたいものがあったら、高井先生に相談に行く。そうすると高井先生はいつも口癖のようにいう。

「チョークは普通公費で用意しますよね。だから、教育活動に使う文房具はみんなチョークと同じように公費でそろえます」

そして、2・3日後には希望したものが文房具置き場に加わっている。よほど特殊なものでなければ。

そういえば、今日の放課後は入院して登校できない子どもの保護者が、給食を停止するための捺印が必要な書類を取りにくるのだった。書類を渡すために、クリアホルダーも1枚もらっておこうと、クリアホルダーを取ると、残りが少なくなっていることに気づいた。

「高井先生、クリアホルダーがなくなりそうです！」

と、事務室に声をかけると、

「ありがとうございます、注文しておきます」

と、すぐに返事があった。

採点が終わったタイミングで、隣の机から6年3組の岸川先生が声をかけてきた。

「先日はすみませんでした、勝手に『シールシステム』を始めてしまって」

――申し訳なさそうな顔をしている。

そんな岸川先生の気持ちがほぐれるように、ミカ先生は笑顔で応じた。

「構いませんよ、子どもたちも思いの外、喜んでいます。6年生でもシールを集める達成感があるんですね」

と、応じた。岸川先生の3組で目標を達成したときややらなければいけないことをしたときにシールをもらえるシステムが始まったことを聞きつけ、ミカ先生のクラスでも「3組ずるい！　2組でもやりたい！」という声が上がったのだった。計画していなかったので少し困ったが、いつものの高井先生に相談すると、教材販売店で人気アニメのキャラクターではないものの子どもたちが喜びそうなシールを見つけてくれた。デザイン変更で売り切るために安くなっていたそうだ。人気キャラクターのシールではないのでなかには不満げな子もいないではないが、シールのデザインは本質的なところではない。だからミカ先生はこれで十分だと思っている。

今日の図画工作では、工作活動を行う。粘土や絵の具セットは保護者に買ってもらっているが、それに家庭から持ち寄ったお菓子の箱や割り箸、ビーズ、梱包材やモールなどをふんだんに使って飾り付けをする。すでにどんなものを作るのか決めているので、子どもたちは指示をすると各々にぎやかに作業を始めたが、今日も作田くんと桐島さんがまごまごしている。二人に聞くと、「材料を家から持ってこられなかった」という。予想通り。

そんなこともあろうかと、この学校では、工作などに使える材料を集める「わくわくボックス」が昇降口にある。ラップの芯やトイレットペーパーの芯、梱包材、余ったビーズやモール、セロファンがあるときに、持ってきて入れておくのだ。特にラップの芯は希少な材料だ。教育書を読んでいたときに見つけたアイデアを、昨年図画工作部会に提案したところ、多くの賛同の声が上がって実行することになったのだった。

逆の立場で、ミカ先生は自分の子どもの学校から「明日、2リットルのペットボトルを持ってきて」

といわれて泡を食ったことがある。「あるときに、ある人が持ってきておいて」というシステムは、保護者にとってもやさしいし、こんなときに子どもたちにとってもやさしい。ミカ先生は、わくわくボックスから持ってきていた材料を二人に手渡して、

「これ、好きに使っていいからね」

というと、二人は喜んで作業を始めた。

じつは、作田くんは、先日の修学旅行で積立金が納入されないままだったため、ミカ先生は管理職や高井先生に相談をした経緯がある。保護者に連絡してみると、保護者が急に退職を迫られたらしく、収入が大きく減少しているらしい。しかし、それを申し出ることができず、未納になっていたのだった。高井先生はこんなときも頼もしい。あっという間に保護者と連絡を取り、就学援助の申請書を作って教育委員会に出してくれた。この自治体では修学旅行の費用は実費がすべて出るということで、申請はギリギリのタイミングだったが、認定されれば修学旅行までさかのぼって費用が支給されるという。作田くんのおかげでミカ先生も学べた出来事だった。今は家計急変時までさかのぼって適用されないか、高井先生と管理職が教育委員会に確認を取ってくれている。

そういえば、以前は修学旅行先でお土産代を持ってこられていない子がいて困ったことがある。お土産代は就学援助制度では支給されないからだ。仕方なく引率している教員がポケットマネーを渡すこともあったらしい。そこで、担任団で話し合って、今年の修学旅行の旅程からお土産屋さんを外した。「修学旅行」なのだから、お土産は物ではなく旅先での「学び」のはずだ、ということで保護者にも説明をした。その結果、お小遣いを持ってくる必要がなくなったので、忘れ物が多い桐原さんや経済的に苦しい作田くんなども旅先で困る場面はなくなったのだった。

備えあれば憂いなしというが、いろいろ準備しておいたことで、どの子も安心して図画工作にも修学旅行にも参加できてよかったな、とミカ先生は思うのだ。

給食の前には、体育の授業がある。ミカ先生は休み時間にあわただしくTシャツとジャージに着替えた。以前にいた別の学校では、教職員統一のTシャツがあり、毎年春の運動会前に注文用紙が職員室を回ったものだったが、今の学校はそれがない。何なら、前の学校のTシャツを着ている先生もいる。ミカ先生は、ややこしいと思うのでそれはしないが、この学校ではTシャツを買うことを強制されないからうれしいと思う。民間の企業だったら制服は支給されるのが一般的なのに購入を求められるのは納得がいかないし、どうせなら自分の好みの素材、色のものを選びたい。

そういえば、今年の運動会は前日に大雨が降って、当日朝早くに出勤したがグラウンドにまだ大きな水たまりができていた。近隣の学校はその水を吸い取ることができず運動会を延期したり時間を後ろ倒しにしたりしたところもあるらしいが、この学校では水を吸い取るための吸水スポンジをしっかり準備してあったため予定通り開催することができた。これも備えあれば憂いなし、の例だ。

表現活動の体育の授業を始めると、教室から持ってきたCDプレイヤーの調子がおかしい。CDプレイヤーを普通教室の教卓の横に置くと、チョークの粉を被りやすく、じつはとても壊れやすいのだ。各学級のCDプレイヤーが壊れたら、共用のスピーカーが視聴覚室に整備してあるので、それと教員用タブレットを接続して利用してほしいといわれている。そのときがきた、ということだ。

給食費はもちろんミカ先生も支払っている。給食費はこの学校では唯一の画一的「自腹」となっている。しかし、給食の時間も給食指導を行っているし、アレルギー対策や給食費未納の督促なども業務として行っている。何より今は、「食育」という概念がある。だから、業務の一環で食べていると考えると、これも公費で保障するのが筋ではないかと思っている。近年行われている子どもたちの給食費無償化に向けての運動の方針に、職務として給食に携わっている教職員の給食費の公費保障も加えられないかと職員団体で検討されているそうだ。

給食後の昼休み。子どもたちはそれぞれ好きに過ごすが、2組の子どもたちは「ミカ先生の学級文庫」が好きな子が多い。この学校では、近くの公立図書館と連携していて、学校の図書室には入っていないようなおすすめの本を選りすぐって学級文庫として貸し出してもらっているのだ。一定期間たつとまた新しい本がやってくるので、子どもたちも飽きることなく読んでいる。他のクラスは図書館の司書である真島先生に選定を任せているが、ミカ先生は読書が好きなので、自ら選定をしている。だから、2組は「ミカ先生の学級文庫」と呼んでいるのだ。

他のクラスで好評だった本について希望を出すと、次のターンで自分の学級にやってくることもある。新しい本や話題の本もあるし、図書室の本よりきれいで競争率が低いので、本好きの子どもたちが群れを成すのだ。本来は図書室の予算が潤沢で、より蔵書が充実していればよいのだが、なかなかそうもいかないらしい。しかし、子どもにとって身近な空間である教室に学級文庫を置いてあるのは、子どもにとってはよい環境だと思う。

一度だけ、子どもが、この本が入っていた手提げバッグに給食の味噌汁をぶちまけてしまったことがある。しかし、公立図書館と公立小学校の間で起こったトラブルといえるので、教育委員会である程度予算が確保してあるとのことで、そこからその本の再度購入用の費用が支出された。社会教育と学校教育をつなぐ、というこの自治体の特色的な施策の一つだが、担任としてはいいことずくめだと思う。

放課後、たまっている仕事を、今日こそは少しでも片づけたい。以前は放課後になると職員室でコーヒーを淹れ、ちょっとしたお菓子をほおばりながら情報交換する余裕があった。どの学校にもいわゆる「コーヒー友の会」があり、幹事役の先生が会費を集め、コーヒー豆やお茶菓子を用意してくれているのだ。しかし数年前から、みんな時間の余裕がなくなったし、幹事役にとっても負担だろう、ということで、友の会は自然消滅した。今は、コーヒーを飲みたい人が勝手にコーヒーを淹れ、お菓子を持ってきた人が「どうぞ」と配っていたりするくらいで、みんな思い思いにしている。ミカ先生はお菓子を食べるよりも仕事を少しでも進めたいと思うので、それでいいと思う。

そういえば、昨年は学期に一度、「親睦会」担当の先生たちが、年度初めに教職員から集めた親睦会費でケーキを買ってきたことがあった。集めたといっても、登録口座から予め引き落とされる形で徴収されており、財布を開いたわけではないのだが、この「親睦会費」を使って冠婚葬祭の慶弔費が支出されたり、全員参加の懇親会が開催されたりする。しかし、ケーキを買うことには合意していないし、全員が一緒にケーキを食べられるタイミングがあるわけでもなく、なかには健康上の問題から甘いものを控えている先生もいるということで、抗議の声が上がり、親睦会費にそうした支出をすることはなくなった。ケーキはゆったりとした気分で自分の好きなものを食べたい、と思うミカ先生には、大賛成の方針転換だった。

そこに教頭の吉井先生がやってきた。

「前に行ってもらった修学旅行の下見なんですけど、交渉したところ、学年の先生全員分は難しいかもしれないですが、複数名旅費を出すべきかどうか来年に向けて検討してもらえることになりました」

管理職と高井先生とで、教育委員会と交渉してくれるといっていた案件だった。自治体の規定上、修学旅行の下見の旅費が一人分しか出ないこととなっていて、例年問題となっていたのである。ミカ先生は

「トイレの場所とか、何かあったときの避難ルートとか、一人だけみてきても下見とはいえないでしょう。なるべく多くの人数で下見しないと、安心して修学旅行に行けませんよ」

と考え、それを吉井先生にも伝えていた。

吉井先生によれば、

「事務職員の研究会で、高井先生が他の自治体の旅費規程について調べて、一人しか出ないのはおかしい、という資料を作ってくれて。校長会や教頭会でも話題にして、教育委員会と交渉していきます」

経緯を説明する吉井先生の表情は淡々としているが、その覚悟がにじんでいるように思えた。

「ただ、学年の先生全員が下見に行くべきかどうかというとやはりまだその

必要性が本当にあるかどうか、検討する必要があるということになっています。またご意見を聞きますので、その辺りを考えておいてください」

この学校だけ特別扱いではなく、自治体のルールを変えるとなれば、慎重な検討が必要となるのは当然だろう。隣の岸川先生は不満げだったが、ミカ先生は下見といいつつも、例年高学年担任をしていて下見が必要がないような先生もいるなと考えていた。


放課後、学校にくる予定の保護者から電話があった。ミカ先生が電話に出ると、

「仕事が長引いて、行けそうにないんです。申し訳ないのですが、書類を郵送していただけますか？　病院と職場の往復で、あまり家にいられないんです」とのことだった。

メールで送ることもできると伝えたが、印刷ができないといわれた。郵送を高井先生に頼もうとしたが、今日は午後から出張で不在だったことを思い出した。栄養教諭の久原先生とは、給食停止についていは話がついているけれども、給食費を扱っている高井先生にはまだ伝えていない案件だった。次に出勤してきたときにすぐに伝わるように、まずは高井先生にメモで伝えよう。

そして、保護者には、

「まずは口頭で給食費の停止を関係者に伝えますので、急がなくて大丈夫です。明日以降、書類をお届けしますね。お忙しいと思いますが。書類はさかのぼって適用されますので、今月中くらいには出してください」

と伝えて、電話を切った。


今日は夕方に、学校を休みがちの徳田くんの家を訪問する約束だ。

徳田くんの家は、おとなら徒歩で20分。徳田くん自身は、

「30分もかかるよ。登校自体がつらい」

と話していた。この学校は校区が広くて、なかには徒歩1時間かけて通学してくる子もいる。バスの便があまりよくないのでバス通学も難しい。そのため、家庭訪問用に、教職員で共有する自転車が複数台準備されている。昨年までは1台だけだったが、使われなくなった自転車を寄付してもらうなどし、きちんと整備して使えるようにしたのだった。職員室から1台の自転車の鍵を取り出し、さっそうと自転車をこぎ出したミカ先生は、徳田くんの家がある団地の前の来客用駐輪場に自転車を停めた。駐輪代がかかる場合は、後から請求できる仕組みだ。久しぶりに会った徳田くんはいろいろ話したかった

ようで、1時間たっぷりと会話をしてくれた。徳田くんが学校にきたときに気をつけてみよう、と思うことを、いろいろと聞くことができた。ミカ先生は自転車で学校に戻った。


定時を超えてすっかりゆるい雰囲気になった職員室に戻ったミカ先生は、気にかかっていたことを5年生の服部先生に聞くことにした。服部先生は、いつも高学年担任を務めている、教員経験30年目のベテランの先生だ。

「服部先生、昨年の卒業式って、袴着ました？」

すると服部先生は、よく聞かれる質問なのか、情報を倍盛りにして返してくれた。

「着たわよー。レンタルはこの業者だと全部セットで2万5，000円。あ、訪問着を持ってるの？　なら、袴だけだから1万5，000円くらいかしら。学校の目の前の美容院なら、朝6時から着付けとヘアセットまでやってくれるわよ。1万円。でもね、別に着ない先生もいるし、わたしも着なかったことあるの。お祝いされるのは担任じゃなく、子どもたちだからね」

聞きたいことを一気に教えてくれた。お礼をして席に戻ると、

「聞いてよかった。お金も負担だし、朝早いのも大変だし、主役は子どもた

ちだし、袴は着ないでおこうっと」
と、ミカ先生は安心して一息ついた。

ふと気づくと、もう下の子を保育園へ迎えに行く時間だ。慌てて下の子を拾い、スーパーに寄って帰宅する。ごはん、お風呂を経て、子どもの宿題の面倒、明日の保育園の準備をしてから子どもが布団に入るまでは、まったく休めない。時計の針が午後9時を回った後、ミカ先生はようやく自分の時間を取ることができる。最近はこの時間を教材研究に充てている。授業準備自体はなるべく学校にいる間に行うが、より授業改善を行っていくためには、いろいろな書籍を読んだり、文学や映画にふれたりすることも大事だ。特に、ミカ先生は小学校免許の他に中学・高等学校の英語免許ももっており、「外国語活動」に力を入れている。

教材研究のために月に5冊は本を読むが、以前はもっぱらインターネットで取り寄せていた。今は、学校と連携している公立図書館が、教材研究・授業研究用の書籍を定期的に届けてきてくれる（学級文庫の入れ替えと一緒のタイミングだ）。こうした書籍は、職員室の一角に「教材研究ライブラリ」として置かれており、どの先生も自由に読むことができるため重宝している。そこにない本もリクエストすれば、他の図書館から取り寄せてくれる。これ自体はどこの図書館でもあるサービスだが、使い始めるとその便利さが身に染みる。この自己研鑽の時間は、ミカ先生にとって教師としてのやりがいも感じられ、不可欠な時間だ。

読んでいるといろいろと授業アイデアが浮かんできてワクワクする。が、睡眠を減らしすぎるのもよくない。日付が変わる前にミカ先生は休むことにした。

おわりに

教師の自腹――正確には〝「教職員」の自腹〟であり、教師以外のそれも含んでいる。当初、筆者は反発していたが、いろいろあって決まったことだし、受け入れた。まず、このことを冒頭に記しておく。

事務職員として20年以上勤務したが、正直にいえば〈みてみぬふり〉をしていた自腹は多い。研修などを通じてその問題性は発信していたが、個別具体的になくしていくには、時間と体力そして気力がいくらあっても足りない業務になるし、ストレスにもなると思う。自腹を切っている本人としたら、自己負担に加えてそれをダメだと指摘されるわけだから、イライラもするだろう。こちらからけしかけたとはいえ、逆にそれをぶつけられる事務職員もつらいのだ。触らぬ神に祟りなし……そんな思いの事務職員は多いと予想できる。

ここまできたからいえることだが、じつは本書の執筆は気乗りしなかった。触らぬ神に祟りなしということもあるが、いってもやめるとは限らないし個人の好きにしたらいいんじゃないか――という思いが強かったからである。しかし、本調査が明らかにした自腹の内容は驚愕だった。学校財務を専門領域にしている筆者としては、みてみぬふりなんてできないし、してはならない現状がみえてきたことで、執筆欲も同時に高まっていった。

振り返れば、「隠れ教育費」研究室に執筆オファーをいただいたのが２０２２年の11月末であった。それから大規模な全国調査ということもあり、半年程度の設問構想期間を経て夏休みに調査を実施した。１，０００件を超える回答の分析と問題の抽出を経て、分担執筆が始まったのはオファーから1年後である。それまでは比較的おとなしかった（と思われた）担当編集者の河合麻衣さんが頭角を現したのである。３人それぞれの進捗を管理し、スケジュールを立て、それぞれがそれぞれに書いている文章を俯瞰的に整理し、それぞれに合った方法で編集者としての知見を提供してくれた。

他の二人を代表して、河合麻衣さんありがとう。

そして、古殿真大さん。少々強引だったかもしれない誘いに応えてくれてうれしかったです。古殿さんがいなければ第2部は完成しませんでした。単純集計に毛が生えたくらいにとどまってしまったかもしれません。ありがとう。

ボクらのリーダー福嶋尚子さんにもありがとう。福嶋さんがいなければこの本は世に出ていません。福嶋さんの見地にはいつも驚かされています。これからもよろしく。

最後に、本調査へ回答を寄せていただいたみなさまと読者のみなさまに感謝申し上げたいと思います。ありがとうございました。

逃げていくといわれるほど早く過ぎるらしい2月の初日に――柳澤靖明

Q35 昨年度における弁償及び代償のための「自腹」のおよその総額を教えてください。

およそ　　　　　　円

Q36 昨年度のその他の「自腹」について、差し支えない範囲で説明をお願いいたします。

自由記述

Q37 今までのあなたの教職員人生における「自腹」を総額にするといくらになりますか。
およその金額を教えてください。
（半角数字のみ）

円

Q38 「自腹」についてのあなたの考えをお聞きします。

教職員の「自腹」について、あなたの考えは次のAとBのどちらの考えに近いですか。
もっともあてはまるものを以下の選択肢からひとつ選んでください。

❶【A】教職員の「自腹」は個人の自由だ
【B】教職員の「自腹」は規制すべきだ

❷【A】教職員の「自腹」には意義がある
【B】教職員の「自腹」には意義がない

❸【A】教職員が「自腹」を切る裁量は維持するべきだ
【B】教職員の「自腹」はなくしていくべきだ

〈選択肢〉
①Aの考えに近い ②どちらかといえばAの考えに近い ③どちらかといえばBの考えに近い ④Bの考えに近い

Q39 「自腹」についてご意見があれば、教えてください。

自由記述

---

❸ 月に1回程度
❹ 学期に1回程度
❺ 年に1回程度
❻ 非定期的に発生する

Q29 昨年度における旅費に関わる「自腹」のおよその総額を教えてください。

およそ　　　　　円

Q30 昨年度の弁償（備品の破損や穴埋め等）及び代償（集金の未納補填・児童生徒分の立替等）のための「自腹」についてお聞きします。

弁償及び代償のための「自腹」の具体例を一つ挙げ、その名目を教えてください。

名目：

Q31 Q30で答えた弁償及び代償のための「自腹」のおおよその金額を教えてください。

❶ 100円未満
❷ 100円以上300円未満
❸ 300円以上500円未満
❹ 500円以上1,000円未満
❺ 1,000円以上3,000円未満
❻ 3,000円以上10,000円未満
❼ 10,000円以上50,000円未満
❽ 50,000円以上

Q32 Q30で答えた弁償及び代償のための「自腹」の経緯を教えてください。

自由記述

Q33 Q30で答えた弁償及び代償のための「自腹」についてどのように思っていますか。
以下の選択肢の中からあてはまるものをすべて選んでください。（いくつでも）

❶ 手続きが不要で気軽
❷ 意義を感じる
❸ 校内に「自腹」を当然とする雰囲気がある
❹ やむを得ない事情（手続きが間に合わないなど）があった
❺ 強制があった
❻ その他【　　　】

Q34 弁償及び代償のための「自腹」が発生する頻度はどれくらいですか。もっともあてはまるものをひとつ選んでください。

❶ ほぼ毎日
❷ 週に1回程度
❸ 月に1回程度
❹ 学期に1回程度
❺ 年に1回程度
❻ 非定期的に発生する

Q22 部活動に関わる「自腹」が発生する頻度はどれくらいですか。
もっともあてはまるものをひとつ選んでください。

❶ ほぼ毎日
❷ 週に1回程度
❸ 月に1回程度
❹ 学期に1回程度
❺ 年に1回程度
❻ 非定期的に発生する

Q23 昨年度における部活動に関わる「自腹」のおよその総額を教えてください。

およそ　　　　　　円

Q24 昨年度の旅費に関わる「自腹」（支給対象外のタクシー代、家庭訪問等）についてお聞きします。

旅費に関わる「自腹」の具体例を一つ挙げ、その名目を教えてください。

名目：

Q25 Q24で答えた旅費に関わる「自腹」のおおよその金額を教えてください。

❶ 100円未満
❷ 100円以上300円未満
❸ 300円以上500円未満
❹ 500円以上1,000円未満
❺ 1,000円以上3,000円未満
❻ 3,000円以上10,000円未満
❼ 10,000円以上50,000円未満
❽ 50,000円以上

Q26 Q24で答えた旅費に関わる「自腹」の経緯を教えてください。

自由記述

Q27 Q24で答えた旅費に関わる「自腹」についてどのように思っていますか。
以下の選択肢の中からあてはまるものをすべて選んでください。（いくつでも）

❶ 手続きが不要で気軽
❷ 意義を感じる
❸ 校内に「自腹」を当然とする雰囲気がある
❹ やむを得ない事情（手続きが間に合わないなど）があった
❺ 強制があった
❻ その他【　　　】

Q28 旅費に関わる「自腹」が発生する頻度はどれくらいですか。
もっともあてはまるものをひとつ選んでください。

❶ ほぼ毎日
❷ 週に1回程度

❶ ほぼ毎日
❷ 週に1回程度
❸ 月に1回程度
❹ 学期に1回程度
❺ 年に1回程度
❻ 非定期的に発生する

Q16 昨年度における授業に関わる「自腹」のおよその総額を教えてください。

およそ　　　　　　円

Q17 昨年度の部活動に関わる「自腹」(ルールブックや用具、交通費等)についてお聞きします。

昨年度、あなたが担当していた部活動を教えてください。(いくつでも)

❶ 陸上・体操・水泳
❷ 武道
❸ 室内球技
❹ 屋外球技
❺ 上記以外の運動部
❻ 集団演技・演奏などを行う文化部
❼ 上記以外の文化部

Q18 部活動に関わる「自腹」の具体例を一つ挙げ、その名目を教えてください。

名目：

Q19 Q18で答えた部活動に関わる「自腹」のおおよその金額を教えてください。

❶ 100円未満
❷ 100円以上300円未満
❸ 300円以上500円未満
❹ 500円以上1,000円未満
❺ 1,000円以上3,000円未満
❻ 3,000円以上10,000円未満
❼ 10,000円以上50,000円未満
❽ 50,000円以上

Q20 Q18で答えた部活動に関わる「自腹」の経緯を教えてください。

自由記述

Q21 Q18で答えた部活動に関わる「自腹」についてどのように思っていますか。
以下の選択肢の中からあてはまるものをすべて選んでください。(いくつでも)

❶ 手続きが不要で気軽
❷ 意義を感じる
❸ 校内に「自腹」を当然とする雰囲気がある
❹ やむを得ない事情(手続きが間に合わないなど)があった
❺ 強制があった
❻ その他【　　　】

〈選択肢〉
①「自腹」をしている ②「自腹」をしていない ③実施されていない・あてはまらない

Q10 昨年度(2022年度)におけるあなたの「自腹」についてお聞きします。

あなたが昨年度に「自腹」をしたものを以下の選択肢からすべて選んでください。(いくつでも)

❶ 授業(教材や教材研究用図書等)
❷ 部活動(ルールブックや用具、交通費等)
❸ 旅費(支給対象外のタクシー代、家庭訪問等)
❹ 弁償(備品の破損や穴埋め等)・代償(集金の未納補填・児童生徒分の立替等)
❺ その他
❻「自腹」はなかった

Q11 昨年度の授業に関わる「自腹」(教材や教材研究用図書等)についてお聞きします。

授業に関わる「自腹」の具体例を一つ挙げ、その名目を教えてください。

名目：

Q12 Q11で答えた授業に関わる「自腹」のおおよその金額を教えてください。

❶ 100円未満
❷ 100円以上300円未満
❸ 300円以上500円未満
❹ 500円以上1,000円未満
❺ 1,000円以上3,000円未満
❻ 3,000円以上10,000円未満
❼ 10,000円以上50,000円未満
❽ 50,000円以上

Q13 Q11で答えた授業に関わる「自腹」の経緯を教えてください。

自由記述

Q14 Q11で答えた授業に関わる「自腹」についてどのように思っていますか。
以下の選択肢の中からあてはまるものをすべて選んでください。(いくつでも)

❶ 手続きが不要で気軽
❷ 意義を感じる
❸ 校内に「自腹」を当然とする雰囲気がある
❹ やむを得ない事情(手続きが間に合わないなど)があった
❺ 強制があった
❻ その他【　　　】

Q15 授業に関わる「自腹」が発生する頻度はどれくらいですか。
もっともあてはまるものをひとつ選んでください。

❻ 事務職員ともめないで済む
❼ 同僚ともめないで済む
❽ 教育委員会と校長の関係が円滑になる
❾ 組織的一体感が醸成できる
❿ 精神的に気が楽である
⓫ 煩わしい手続きを省くことができる

〈選択肢〉
①とてもあてはまる ②少しあてはまる ③あまりあてはまらない ④まったくあてはまらない

Q7 あなた自身の普段のお金の使い方に関わる感覚について教えてください。
それぞれの項目について以下の選択肢からもっともあてはまるものをひとつ選んでください。

❶ お金について計画立てて考えている
❷ 必需品を買っていたら余裕がもうない
❸ お金を貯めるのが好き
❹ ほしいものはすぐに買う
❺ 人に奢る・プレゼントするのが好き
❻ お金の使い道があまりない
❼ 家計簿をつけている
❽ 実際の使い道や金額が気にならない
❾ こまめに節約をしている
❿ 自分にはあまりお金を使わない

〈選択肢〉
①とてもあてはまる ②少しあてはまる ③あまりあてはまらない ④まったくあてはまらない

Q8 給食費・懇親会費などの飲食に関わる「自腹」についてお聞きします。

以下の項目について、どのように考えていますか。
もっともあてはまるものをひとつ選んでください。

❶ 自身の給食費は「自腹」をすべきだ
❷ 校外学習・修学旅行での自身の昼食費は「自腹」をすべきだ
❸ 懇親会などの自身の参加費は「自腹」をすべきだ

〈選択肢〉
①とてもあてはまる ②少しあてはまる ③あまりあてはまらない ④まったくあてはまらない

Q9 あなたは以下の項目について、「自腹」をしていますか。
あてはまるものをひとつ選んでください。

❶ 自身の給食費
❷ 校外学習・修学旅行の自身の昼食費
❸ 懇親会などの自身の参加費

❸ 経済的に豊かな家庭が多い
❹ 困難な事情をもつ家庭が多い
❺ 学力向上に力を入れている
❻ 部活動に力を入れている
❼ 研究指定を受けている
❽ 伝統がある
❾ 教職員の団結力が高い
❿ 教育委員会の指導が強い
⓫ 管理職のリーダーシップが強い
⓬ 地域とのつながりが強い
⓭ 学区が広い

〈選択肢〉
①とてもあてはまる ②少しあてはまる ③あまりあてはまらない ④まったくあてはまらない

Q5 授業や生徒指導・部活動指導などの教育活動、校務分掌や学校経営・研修や出張に関わって、教職員が「自腹」(経済的な自己負担)をすることに関連して、あなたの考えをお聞きします。

あなた自身の仕事に関連する考え方についてお聞きします。
それぞれの項目について以下の選択肢からもっともあてはまるものをひとつ選んでください。

❶ 教育活動をより充実させたい
❷ できるだけ効率的に仕事を進めたい
❸ 何事も計画通りに進めたい
❹ 授業を第一にしたい
❺ 部活動を第一にしたい
❻ やりがいを感じたい
❼ 教室環境を整えたい
❽ 自分自身が成長したい
❾ 人から必要とされることをしたい
❿ 子どもが喜ぶことをしたい
⓫ 保護者が喜ぶことをしたい
⓬ 地域住民が喜ぶことをしたい
⓭ 職場の人間関係を大事にしたい
⓮ 管理職との人間関係を大事にしたい
⓯ 家族・プライベートを大事にしたい
⓰ 法令を遵守したい

〈選択肢〉
①とてもあてはまる ②少しあてはまる ③あまりあてはまらない ④まったくあてはまらない

Q6 教育活動、校務分掌や学校経営・研修や出張に関わって、あなたが「自腹」をすることは、以下の項目についてどの程度効果があると思いますか。
それぞれの項目について以下の選択肢からもっともあてはまるものをひとつ選んでください。

❶ 時間を節約することができる
❷ 活動が円滑にできる
❸ 教室環境が整う
❹ 自分自身が成長する
❺ 管理職ともめないで済む

教職員の自己負担額に関する調査（2022年度間）

本調査は、公立の小・中学校等に勤めている教職員（管理職含む）の方々に職務に関わる「自腹」についてうかがうものです。ここでいう「自腹」とは、授業や生活指導・部活動指導などの教育活動、校務分掌や学校経営・研修や出張などに関わる経済的な自己負担を指します。

回答をしたくないと判断された場合は、「回答をやめる」ボタンを押すか、ブラウザを閉じることで、いつでもアンケートを終了することができます。

なお、当アンケートにより取得した回答結果を公表する際は、特定の個人や学校名が識別できないように処理したうえで分析を行います。また、書籍化・論文化などを予定しております。

Q1 昨年度（2022年度）時点でのあなたのことを教えてください。

昨年度時点で、あなたは教職員になってから何年目でしたか。
あてはまるものをひとつ選んでください。

❶ 1～3年目
❷ 4～9年目
❸ 10～15年目
❹ 16～25年目
❺ 26年目～

Q2 昨年度時点で、あなたは勤務校で勤め始めてから何年目でしたか。
あてはまるものをひとつ選んでください。

❶ 1～2年目
❷ 3年目～

Q3 あなたが昨年度に勤務していた学校の設置者（自治体名）を教えてください。
（都道府県立学校の場合は○○都道府県、市区町村立学校の場合は○○県○○市区町村と回答してください。）
※自治体名は、その自治体の条例や規則などを確認するために用い、個人を特定することはありません。

自由記述

Q4 あなたが昨年度勤務していた学校の特徴について、あなたが感じていることを教えてください。
それぞれの項目について以下の選択肢からもっともあてはまるものをひとつ選んでください。

❶ 学力が高い
❷ 生徒指導上困難な子どもが多い

執筆分担一覧

●福嶋尚子　執筆担当箇所
はじめに（1-2頁）
序章　自腹という未踏の地（8-21頁）
第1章　小学校教員・ミカ先生の自腹フルな1日（24-43頁）
第2章　自腹をする理由（44-77頁）
第3章　自腹に対する声（78-105頁）
コラム　養護教諭の自腹（106-108頁）
第6章　調査を踏まえた考察（178-200頁）　※執筆
小学校教員・ミカ先生のノー自腹な1日（298-313頁）

●柳澤靖明　執筆担当箇所
コラム　校長の自腹（201-203頁）
第7章　学校財務マネジメントの確立と意識改革（206-253頁）
第8章　学校財務制度の改善と教育行政との連携（254-282頁）
コラム　事務職員の自腹（283-285頁）

第6章　調査を踏まえた考察（178-200頁）　※知見提供、執筆
終章　自腹からの解放（286-297頁）
おわりに（314-315頁）

●古殿真大　執筆担当箇所
第4章　調査の概要（110-117頁）
第5章　調査からみえた実態（118-177頁）
第6章　調査を踏まえた考察（178-200頁）　※量的分析、図表作成、執筆

※第6章は3名による共同での執筆であることを付言する。
※「教職員の自己負担額に関する調査（2022年度間）」に係る費用は東洋館出版社負担による。

著者紹介

●福嶋尚子（ふくしま・しょうこ）

千葉工業大学工学部教育センター准教授／「隠れ教育費」研究室チーフアナリスト
新潟大学教育人間科学部（当時）で教育行政学、教育法学、教育政策学を学び、修士課程を経て、２０１１年東京大学大学院教育学研究科の博士課程に進学。２０１５年度より千葉工業大学にて教職課程に助教として勤務し、２０２１年より准教授（現職）、教育行政学を担当。２０１6年12月に博士号（教育学）取得。モットーは「子どもを排除しない学校」「学校の自治」「公教育の無償性」の実現、「教職員の専門職性」の確立。研究関心は、教材整備、学校財務、学校評価、校則、給食、ＰＴＡ、不登校など。主な著書に『隠れ教育費』（柳澤靖明との共著／太郎次郎社エディタス）、『だれが校則を決めるのか』『＃教師のバトン　とはなんだったのか』（ともに分担執筆／岩波書店）、『占領期日本における学校評価政策に関する研究』（風間書房）など。

●柳澤靖明（やなぎさわ・やすあき）

埼玉県川口市立青木中学校事務主幹／「隠れ教育費」研究室チーフディレクター
県内の小・中学校に事務職員として勤務。「事務職員の仕事を事務室の外へ開き、教育社会問題の解決に教育事務領域から寄与する」をモットーに、教職員・保護者・子ども・地域、そして現代社会へ情報を発信。研究関心は、家庭の教育費負担・就学支援制度。具体的には、「教育の機会均等と無償性」「子どもの権利」「ＰＴＡ活動」などを研究している。勤務と並行し、中央大学法学部通信教育課程で学び、校内でリーガルサポートにも取り組む。日本教育事務学会理事（研究推進委員会副委員長）、学校事務法令研究会会長、川口市立労働安全衛生委員、川口市教育研究会事務局長などを務める。主な著書に『隠れ教育費』（福嶋尚子との共著）『本当の学校事務の話をしよう』（ともに太郎次郎社エディタス）、『学校徴収金は絶対に減らせます。』『事務だよりの教科書』（ともに学事出版）など。

●古殿真大（ふるどの・しんた）

名古屋大学大学院教育発達科学研究科博士後期課程院生／日本学術振興会特別研究員（ＤＣ２）

筑波大学人間学群教育学類で教育社会学を学び、名古屋大学大学院教育発達科学研究科の博士課程に進学。専門は教育社会学、障害児教育。教育に医療の知識がもち込まれることに関心を寄せ、とりわけ情緒障害に着目し、歴史的な観点から研究をしている。主要業績として「普通学級における精神衛生的処置と『性格異常』」（『保健医療社会学論集』近刊）などがある。「教育事例集に見られる緘黙児認識の変化」（『ＳＮＥジャーナル』）で日本特別ニーズ教育学会奨励賞受賞。内田良、澤田涼、藤川寛之とのいじめに関する共同研究の成果として『いじめ対応の限界』（分担執筆／東洋館出版社）や「中学生の規範意識といじめの相談」（澤田涼・藤川寛之・内田良との共著／『名古屋大学大学院教育発達科学研究科紀要（教育科学）』）などがある。

●「隠れ教育費」研究室

https://kakure-edu-cost-lab.com/　福嶋・柳澤が立ち上げたウェブサイト

一人の子どもが学校に通うために必要とされる教育費、その総量を本人や保護者さらには学校関係者でさえもよくわかっていない教育費・本当はそれが多額に上ることを知っているのに意識的あるいは仕方ないと思ってみえなくなっている教育費（＝広義の「隠れ教育費」）、学校徴収金として予算化されず単発的に必要が生じ、特にみえにくい教育費（＝狭義の「隠れ教育費」）などについて研究を進め、解消に向けた発信を行う。２０１９年12月、書籍『隠れ教育費』で日本教育事務学会研究奨励賞を受賞。沖縄の事務職員・上間《うえま》がウェブサイトを管理。

教師の自腹

２０２４（令和６）年５月28日　初版第１刷発行

著者　福嶋尚子　柳澤靖明　古殿真大
発行者　錦織圭之介
発行所　株式会社東洋館出版社
〒１０１-００５４ 東京都千代田区神田錦町２丁目９番１号 コンフォール安田ビル２階
代表 ＴＥＬ：０３-６７７８-４３４３ ＦＡＸ：０３-５２８１-８０９１
営業部 ＴＥＬ：０３-６７７８-７２７８ ＦＡＸ：０３-５２８１-８０９２
振替 ００１８０-７-９６８２３
ＵＲＬ https://www.toyokan.co.jp

印刷・製本　株式会社シナノ
ブックデザイン　鈴木成一デザイン室

ISBN 978-4-491-05446-9　Printed in Japan